01

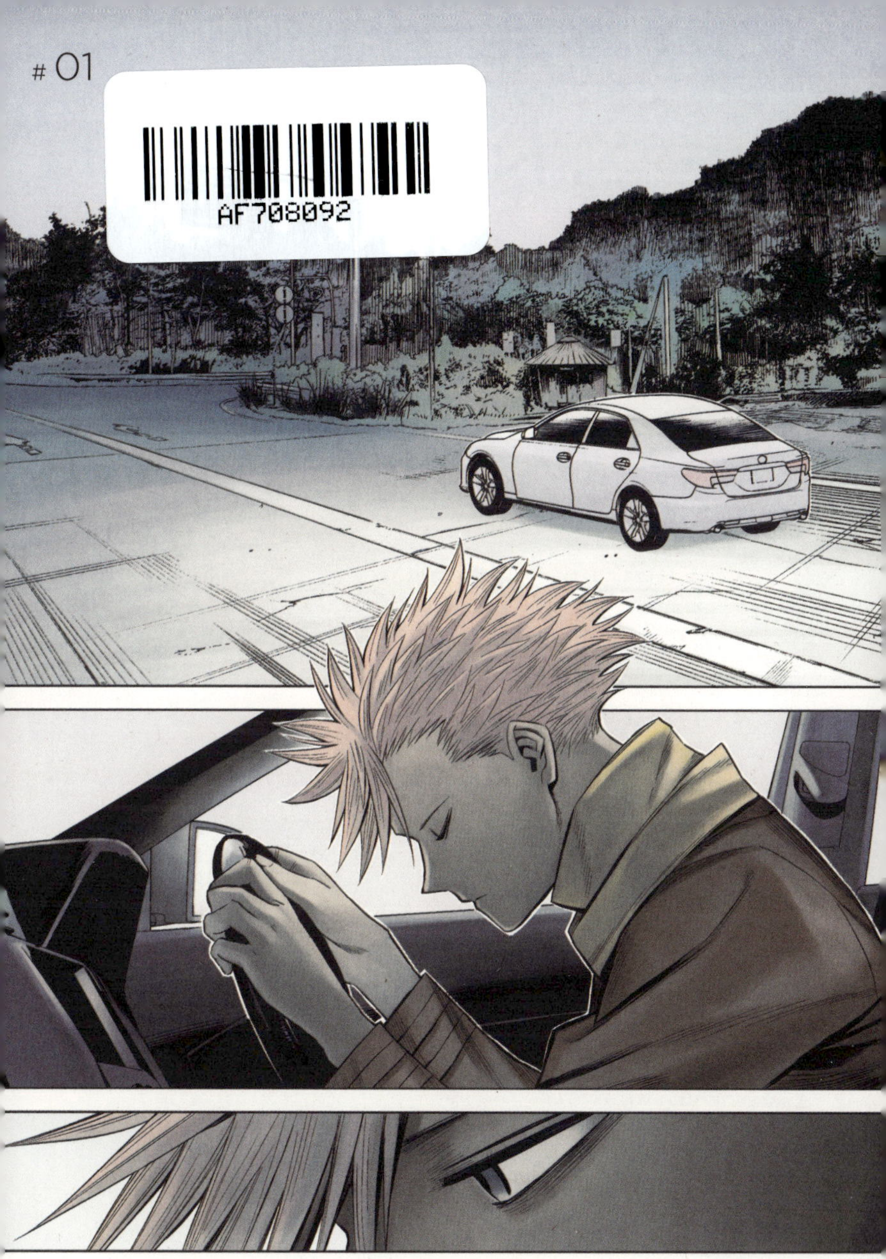

ID:INVADED
#BRAKE BROKEN

ZEICHNUNGEN: **YUUKI KODAMA**

TEXT: **OTARO MAIJO**

THE DETECTIVES UNITED

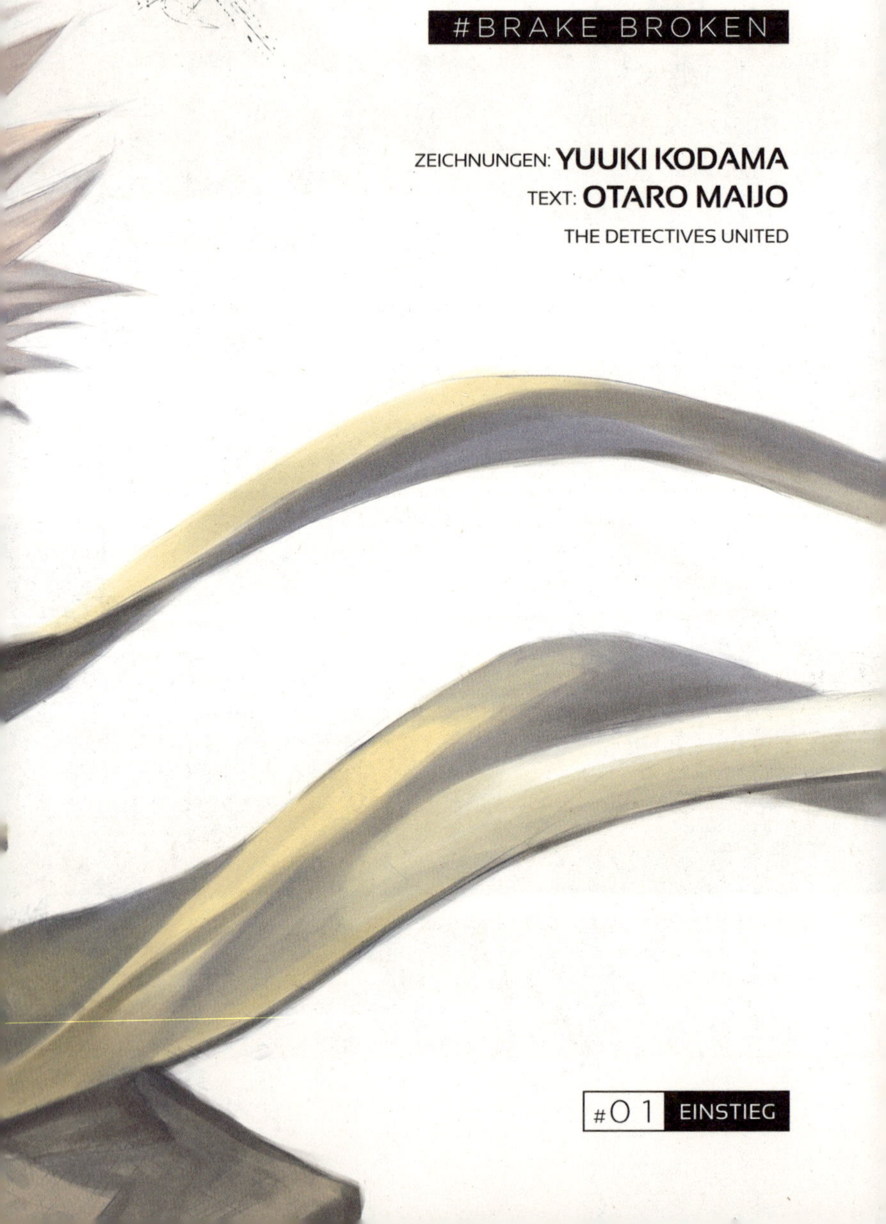

#01 EINSTIEG

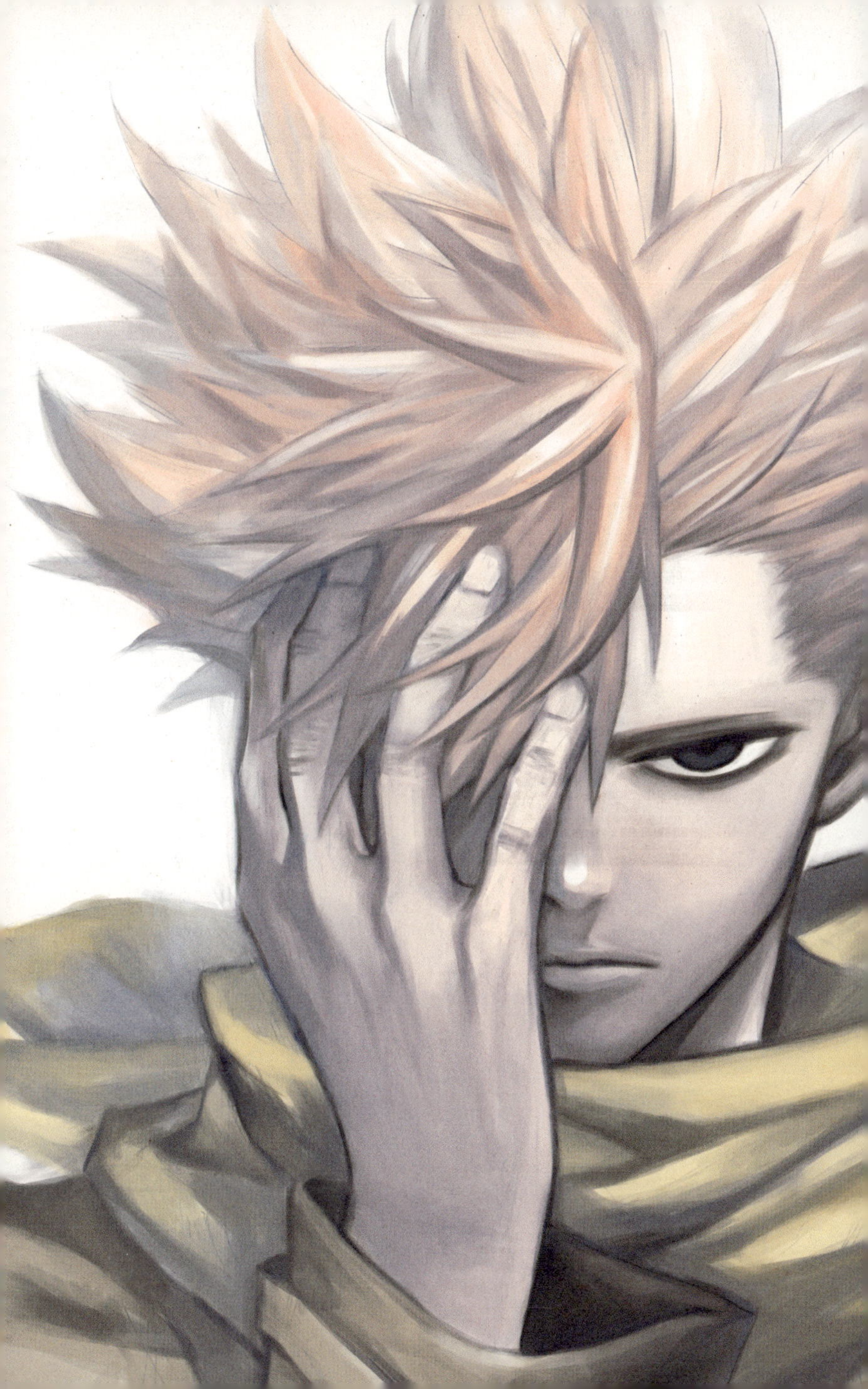

ID:INVADED
#BRAKE BROKEN

INHALT

#01 EINSTIEG
001

#02 DER ERSTE TAG
059

#03 RASTSTÄTTE EBINA
105

#04 WENDUNG
145

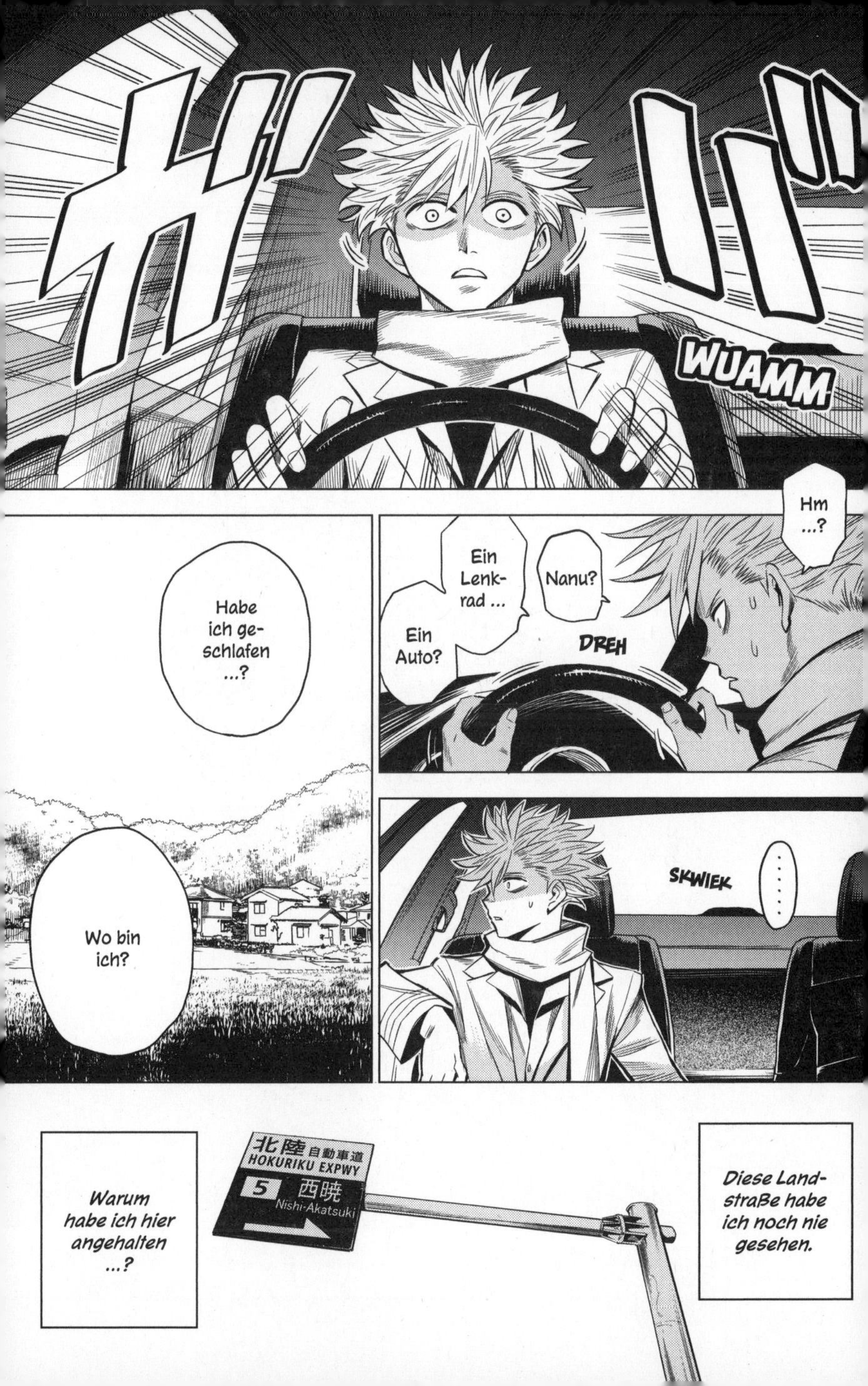

WUAMM
Hm …?
Nanu?
DREH
Ein Lenk-rad …
Ein Auto?
Habe ich ge-schlafen …?
……
SKWIEK
Wo bin ich?
Diese Land-straße habe ich noch nie gesehen.
北陸 自動車道
HOKURIKU EXPWY
5 西暁
Nishi-Akatsuki
Warum habe ich hier angehalten …?

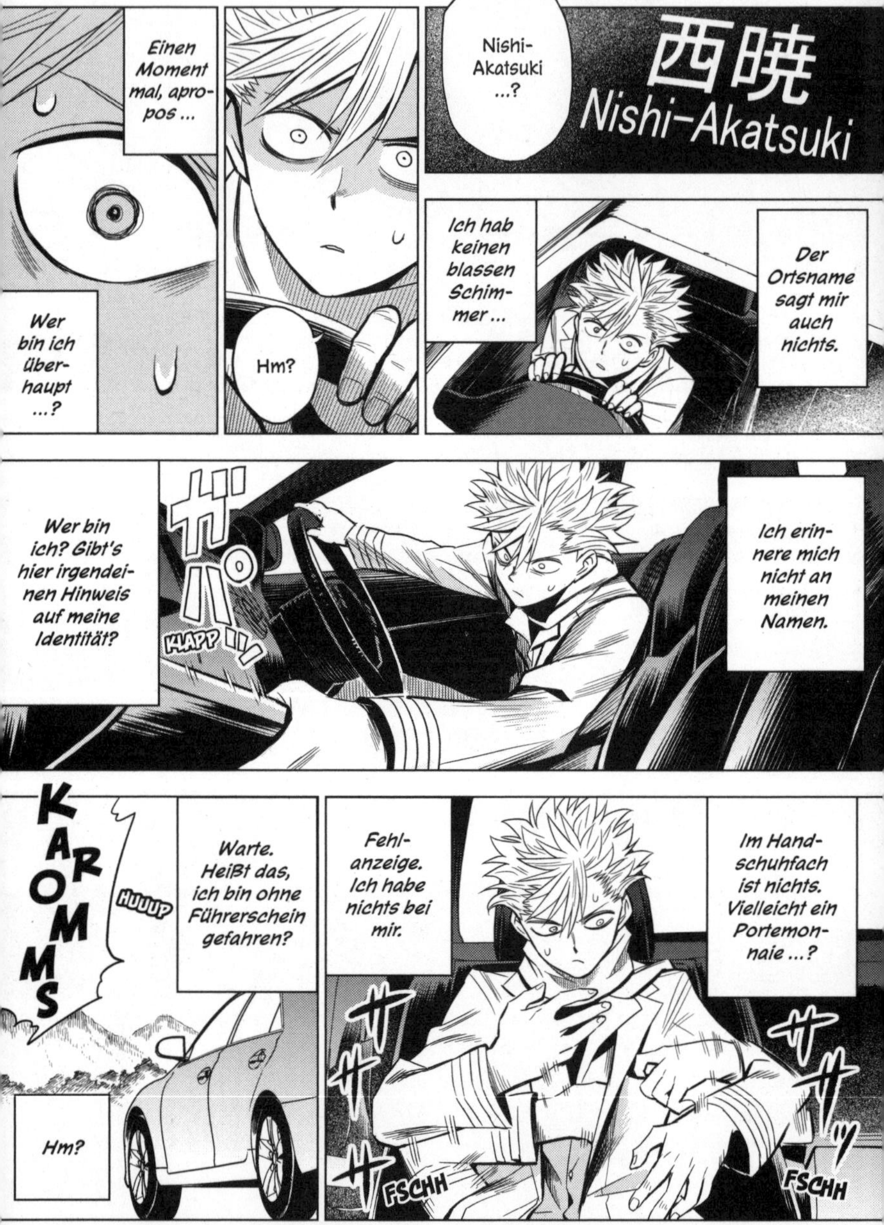
西暁
Nishi-Akatsuki
Nishi-Akatsuki ...?
Der Ortsname sagt mir auch nichts.
Ich hab keinen blassen Schimmer ...
Einen Moment mal, apropos ...
Hm?
Wer bin ich überhaupt ...?
Ich erinnere mich nicht an meinen Namen.
Wer bin ich? Gibt's hier irgendeinen Hinweis auf meine Identität?
KLAPP
Im Handschuhfach ist nichts. Vielleicht ein Portemonnaie ...?
Fehlanzeige. Ich habe nichts bei mir.
FSCHH
FSCHH
Warte. Heißt das, ich bin ohne Führerschein gefahren?
HUUUP
KAROMMS
Hm?

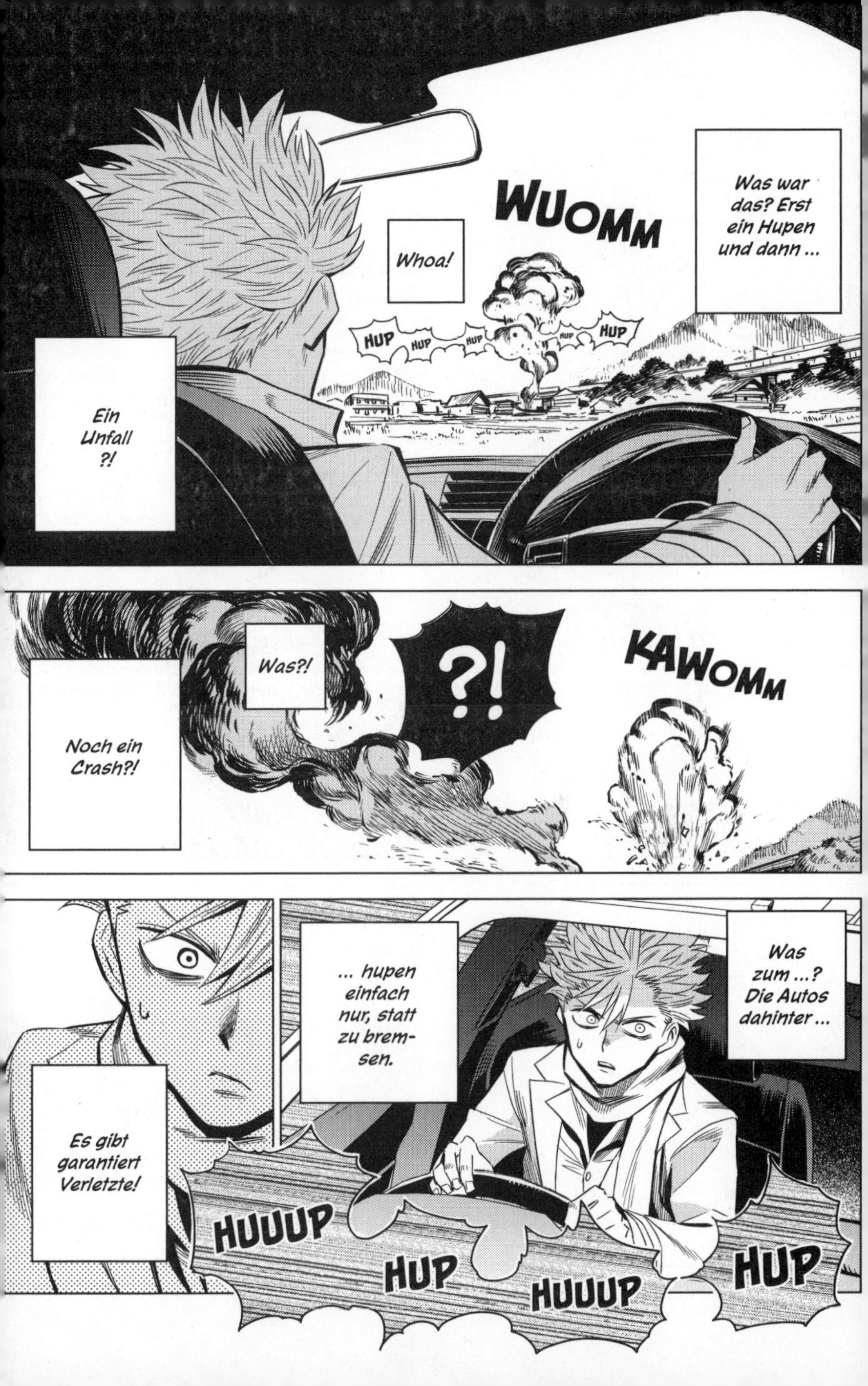
Ein Unfall ?!
Whoa!
WUOMM
Was war das? Erst ein Hupen und dann ...
HUP HUP HUP HUP HUP
Noch ein Crash?!
Was?!
?!
KAWOMM
Es gibt garantiert Verletzte!
... hupen einfach nur, statt zu bremsen.
Was zum ...? Die Autos dahinter ...
HUUUP
HUP
HUUUP
HUP

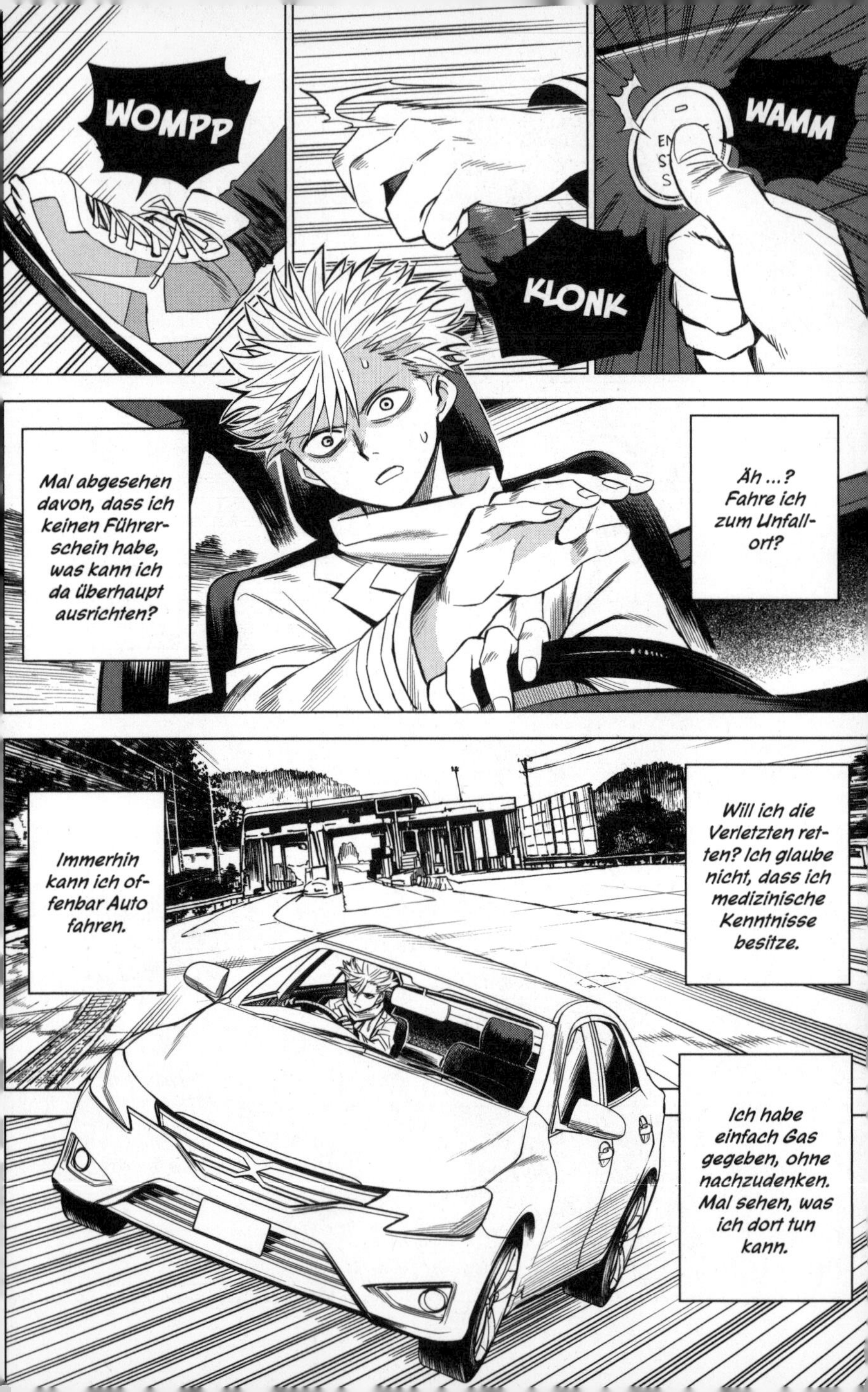
WAMM
KLONK
WOMPP
Äh ...? Fahre ich zum Unfallort?
Mal abgesehen davon, dass ich keinen Führerschein habe, was kann ich da überhaupt ausrichten?
Will ich die Verletzten retten? Ich glaube nicht, dass ich medizinische Kenntnisse besitze.
Immerhin kann ich offenbar Auto fahren.
Ich habe einfach Gas gegeben, ohne nachzudenken. Mal sehen, was ich dort tun kann.

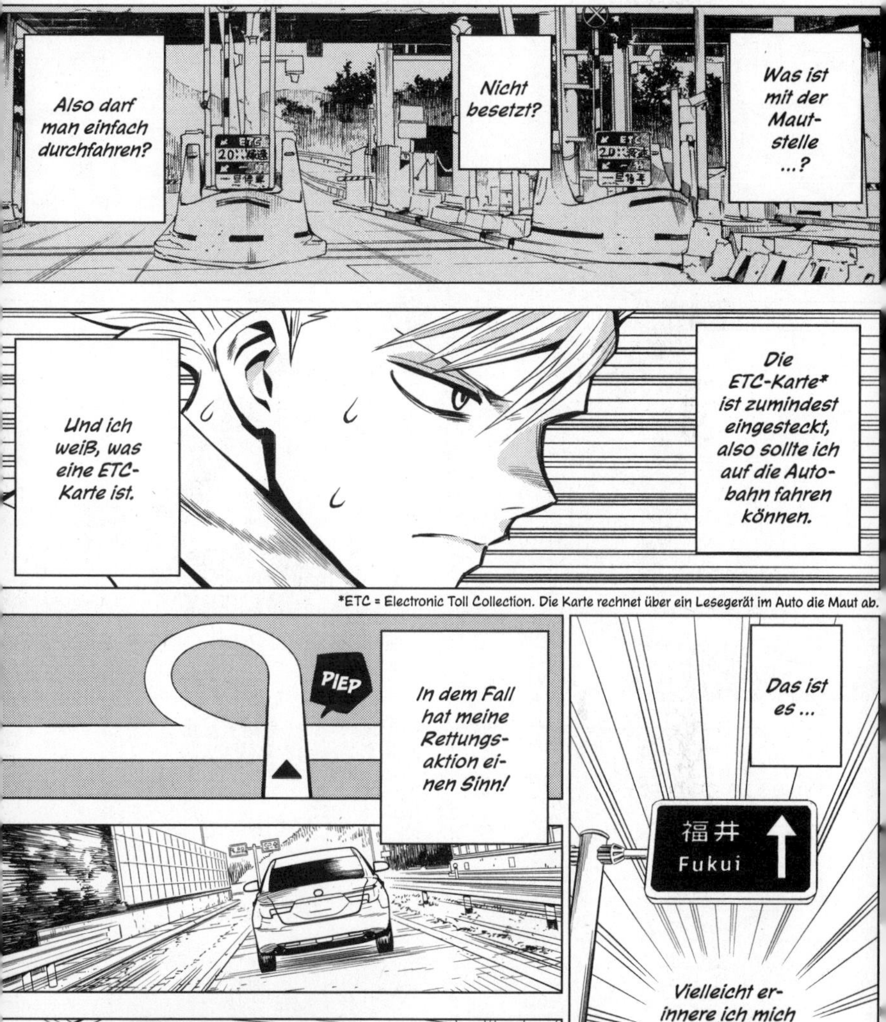

*ETC = Electronic Toll Collection. Die Karte rechnet über ein Lesegerät im Auto die Maut ab.

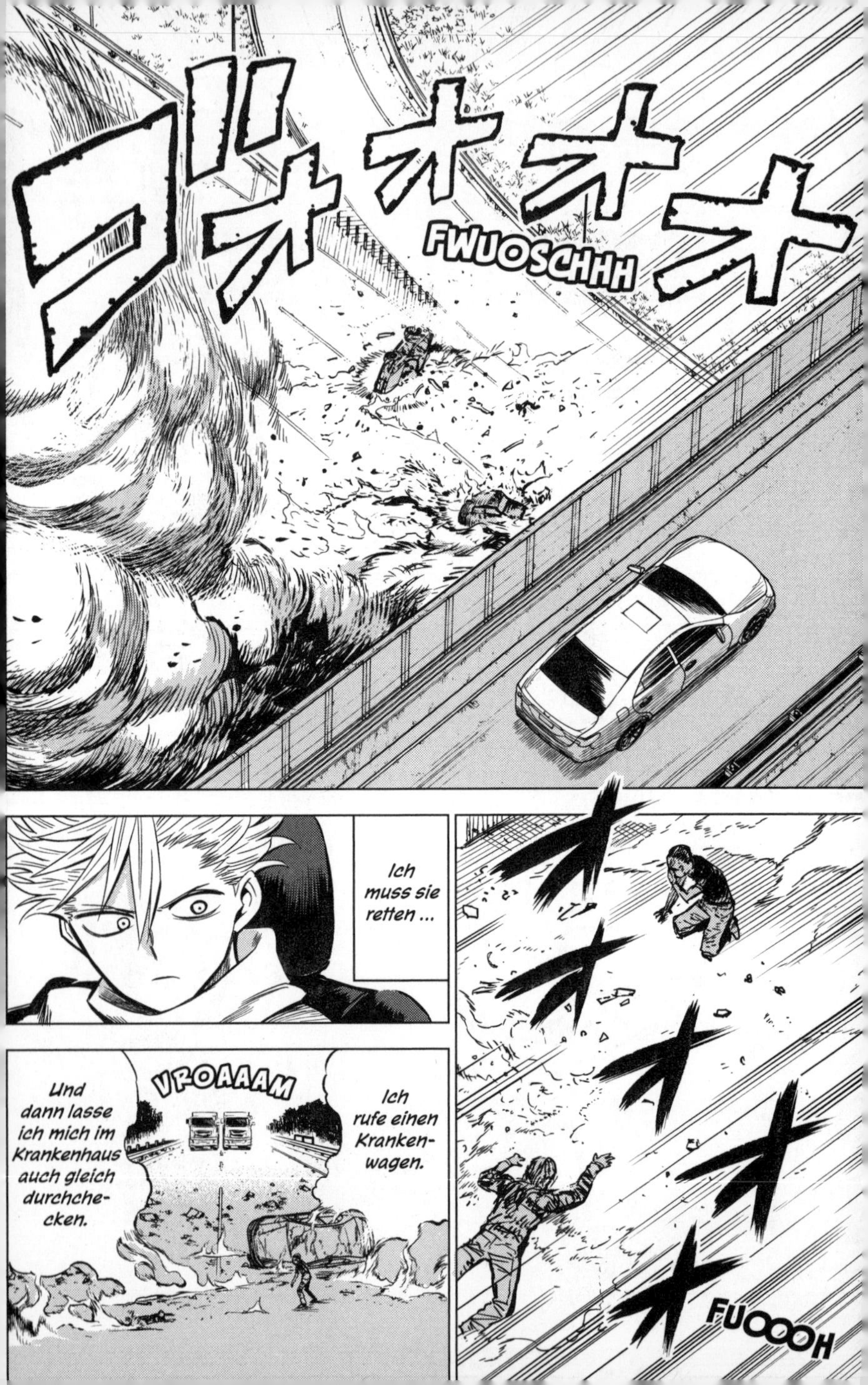

FWUOSCHHH
Ich muss sie retten ...
FUOOOH
VROAAAM
Ich rufe einen Kranken-wagen.
Und dann lasse ich mich im Krankenhaus auch gleich durchche-cken.

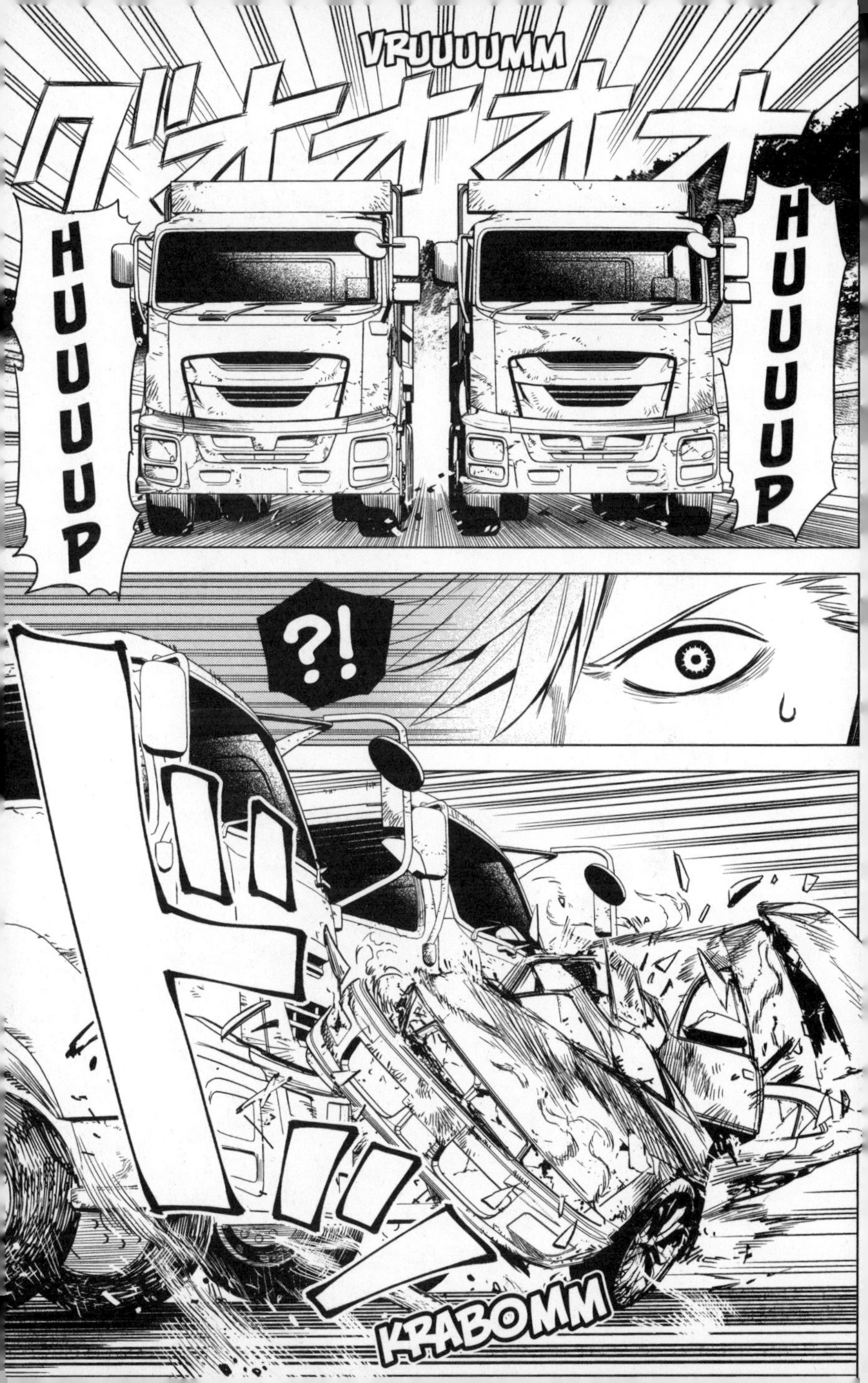

VRUUUUMM
HUUUUUP
HUUUUUP
?!
KRABOMM

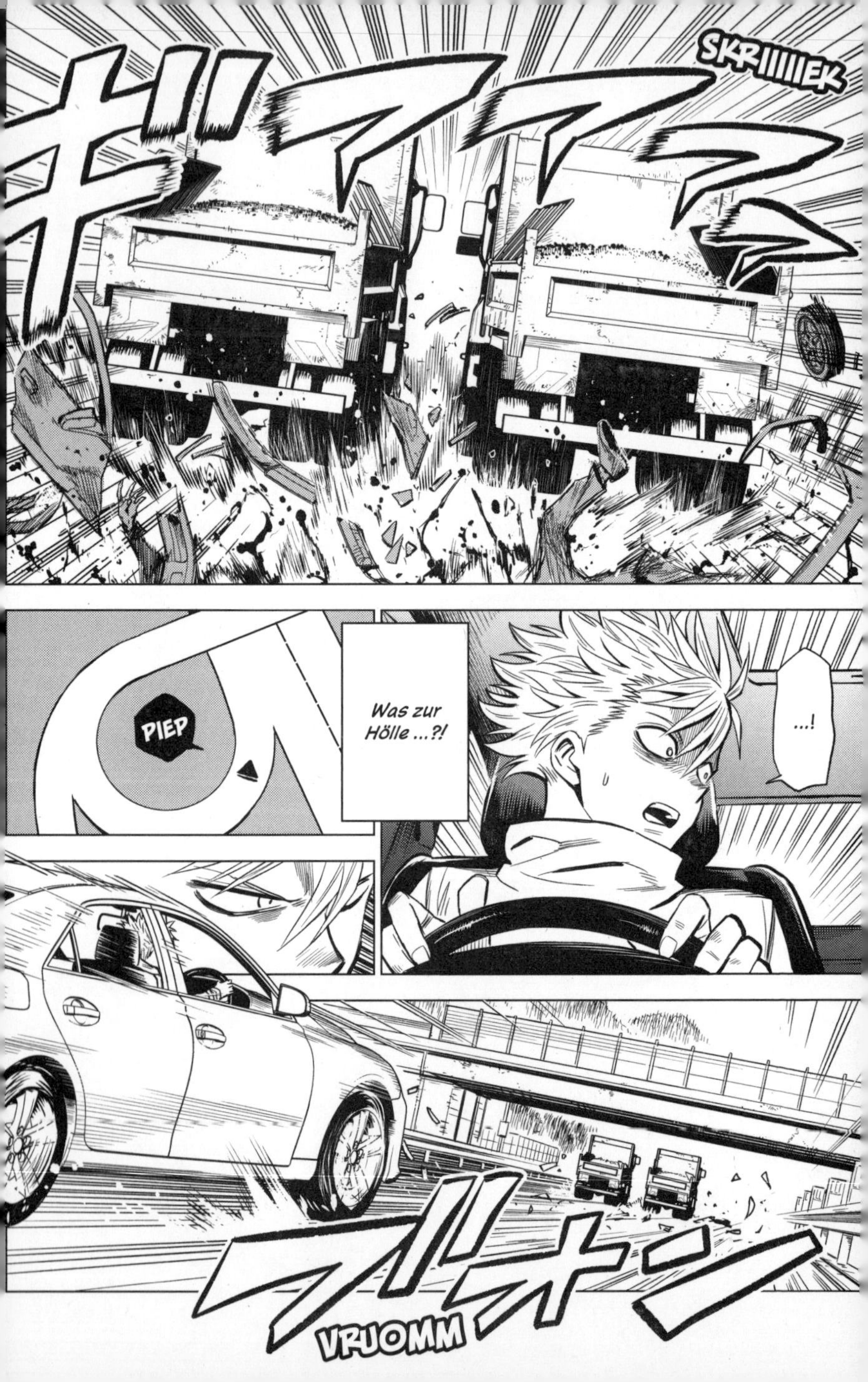
SKRIIIIIEK
...!
Was zur Hölle ...?!
PIEP
VRUOMM

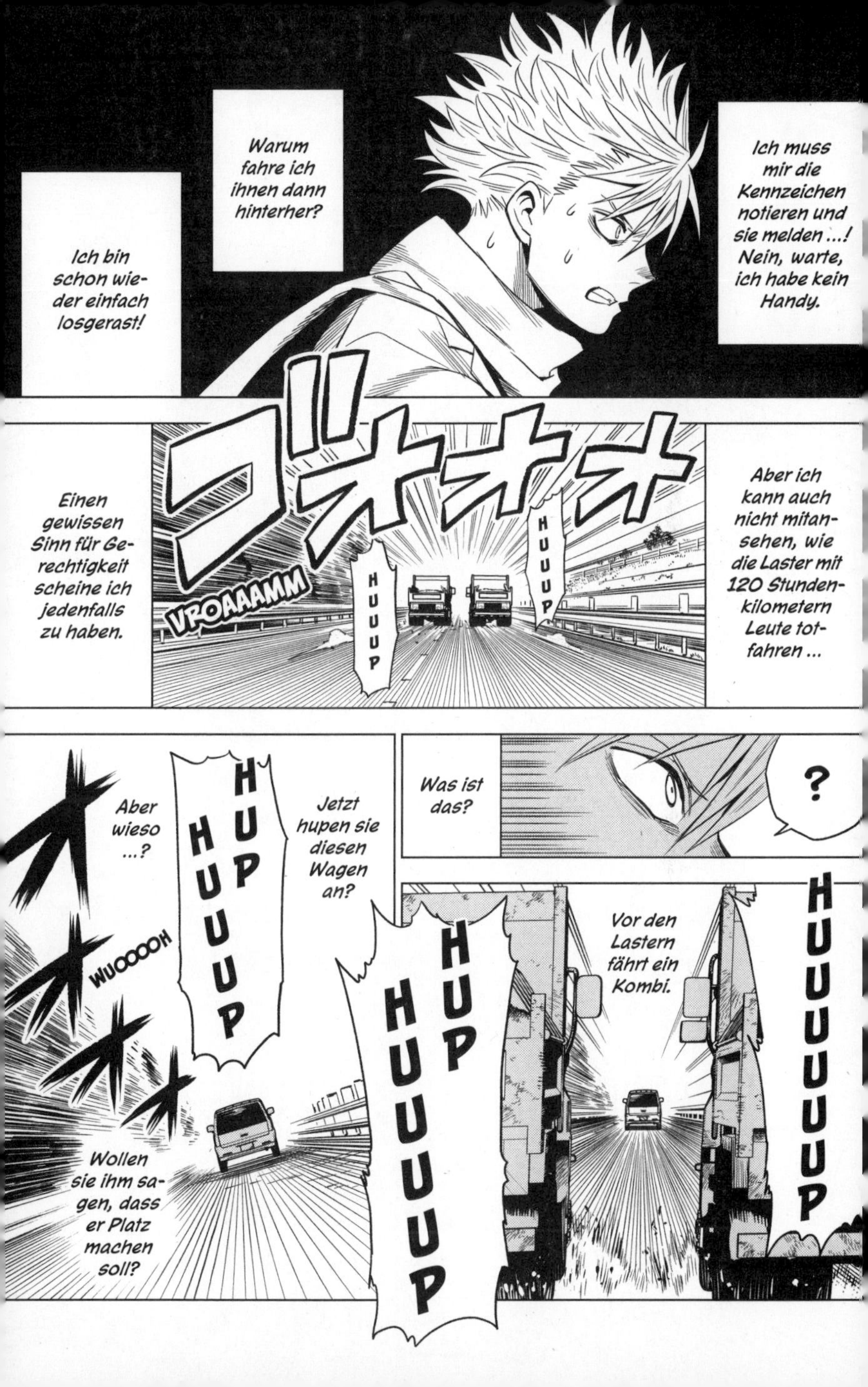

Ich muss mir die Kennzeichen notieren und sie melden ...! Nein, warte, ich habe kein Handy.
Warum fahre ich ihnen dann hinterher?
Ich bin schon wieder einfach losgerast!
Aber ich kann auch nicht mitansehen, wie die Laster mit 120 Stundenkilometern Leute totfahren ...
ゴオオオ
HUUUP
HUUUP
VROAAAMM
Einen gewissen Sinn für Gerechtigkeit scheine ich jedenfalls zu haben.
?
Was ist das?
HUUUUUUUP
Vor den Lastern fährt ein Kombi.
HUP HUUUUUP
Jetzt hupen sie diesen Wagen an?
HUP HUUUUP
Aber wieso ...?
WUOOOOH
Wollen sie ihm sagen, dass er Platz machen soll?

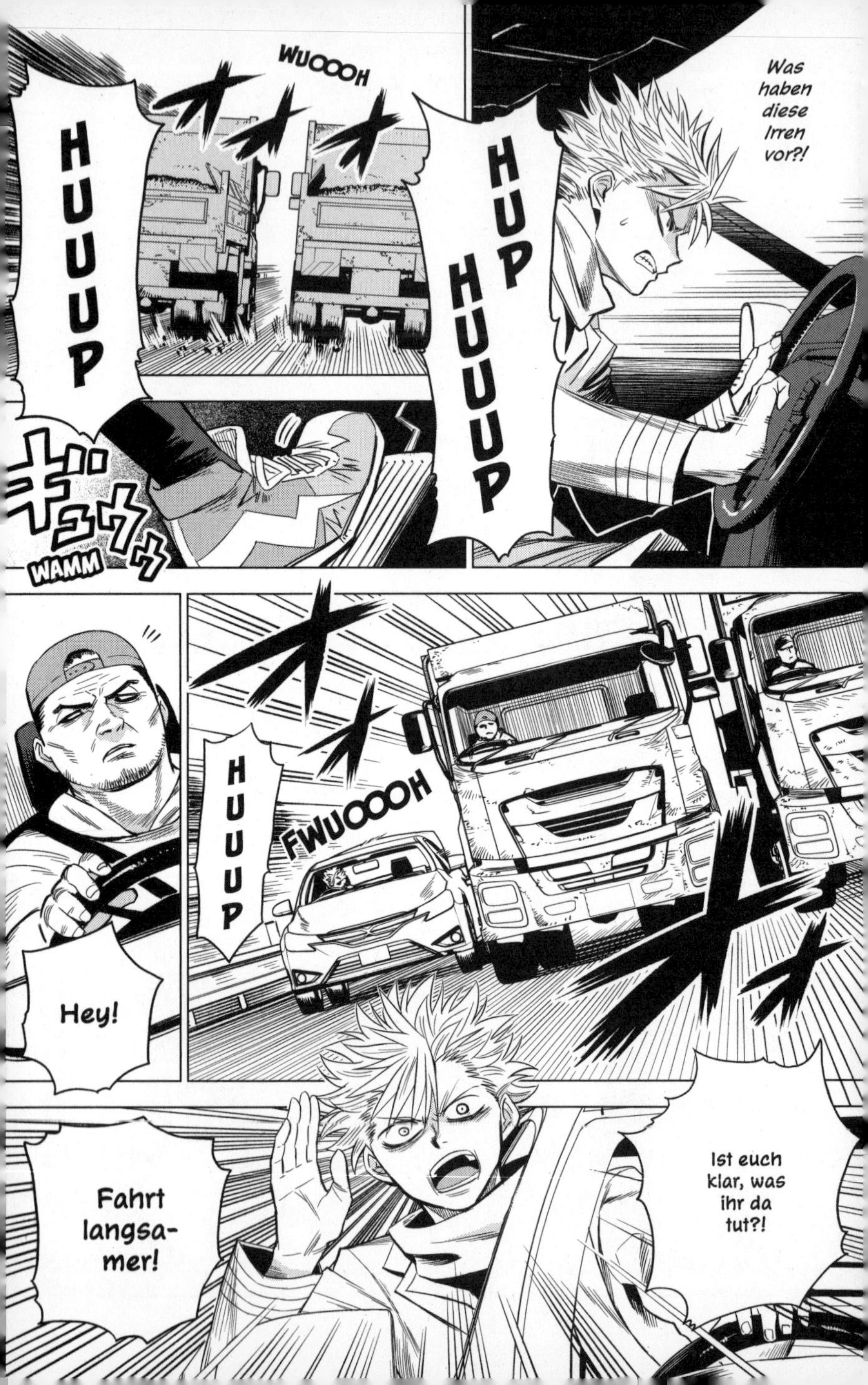

Was haben diese Irren vor?!
HUP HUUUUP
WUOOOH
HUUUP
WAMM
HUUUP
FWUOOOH
Hey!
Ist euch klar, was ihr da tut?!
Fahrt langsamer!

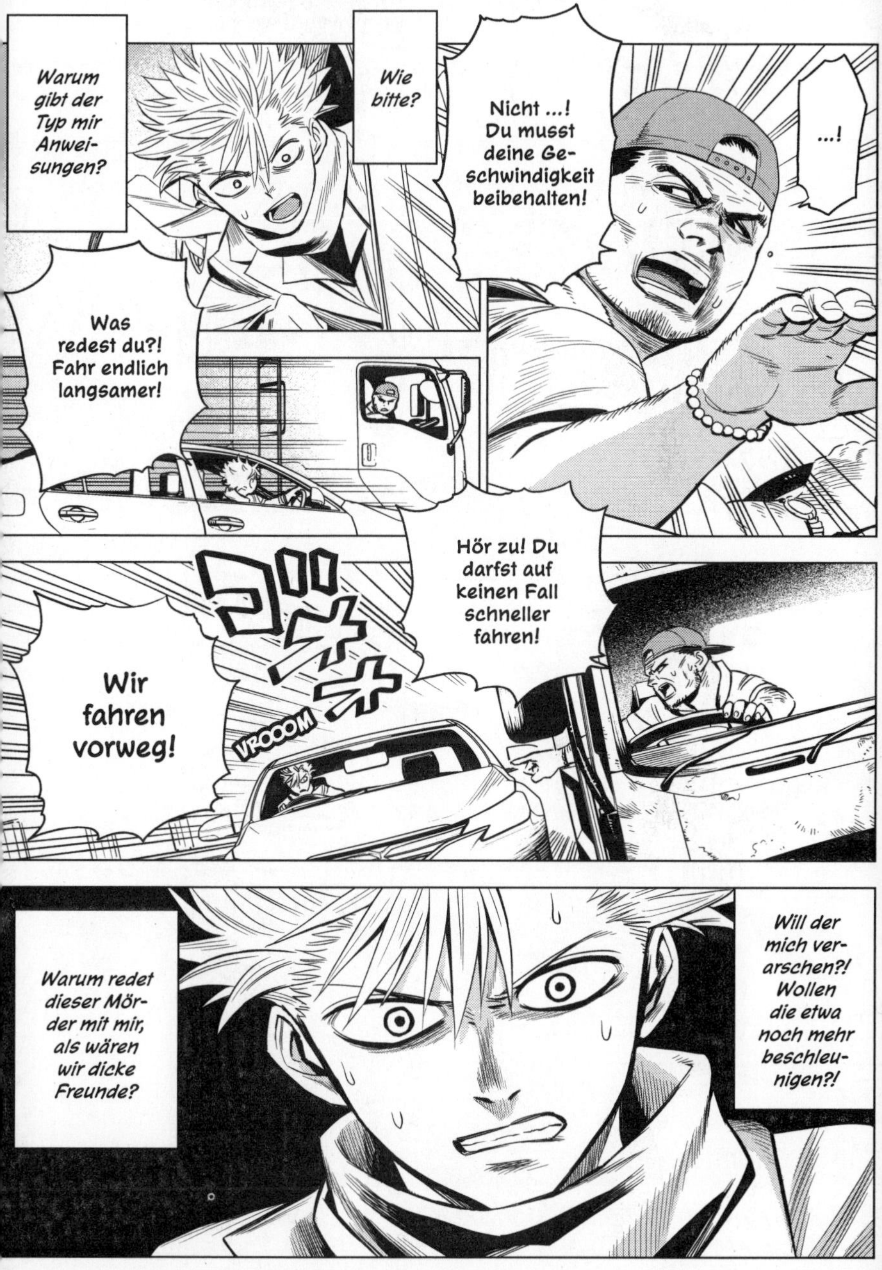
Warum gibt der Typ mir Anwei-sungen?
Wie bitte?
Nicht ...! Du musst deine Ge-schwindigkeit beibehalten!
...!
Was redest du?! Fahr endlich langsamer!
Hör zu! Du darfst auf keinen Fall schneller fahren!
Wir fahren vorweg!
VROOOM
Warum redet dieser Mör-der mit mir, als wären wir dicke Freunde?
Will der mich ver-arschen?! Wollen die etwa noch mehr beschleu-nigen?!

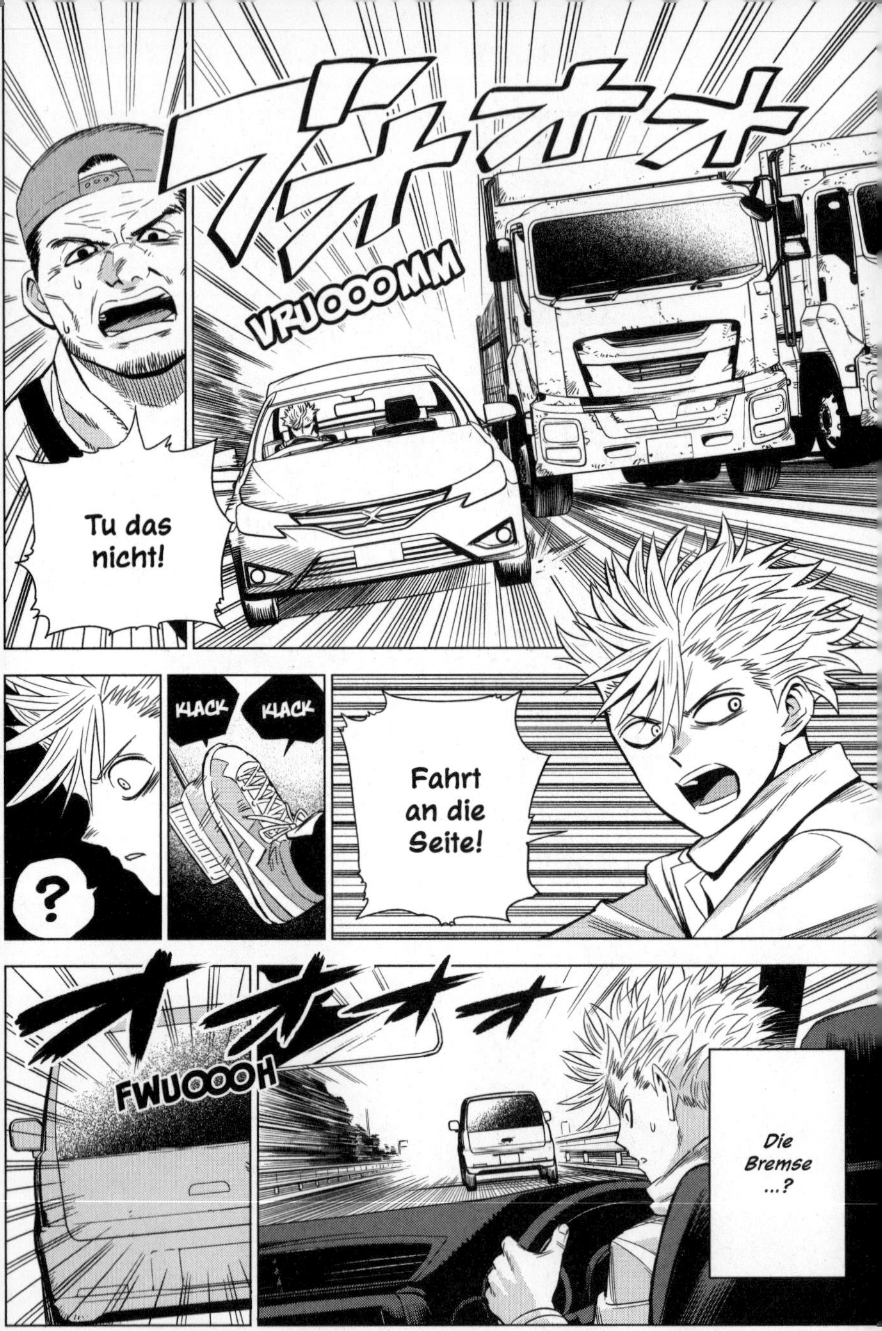
ブオオオ
VRUOOOMM
Tu das nicht!
Fahrt an die Seite!
KLACK
KLACK
?
オオオオオ
FWUOOOH
Die Bremse …?

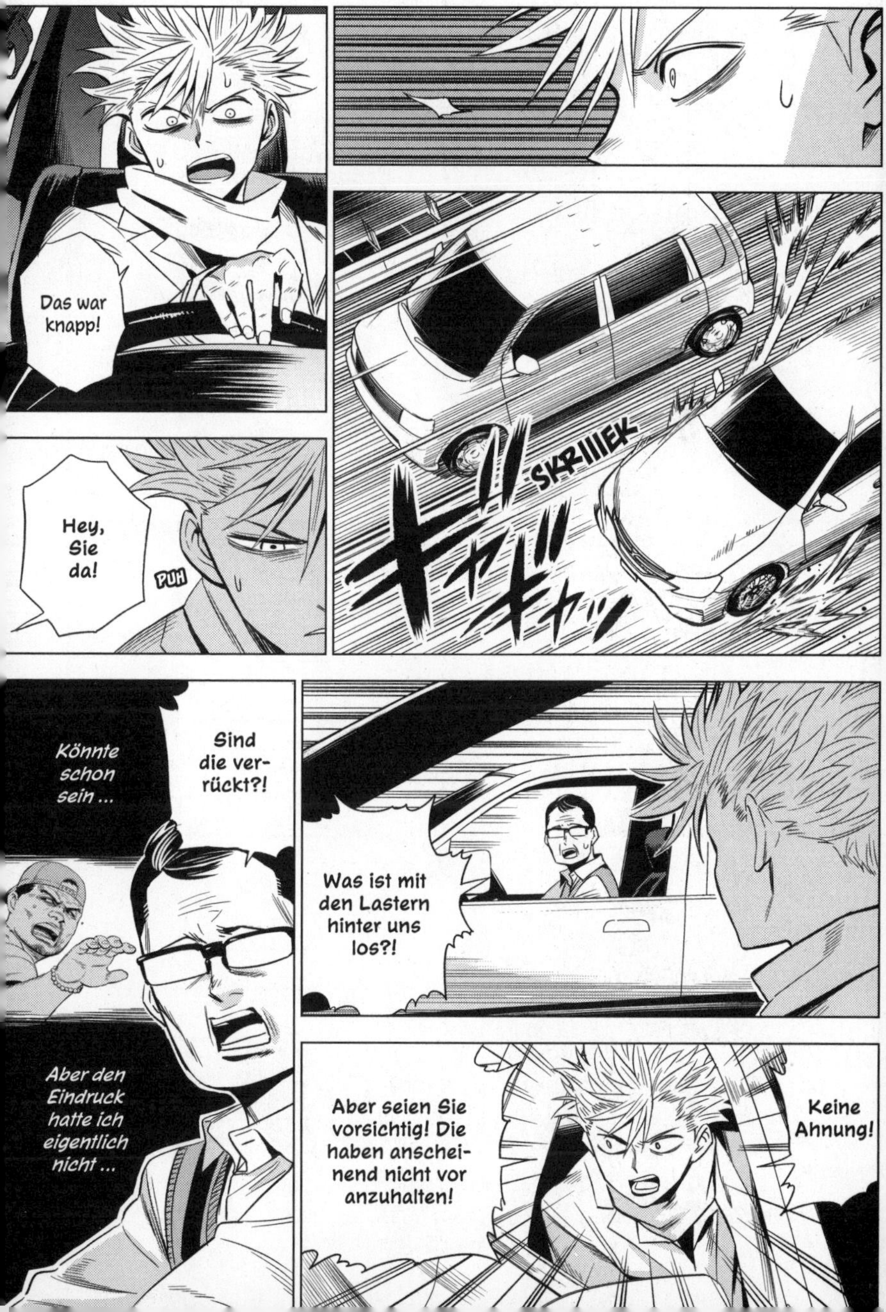

Das war knapp!
SKRIIIEK
Hey, Sie da!
PUH
Was ist mit den Lastern hinter uns los?!
Sind die verrückt?!
Könnte schon sein ...
Keine Ahnung!
Aber seien Sie vorsichtig! Die haben anscheinend nicht vor anzuhalten!
Aber den Eindruck hatte ich eigentlich nicht ...

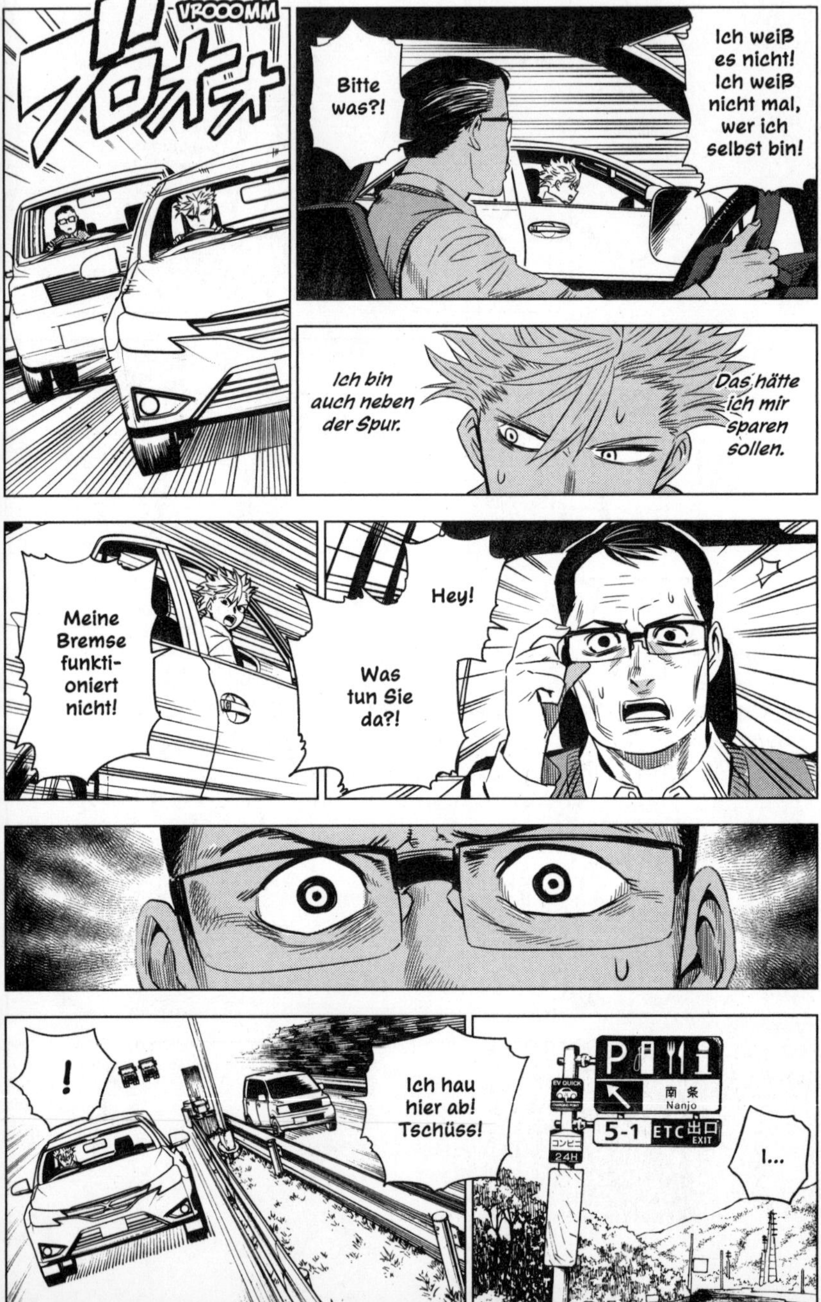
Ich weiß es nicht! Ich weiß nicht mal, wer ich selbst bin!
Bitte was?!
Das hätte ich mir sparen sollen.
Ich bin auch neben der Spur.
VROOOMM
Hey!
Was tun Sie da?!
Meine Bremse funktioniert nicht!
I...
南条
Nanjo
5-1
ETC 出口
EXIT
コンビニ
24H
EV QUICK
Ich hau hier ab! Tschüss!
!

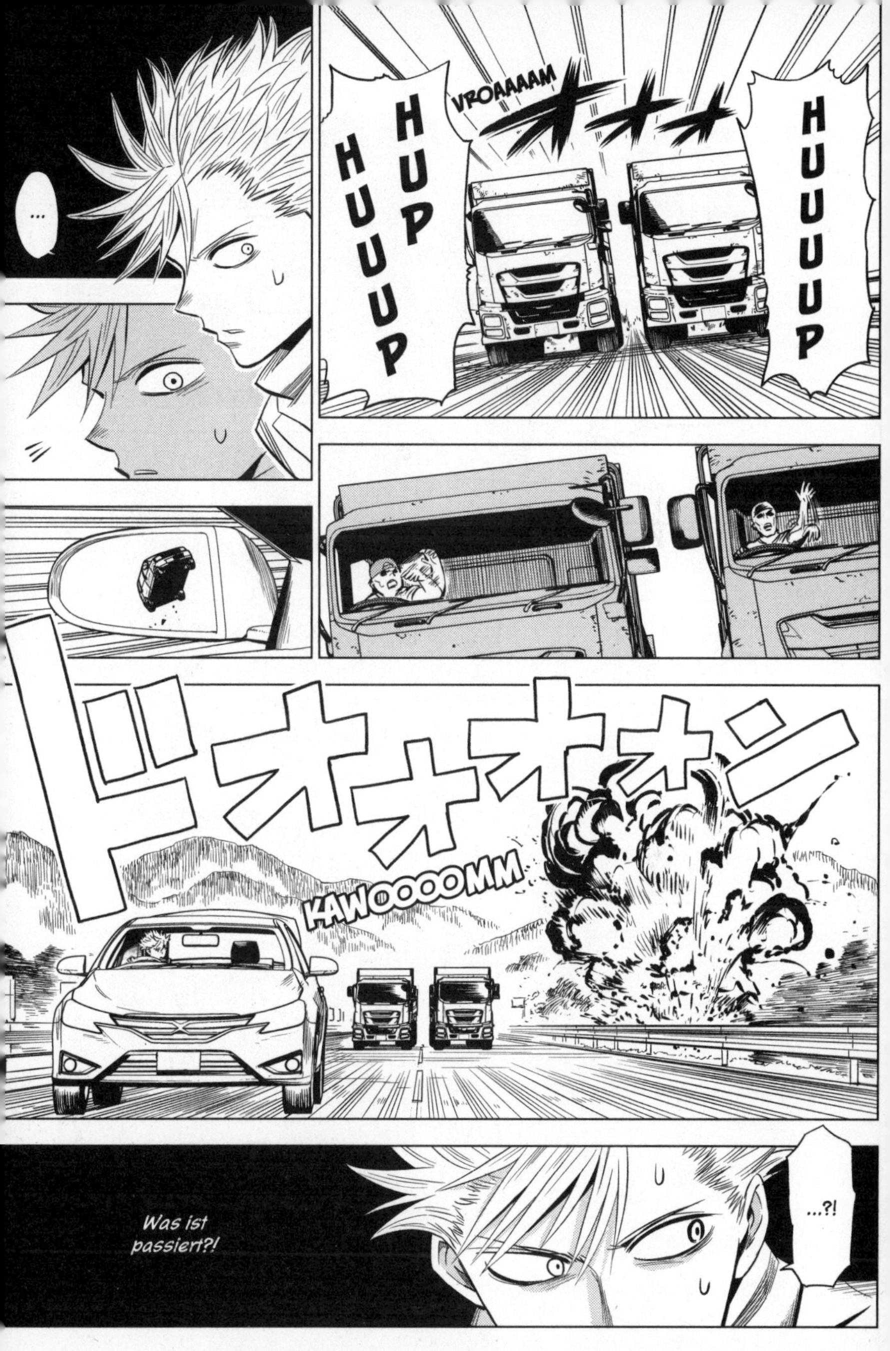
HUUUUP
VROAAAAM
HUP
HUUUUP
...
ドオオオン
KAWOOOOMM
...?!
Was ist passiert?!

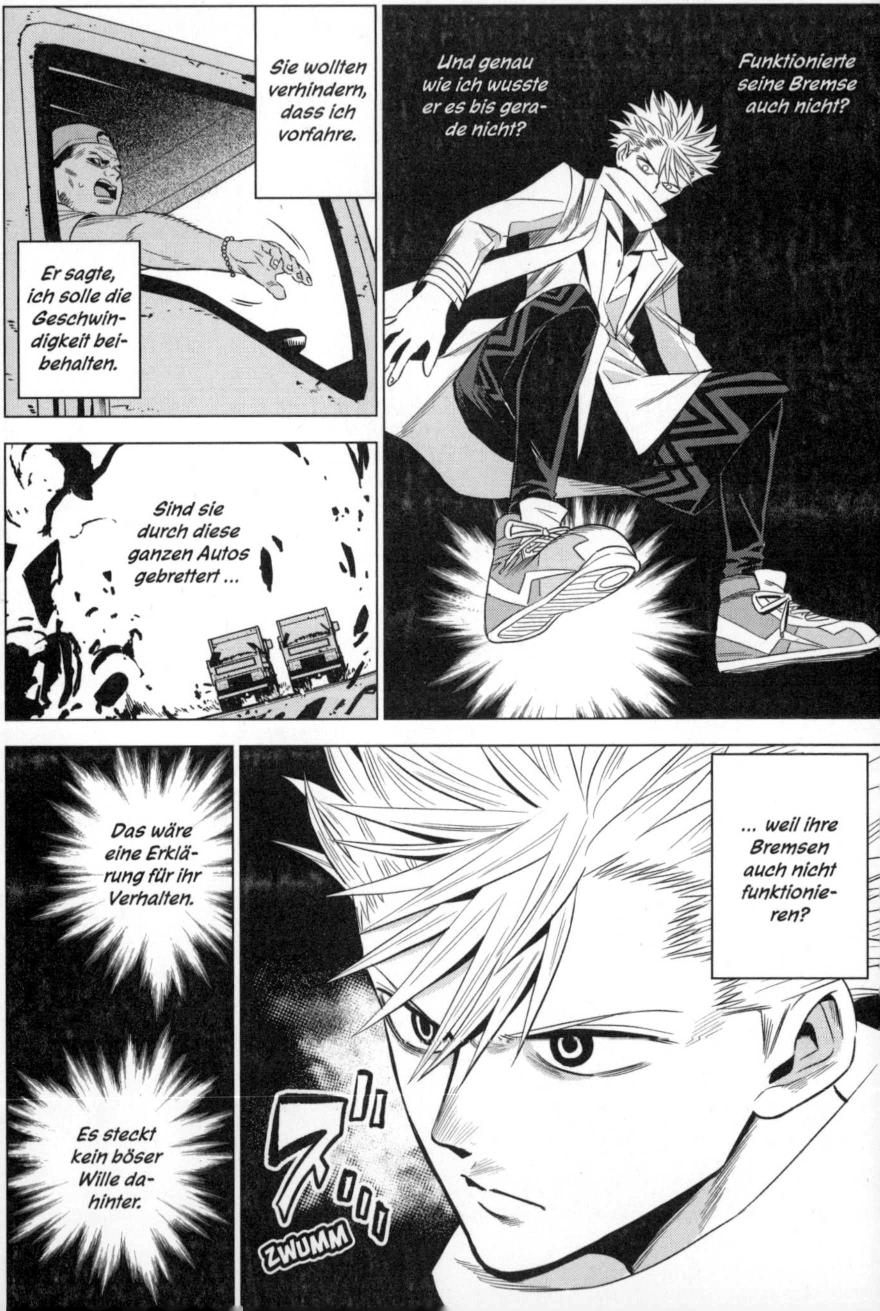

Funktionierte seine Bremse auch nicht?
Und genau wie ich wusste er es bis gerade nicht?
Sie wollten verhindern, dass ich vorfahre.
Er sagte, ich solle die Geschwindigkeit beibehalten.
Sind sie durch diese ganzen Autos gebrettert ...
... weil ihre Bremsen auch nicht funktionieren?
Das wäre eine Erklärung für ihr Verhalten.
Es steckt kein böser Wille dahinter.
ZWUMM

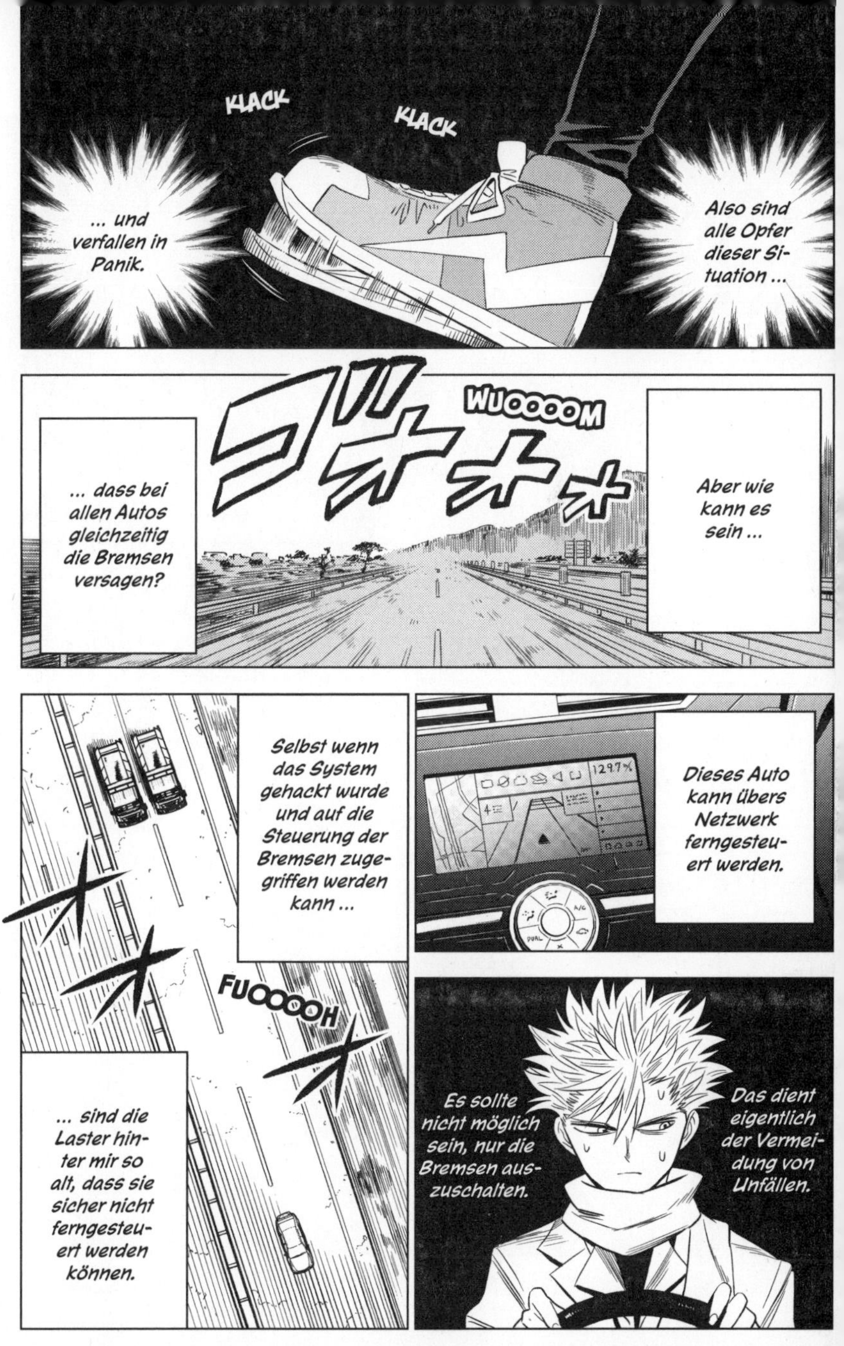

KLACK
KLACK
Also sind alle Opfer dieser Situation ...
... und verfallen in Panik.
Aber wie kann es sein ...
WUOOOOM
... dass bei allen Autos gleichzeitig die Bremsen versagen?
Dieses Auto kann übers Netzwerk ferngesteuert werden.
Selbst wenn das System gehackt wurde und auf die Steuerung der Bremsen zugegriffen werden kann ...
Das dient eigentlich der Vermeidung von Unfällen.
Es sollte nicht möglich sein, nur die Bremsen auszuschalten.
FUOOOOH
... sind die Laster hinter mir so alt, dass sie sicher nicht ferngesteuert werden können.

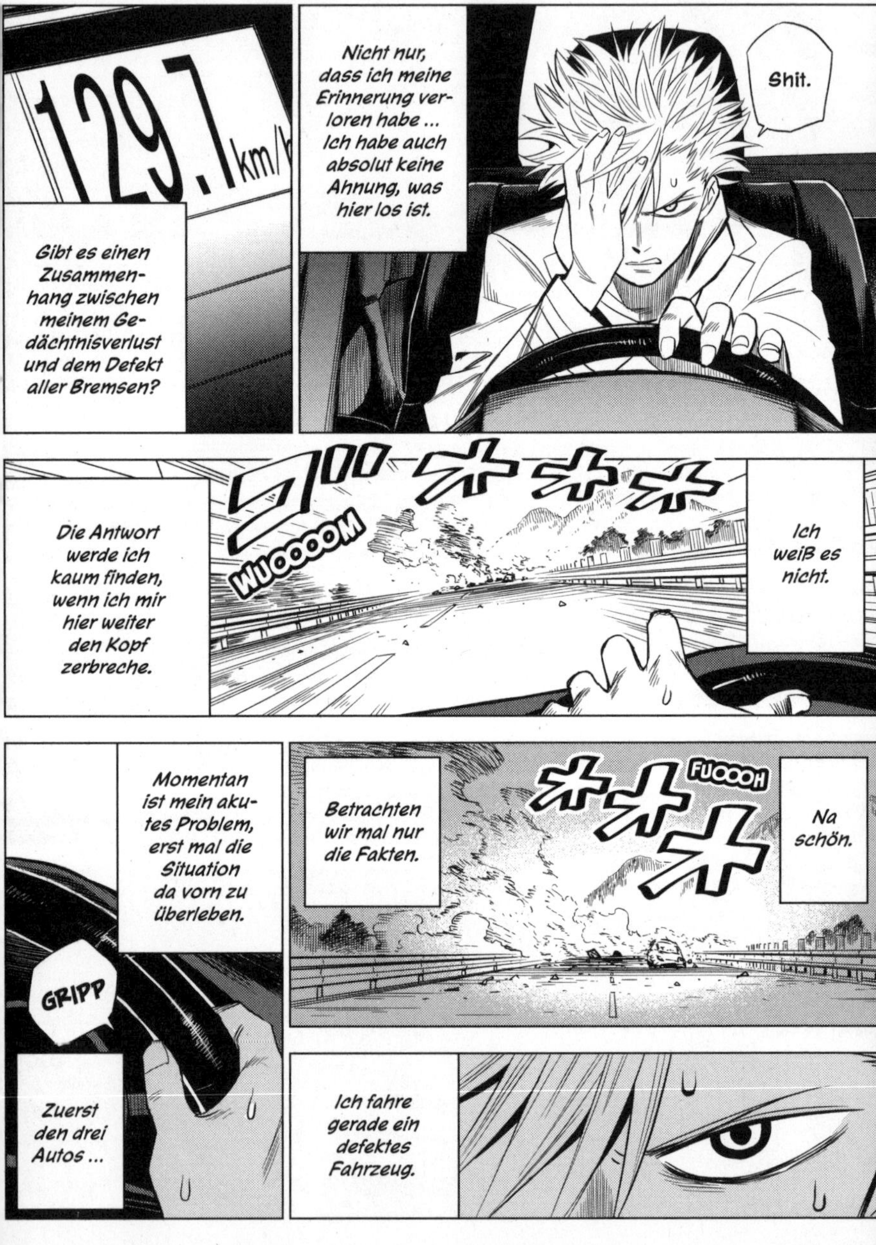
Shit.
Nicht nur, dass ich meine Erinnerung verloren habe ... Ich habe auch absolut keine Ahnung, was hier los ist.
129.7 km/h
Gibt es einen Zusammenhang zwischen meinem Gedächtnisverlust und dem Defekt aller Bremsen?
Ich weiß es nicht.
WUOOOOOM
Die Antwort werde ich kaum finden, wenn ich mir hier weiter den Kopf zerbreche.
Na schön.
FUOOOH
Betrachten wir mal nur die Fakten.
Ich fahre gerade ein defektes Fahrzeug.
Momentan ist mein akutes Problem, erst mal die Situation da vorn zu überleben.
GRIPP
Zuerst den drei Autos ...

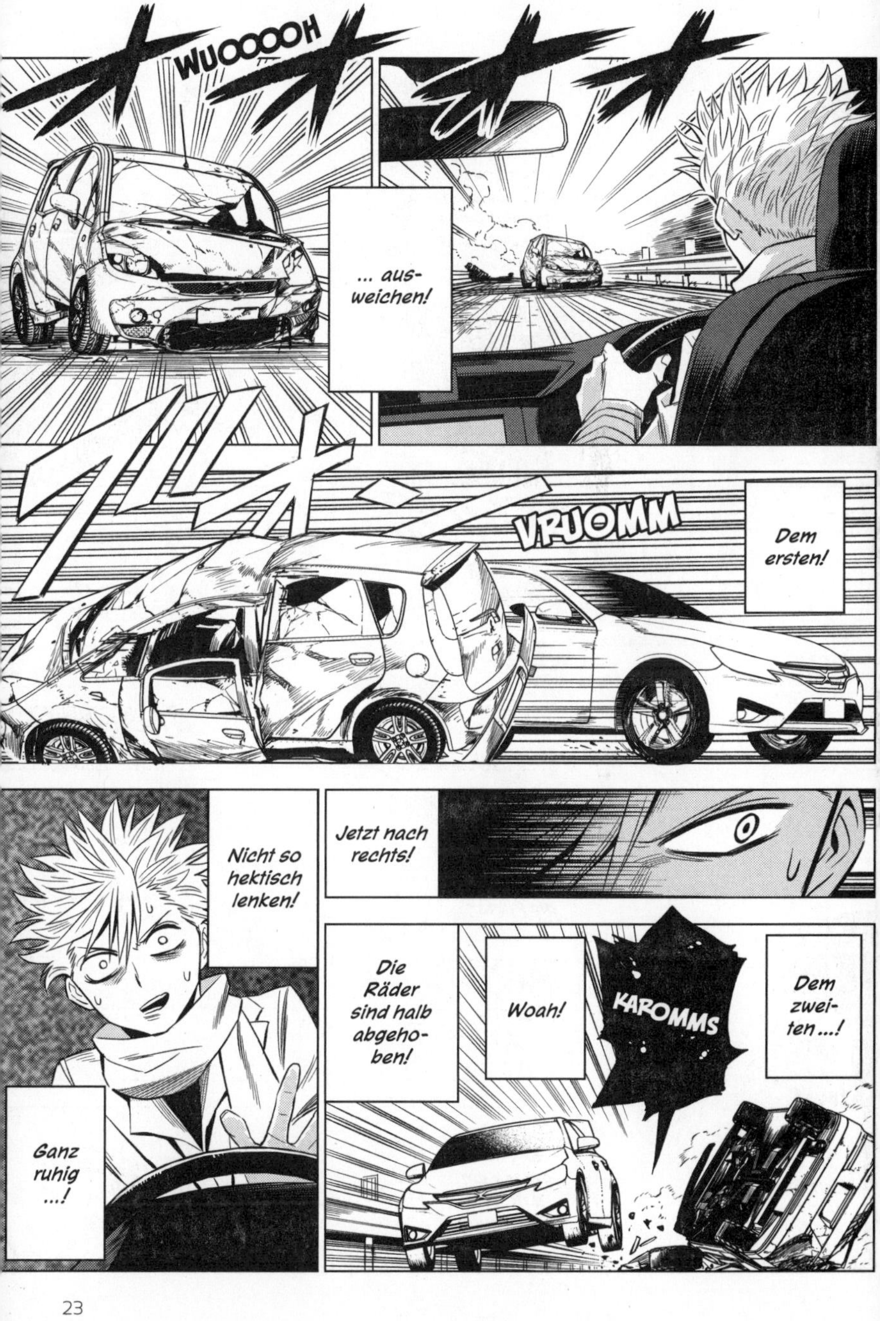
WUOOOOH
... aus-
weichen!
VRUOMM
Dem
ersten!
Jetzt nach
rechts!
Nicht so
hektisch
lenken!
Ganz
ruhig
...!
Dem
zwei-
ten ...!
KAROMMS
Woah!
Die
Räder
sind halb
abgeho-
ben!

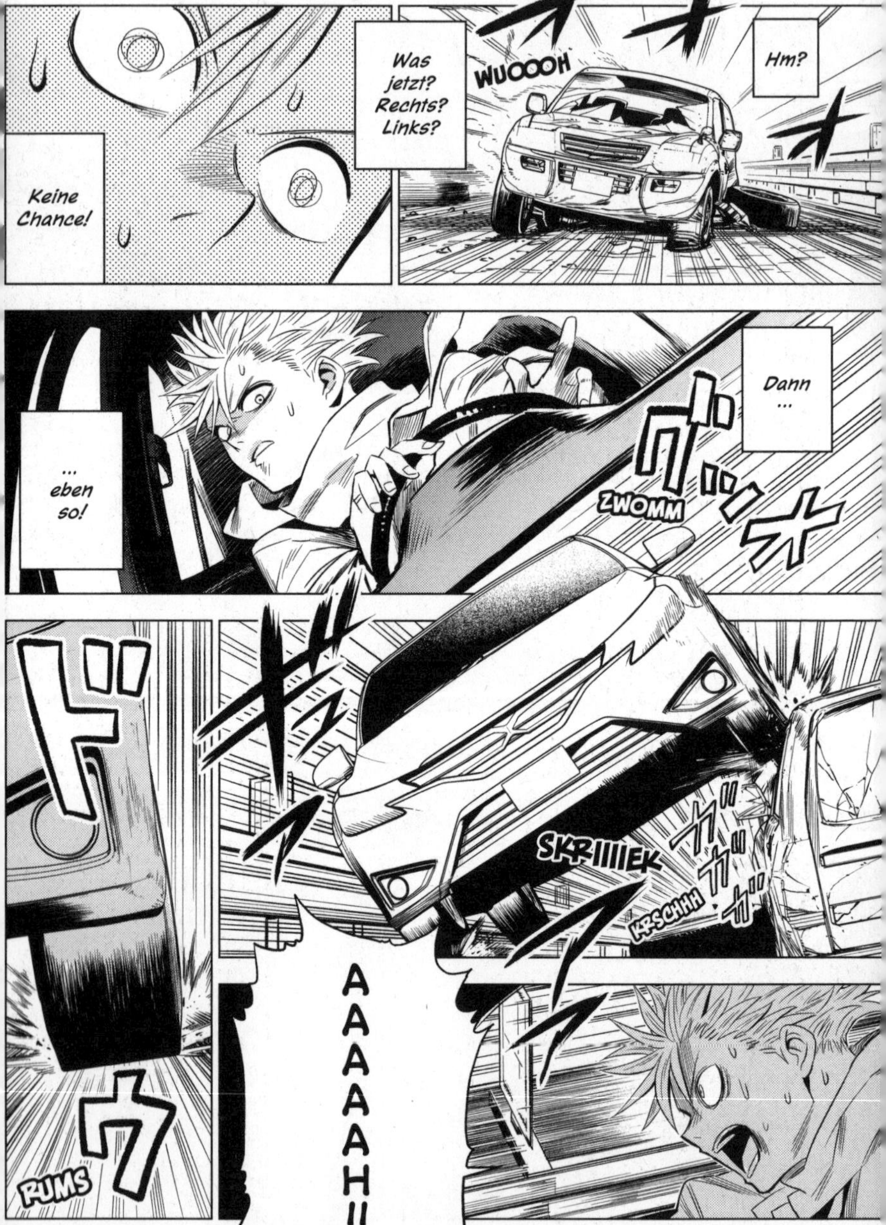

Hm?
WUOOOH
Was jetzt? Rechts? Links?
Keine Chance!
Dann ...
ZWOMM
... eben so!
SKRIIIIEK
KRSCHHH
AAAAAAH!!
RUMS

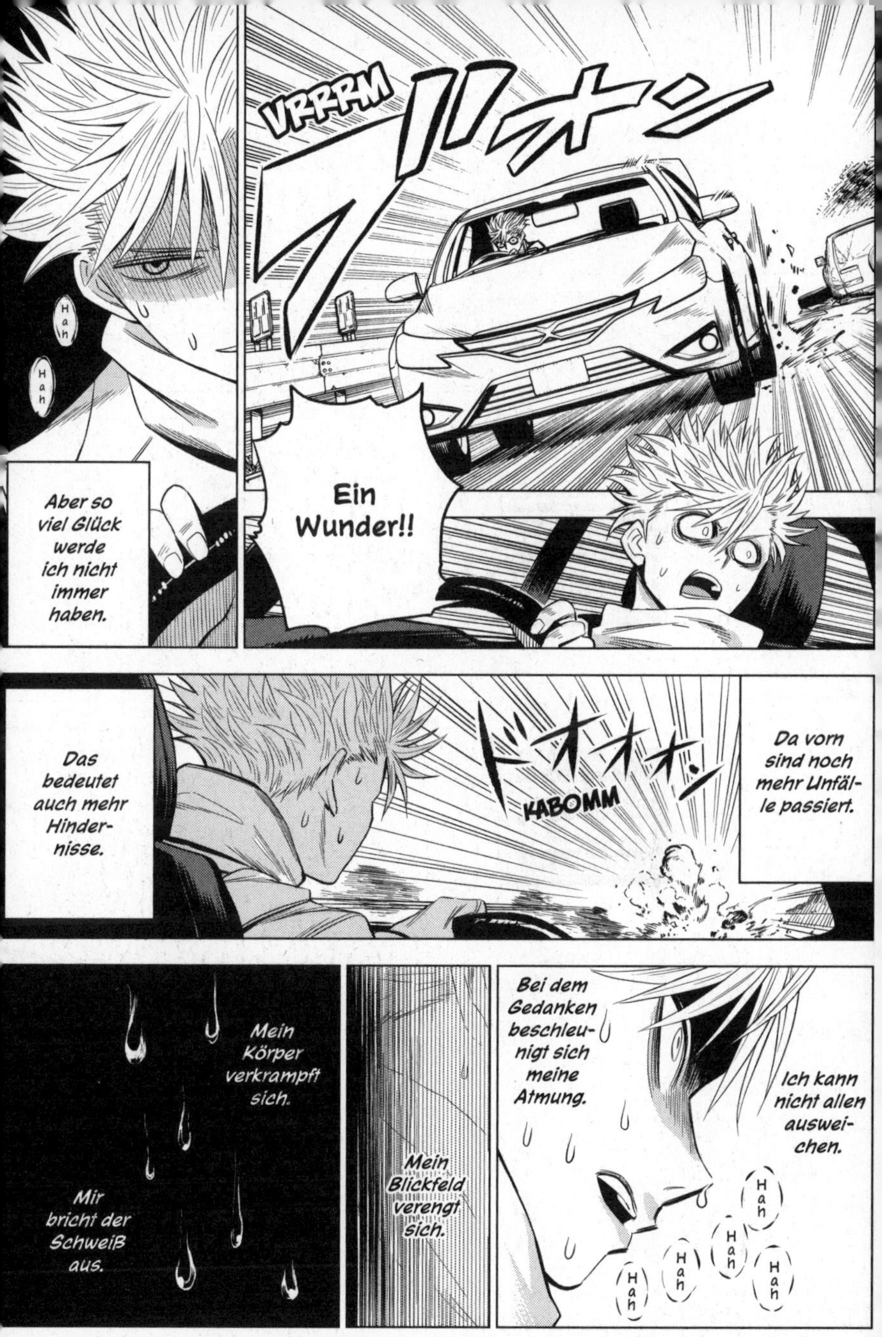
VRRRM
Ein Wunder!!
Han
Han
Aber so viel Glück werde ich nicht immer haben.
Da vorn sind noch mehr Unfälle passiert.
KABOMM
Das bedeutet auch mehr Hindernisse.
Bei dem Gedanken beschleunigt sich meine Atmung.
Ich kann nicht allen ausweichen.
Han
Han
Han
Han
Han
Mein Blickfeld verengt sich.
Mein Körper verkrampft sich.
Mir bricht der Schweiß aus.

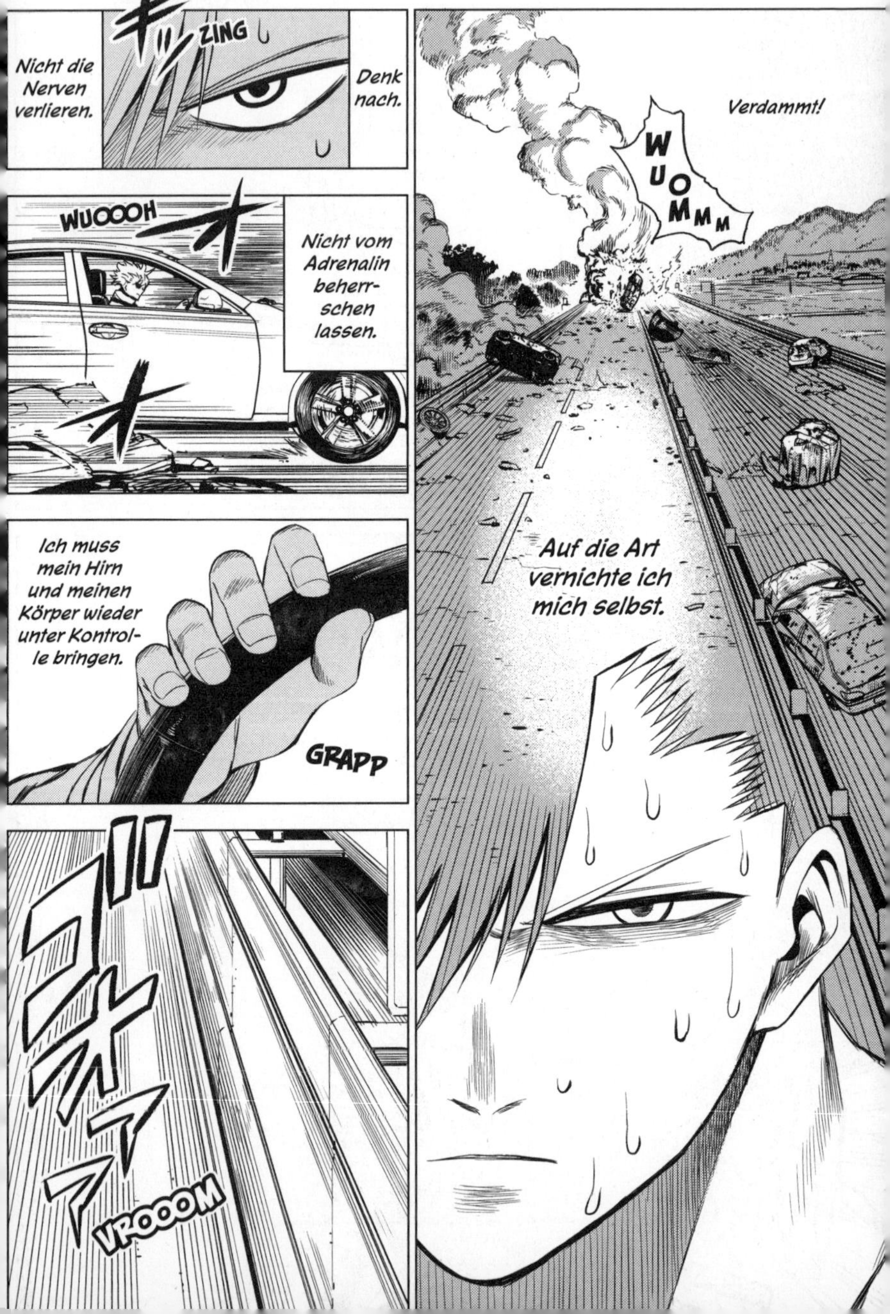
Verdammt!
WUOMMM
Auf die Art
vernichte ich
mich selbst.
ZING
Denk
nach.
Nicht die
Nerven
verlieren.
Nicht vom
Adrenalin
beherr-
schen
lassen.
WUOOOH
Ich muss
mein Hirn
und meinen
Körper wieder
unter Kontrol-
le bringen.
GRAPP
VROOOM

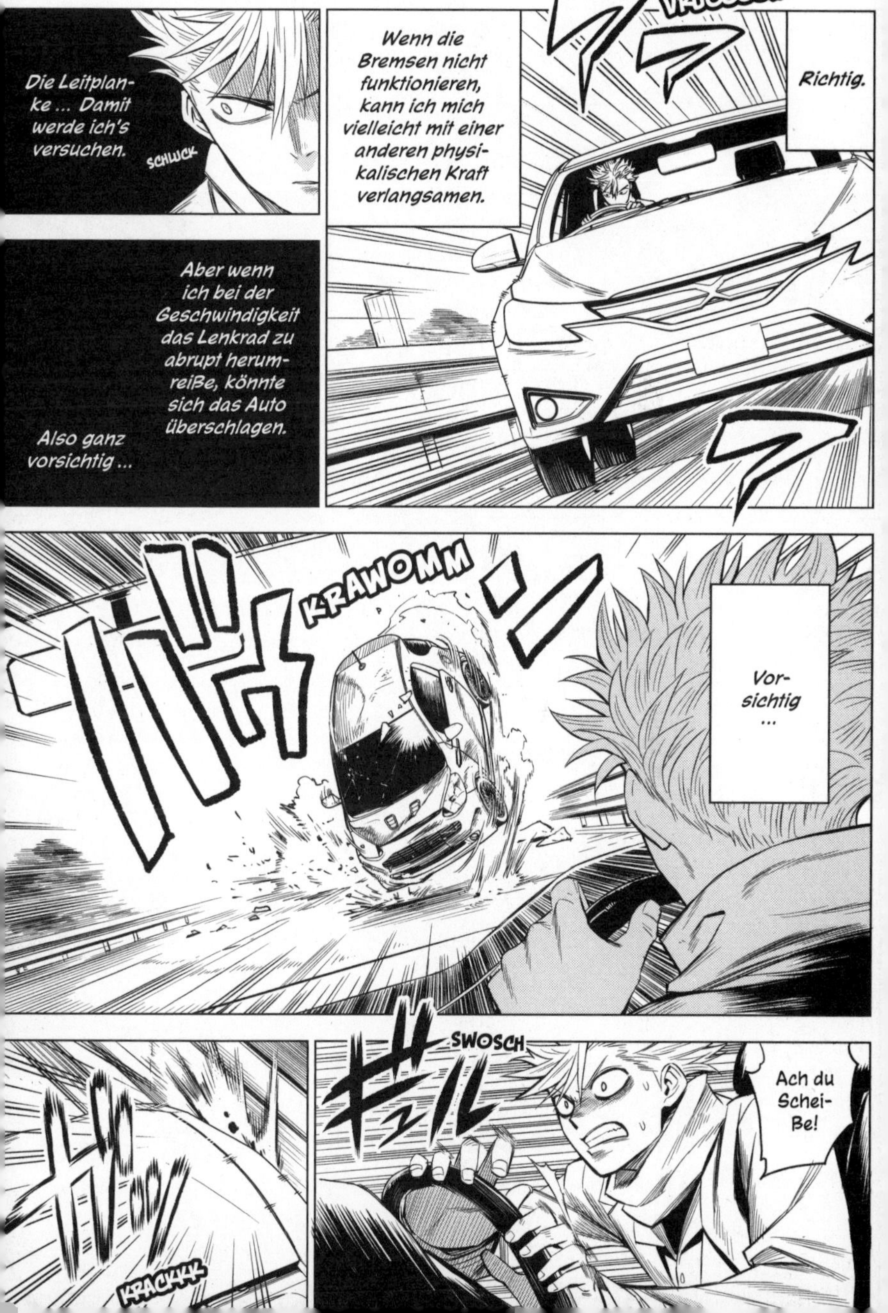
VRUOOOOM
Richtig.
Wenn die Bremsen nicht funktionieren, kann ich mich vielleicht mit einer anderen physikalischen Kraft verlangsamen.
Die Leitplanke ... Damit werde ich's versuchen.
SCHLUCK
Aber wenn ich bei der Geschwindigkeit das Lenkrad zu abrupt herumreiße, könnte sich das Auto überschlagen.
Also ganz vorsichtig ...
Vorsichtig ...
KRAWOMM
Ach du Scheiße!
SWOSCH
KRACKKK

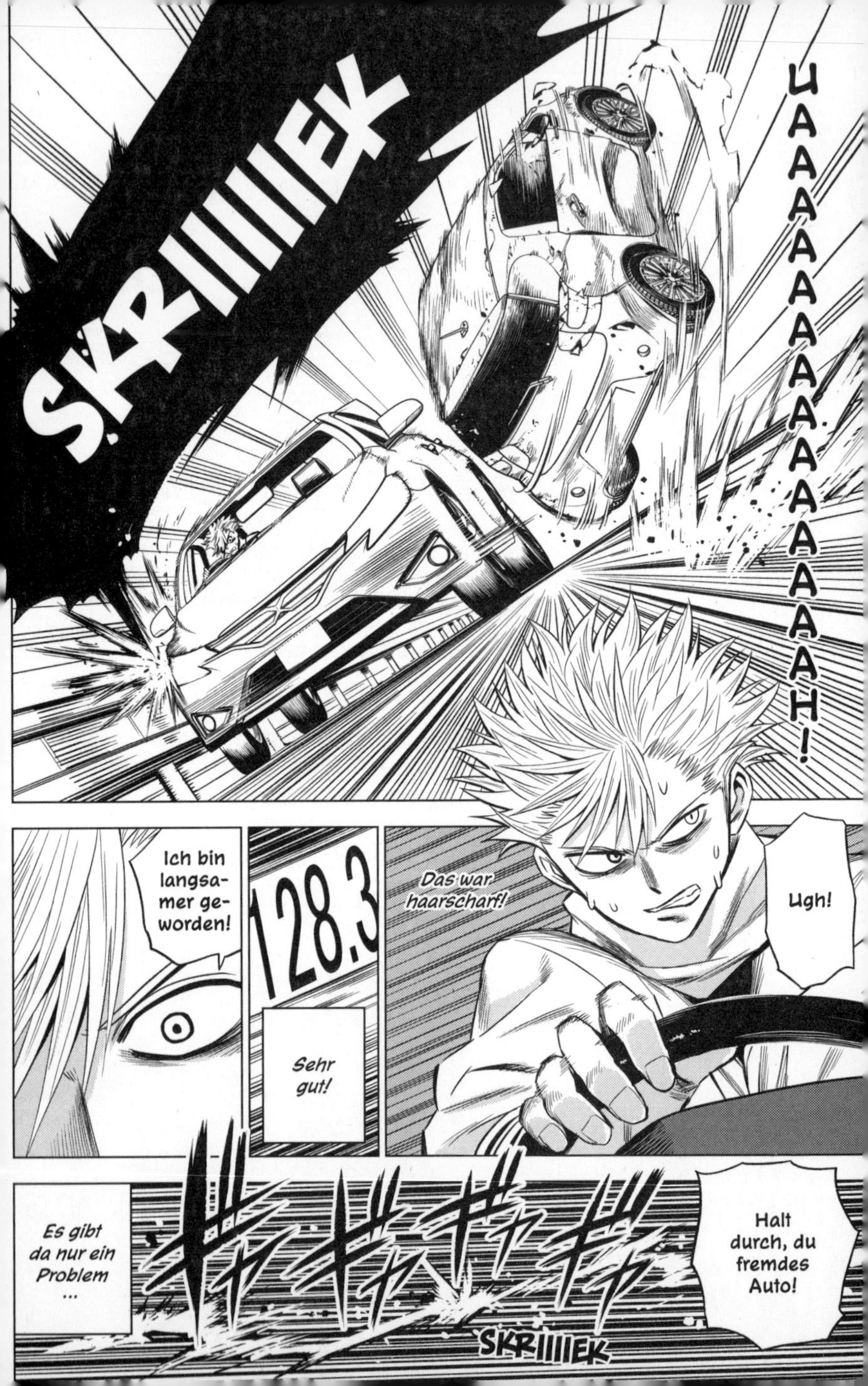
SKRIIIIIEK
UAAAAAAAAAAAAAAH!
Ugh!
Das war haarscharf!
128.3
Sehr gut!
Ich bin langsamer geworden!
Halt durch, du fremdes Auto!
SKRIIIIIEK
Es gibt da nur ein Problem ...

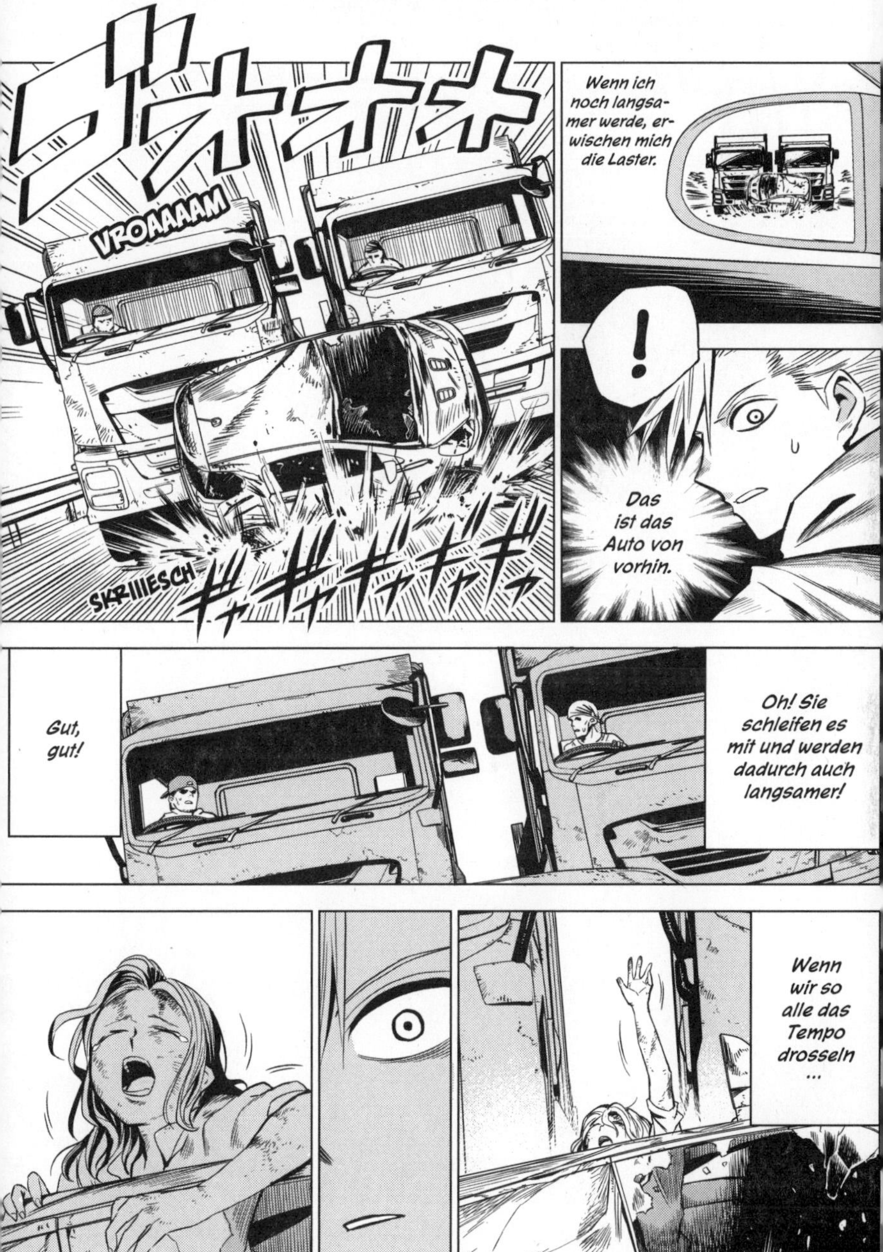

VROAAAAM
SKRIIIESCH
Wenn ich noch langsamer werde, erwischen mich die Laster.
!
Das ist das Auto von vorhin.
Oh! Sie schleifen es mit und werden dadurch auch langsamer!
Gut, gut!
Wenn wir so alle das Tempo drosseln …

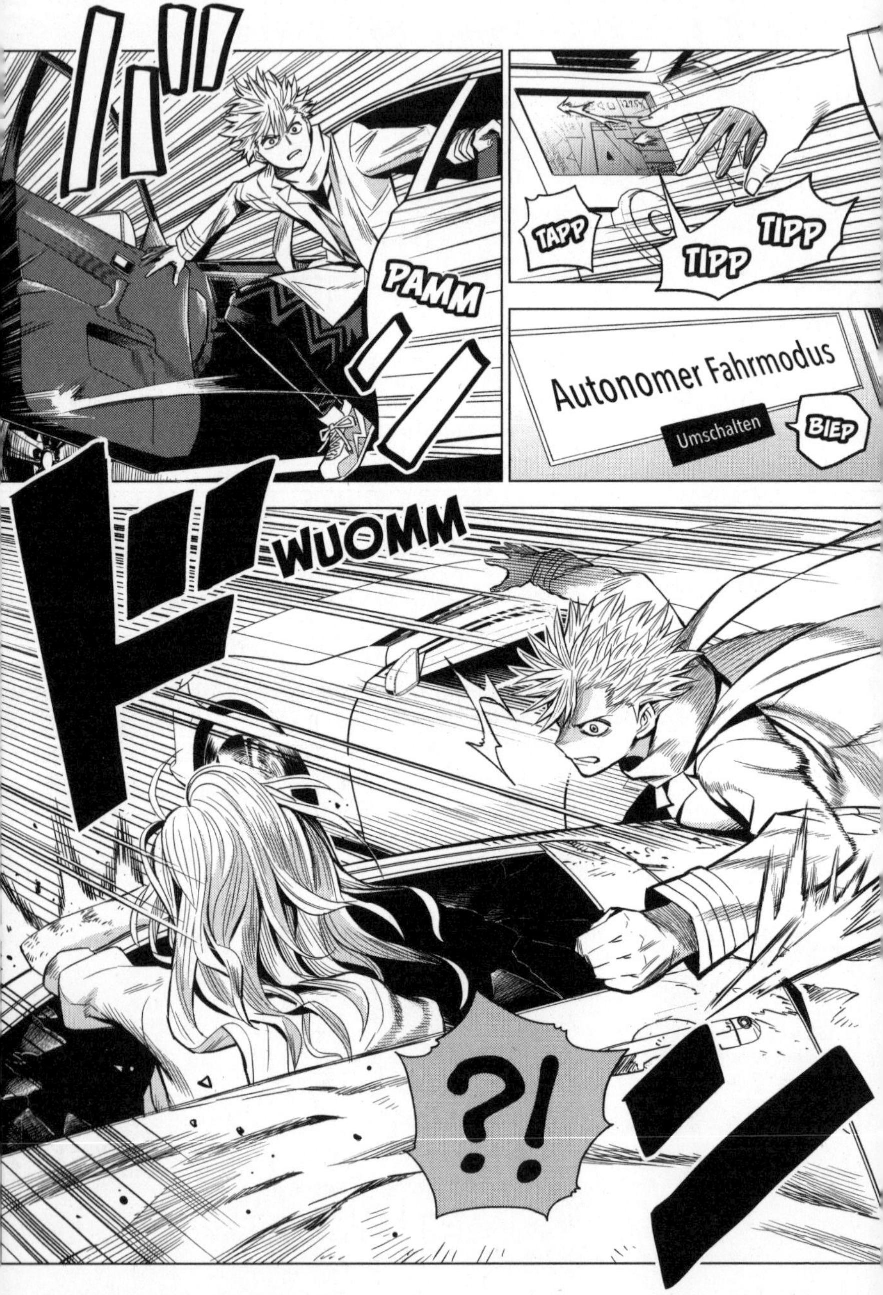
TAPP
TIPP
TIPP
PAMM
Autonomer Fahrmodus
Umschalten
BIEP
WUOMM
?!

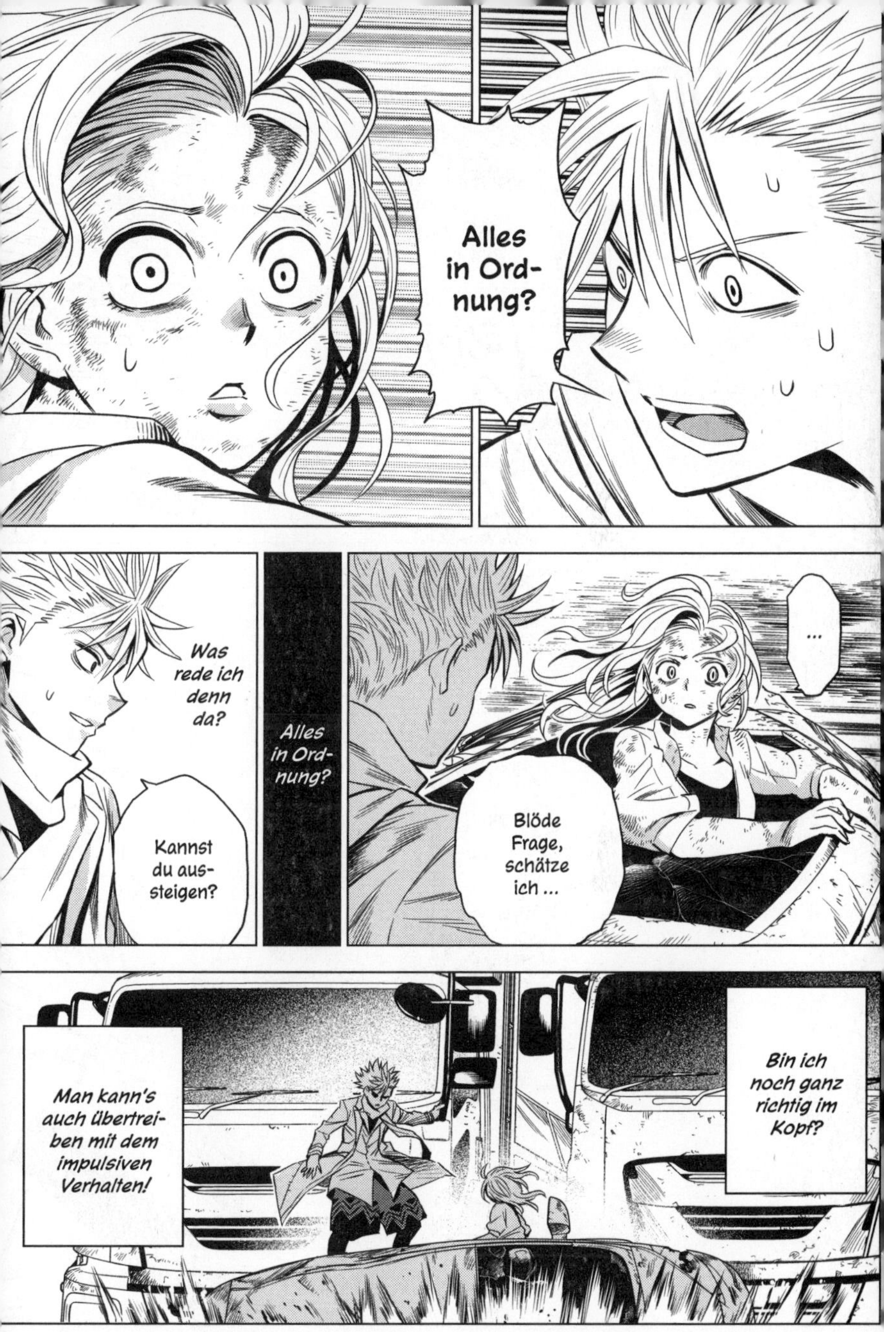
Alles in Ordnung?
...
Blöde Frage, schätze ich ...
Alles in Ordnung?
Was rede ich denn da?
Kannst du aussteigen?
Bin ich noch ganz richtig im Kopf?
Man kann's auch übertreiben mit dem impulsiven Verhalten!

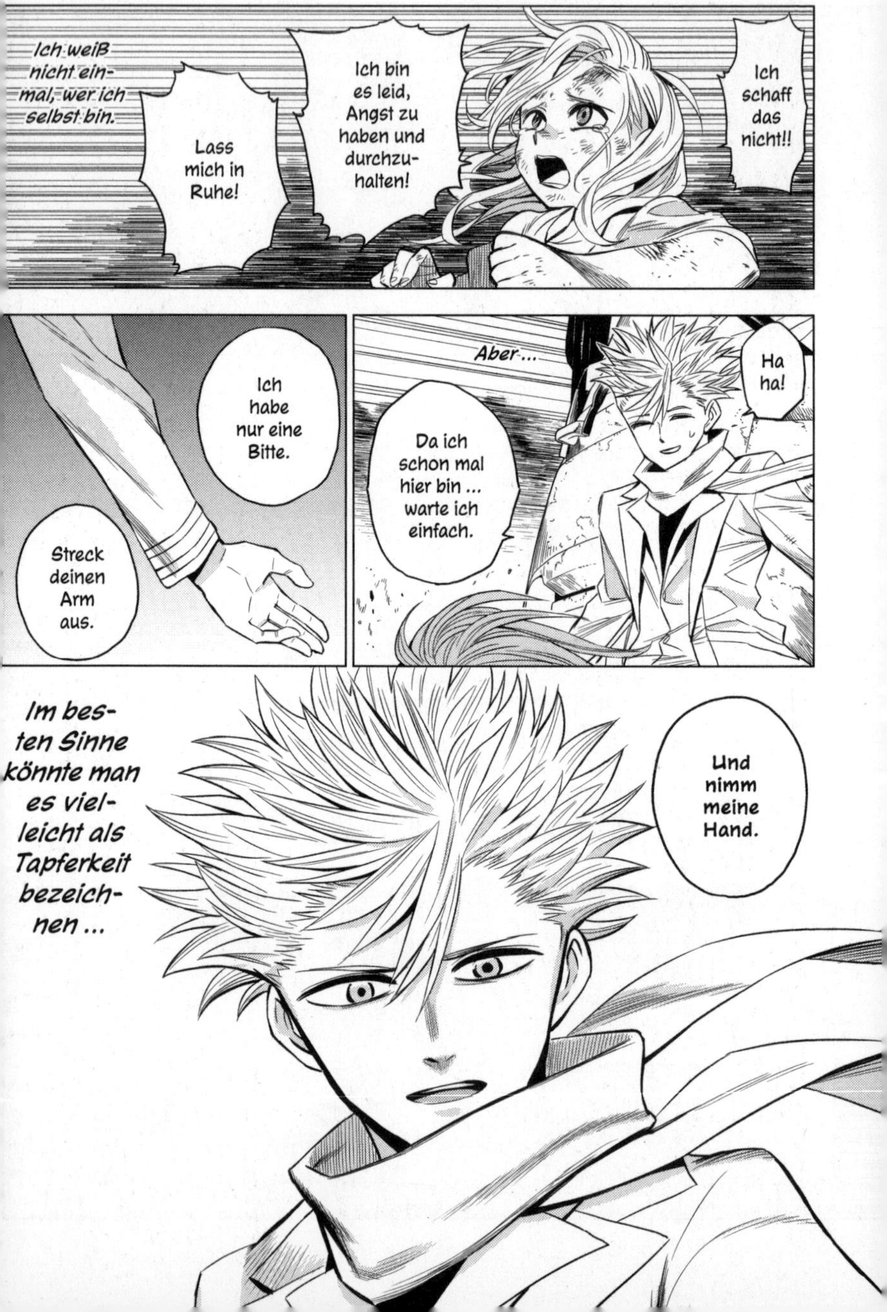

Ich weiß nicht einmal, wer ich selbst bin.
Lass mich in Ruhe!
Ich bin es leid, Angst zu haben und durchzuhalten!
Ich schaff das nicht!!
Ich habe nur eine Bitte.
Streck deinen Arm aus.
Aber ...
Ha ha!
Da ich schon mal hier bin ... warte ich einfach.
Im besten Sinne könnte man es vielleicht als Tapferkeit bezeichnen ...
Und nimm meine Hand.

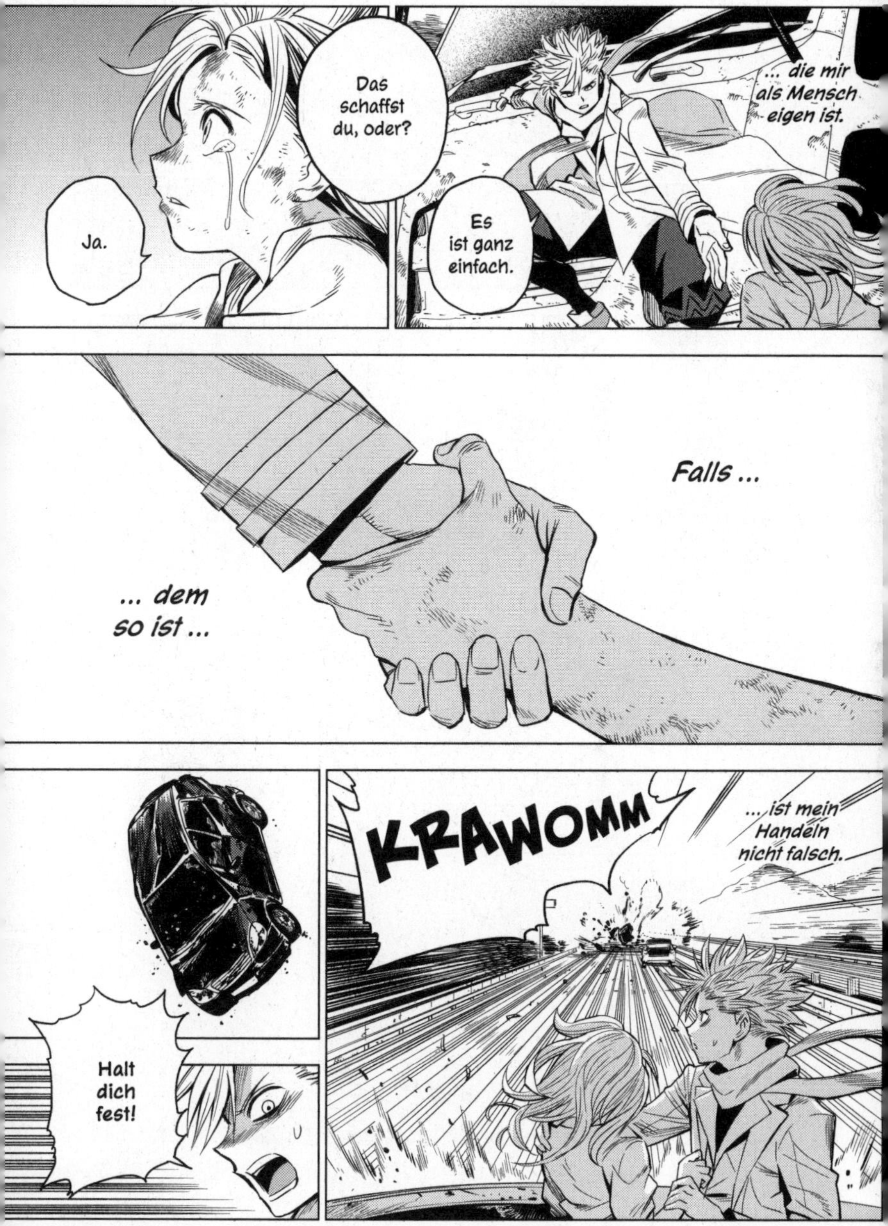
... die mir als Mensch eigen ist.
Es ist ganz einfach.
Das schaffst du, oder?
Ja.
Falls ...
... dem so ist ...
KRAWOMM
... ist mein Handeln nicht falsch.
Halt dich fest!

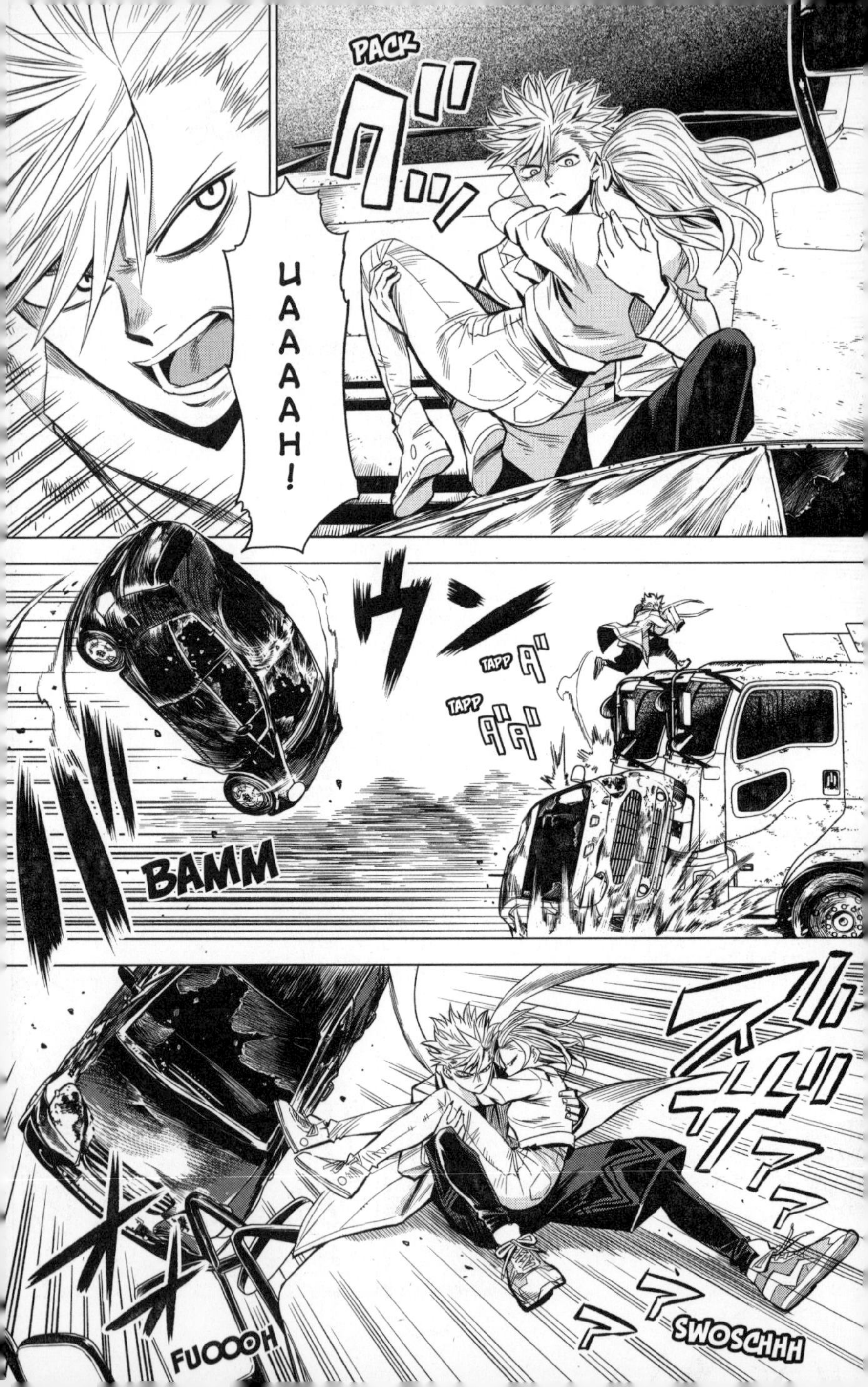
PACK
UAAAAAH!
TAPP
TAPP
BAMM
SWOSCHHH
FUOOOH

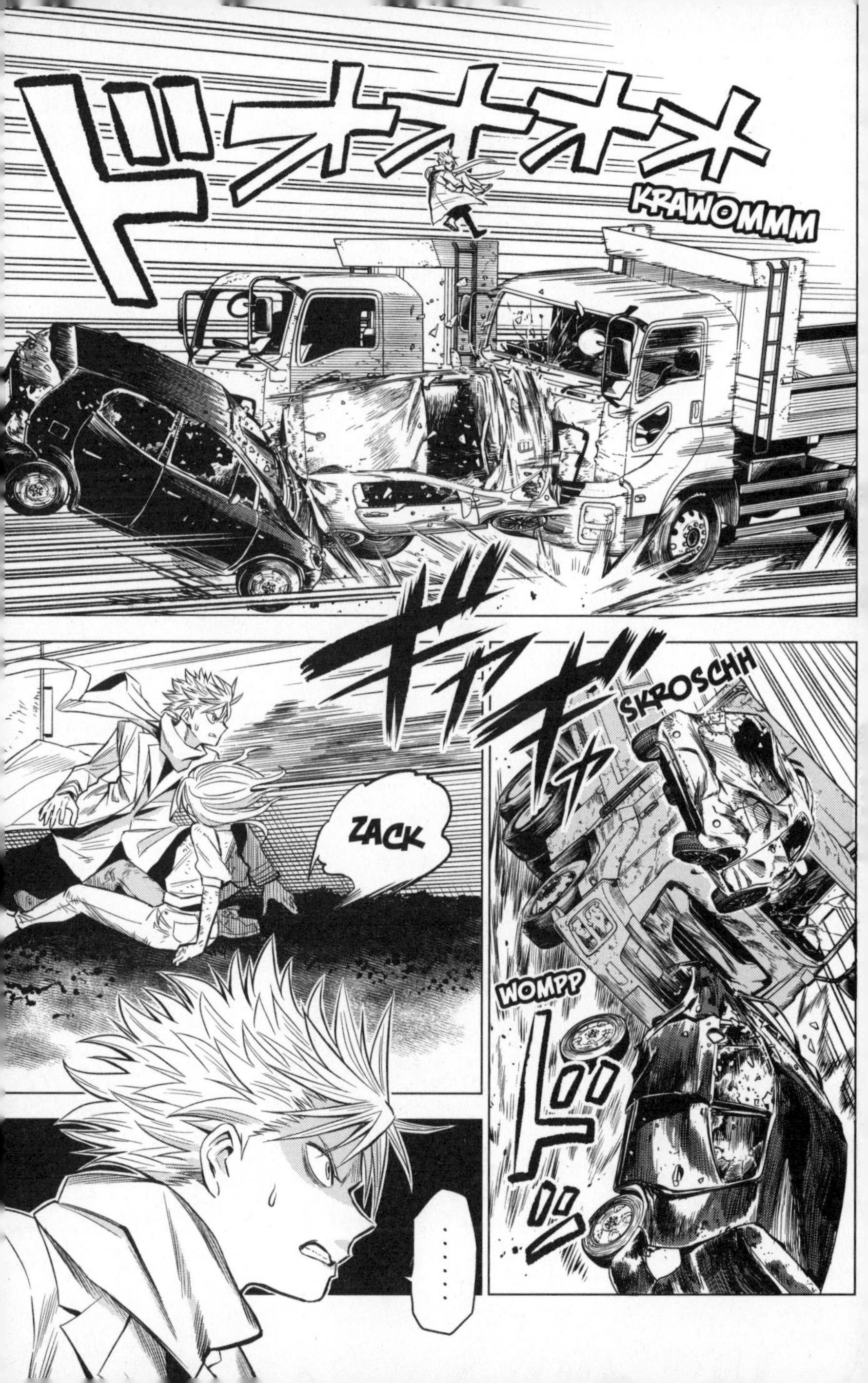
KRAWOMMM
SKROSCHH
WOMPP
ZACK
……

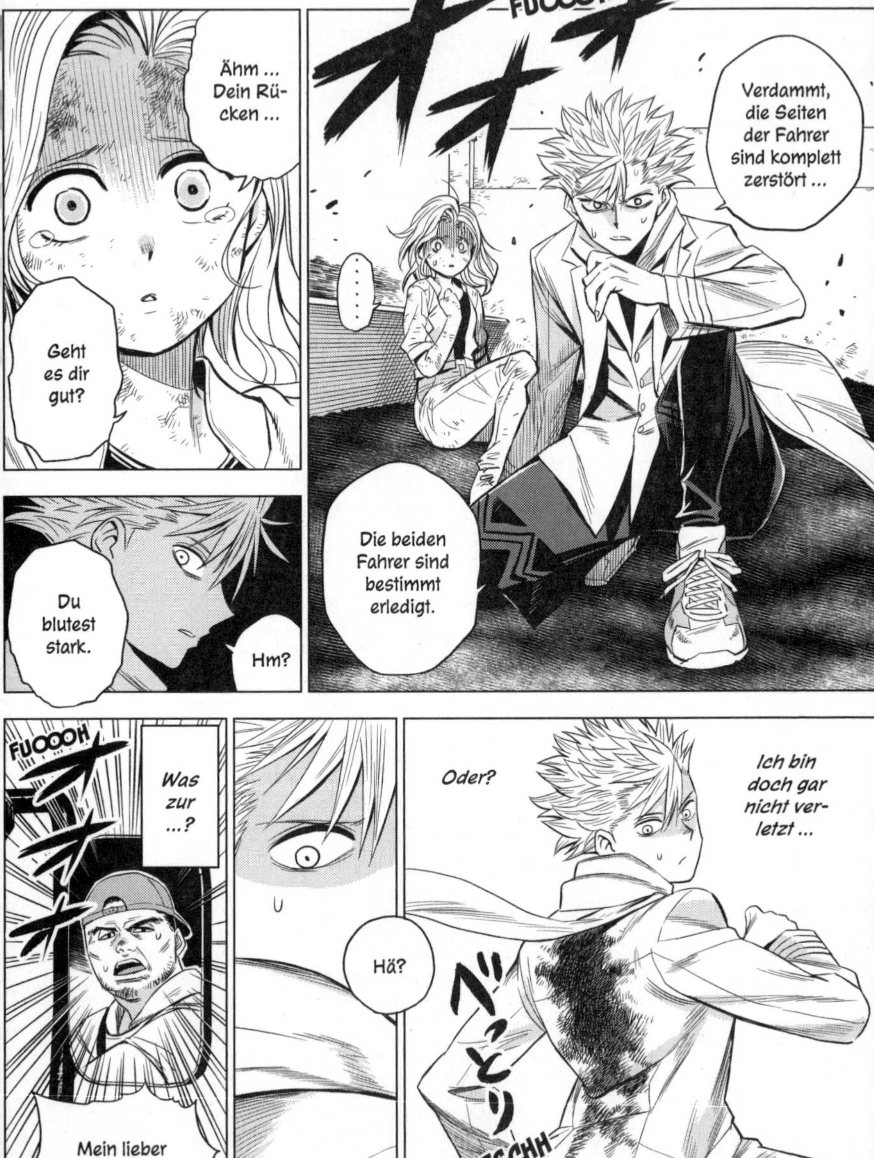
FUOOOH
Verdammt, die Seiten der Fahrer sind komplett zerstört ...
......
Die beiden Fahrer sind bestimmt erledigt.
Ähm ... Dein Rücken ...
Geht es dir gut?
Hm?
Du blutest stark.
Ich bin doch gar nicht verletzt ...
Oder?
FSCHH
Hä?
FUOOOH
Was zur ...?
Mein lieber Scholli! Du bist ja ein Teufelskerl!

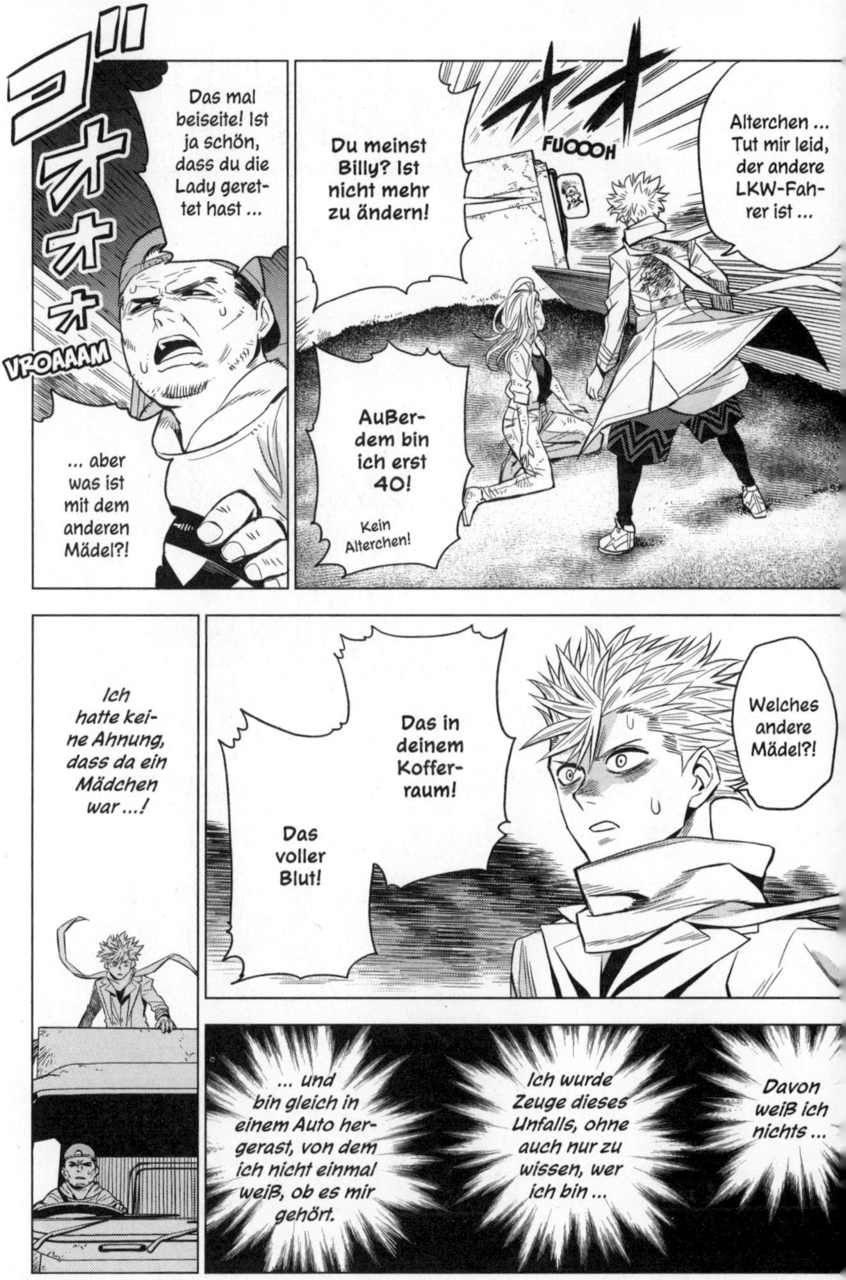
Alterchen ... Tut mir leid, der andere LKW-Fahrer ist ...
FUOOOH
Du meinst Billy? Ist nicht mehr zu ändern!
Außerdem bin ich erst 40!
Kein Alterchen!
Das mal beiseite! Ist ja schön, dass du die Lady gerettet hast ...
VROAAAM
... aber was ist mit dem anderen Mädel?!
Welches andere Mädel?!
Das in deinem Kofferraum!
Das voller Blut!
Ich hatte keine Ahnung, dass da ein Mädchen war ...!
Davon weiß ich nichts ...
Ich wurde Zeuge dieses Unfalls, ohne auch nur zu wissen, wer ich bin ...
... und bin gleich in einem Auto hergerast, von dem ich nicht einmal weiß, ob es mir gehört.

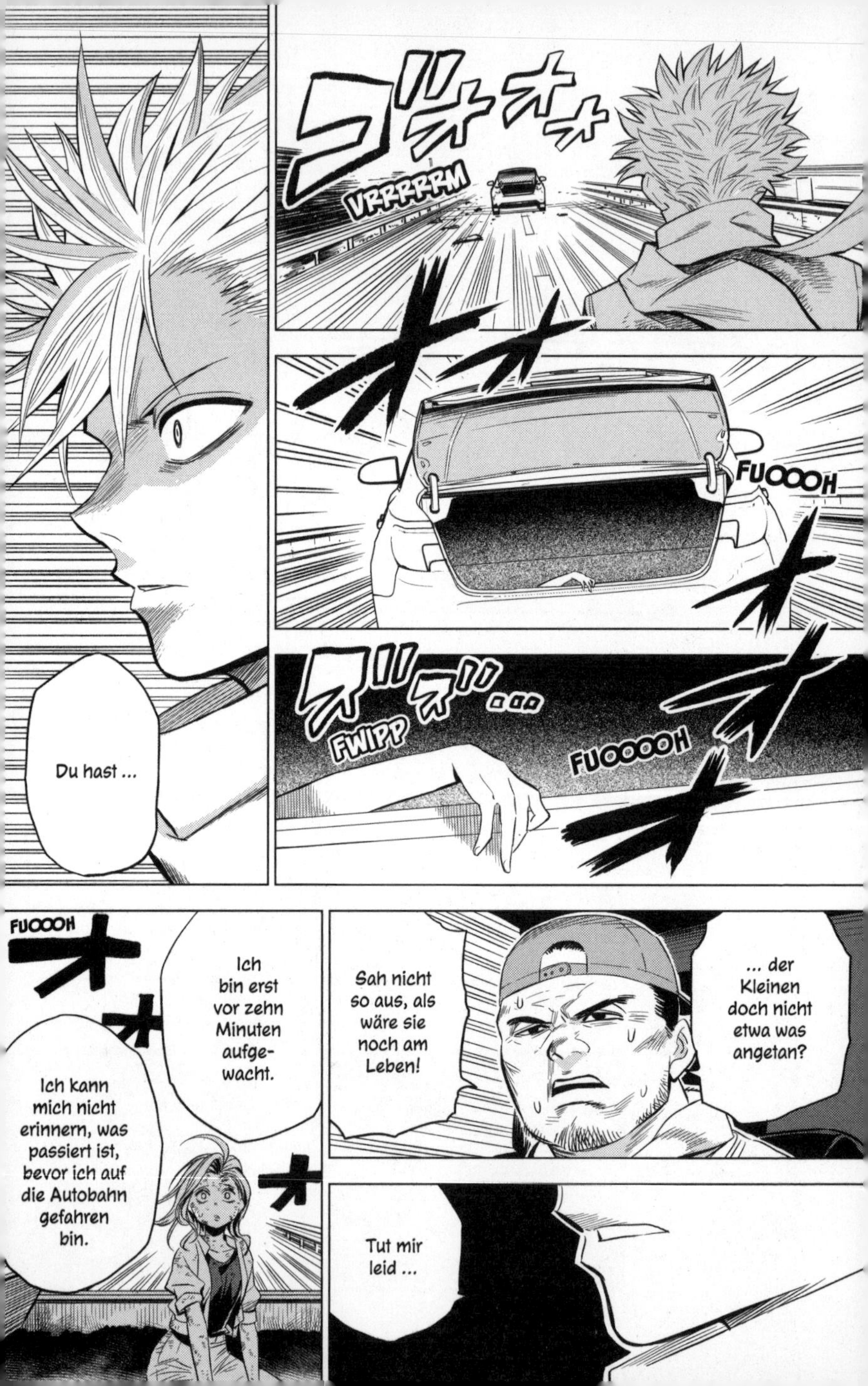

VRRRRRM
FUOOOH
FWIPP
FUOOOOH
Du hast ...
... der Kleinen doch nicht etwa was angetan?
Sah nicht so aus, als wäre sie noch am Leben!
Tut mir leid ...
Ich bin erst vor zehn Minuten aufgewacht.
FUOOOH
Ich kann mich nicht erinnern, was passiert ist, bevor ich auf die Autobahn gefahren bin.

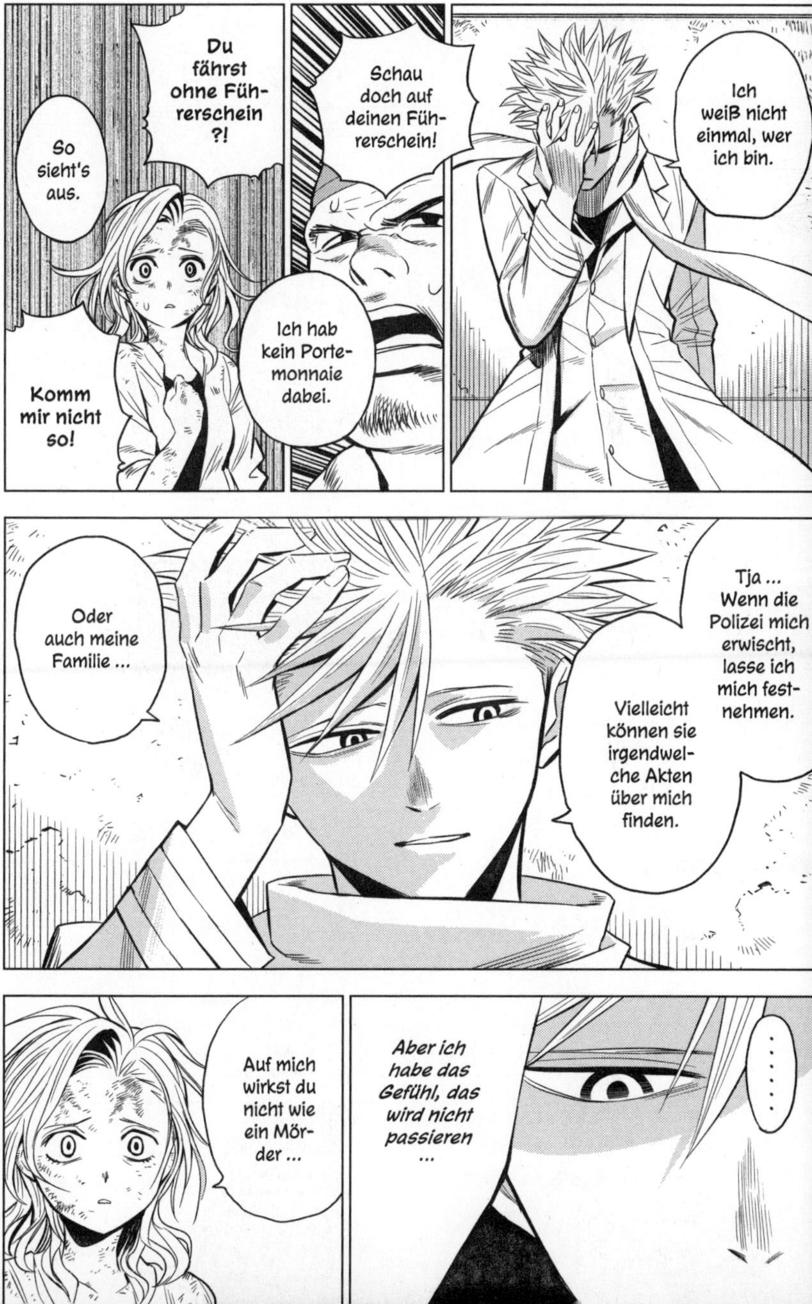
Ich weiß nicht einmal, wer ich bin.
Schau doch auf deinen Führerschein!
Ich hab kein Portemonnaie dabei.
Du fährst ohne Führerschein?!
So sieht's aus.
Komm mir nicht so!
Tja ... Wenn die Polizei mich erwischt, lasse ich mich festnehmen.
Vielleicht können sie irgendwelche Akten über mich finden.
Oder auch meine Familie ...
......
Aber ich habe das Gefühl, das wird nicht passieren ...
Auf mich wirkst du nicht wie ein Mörder ...

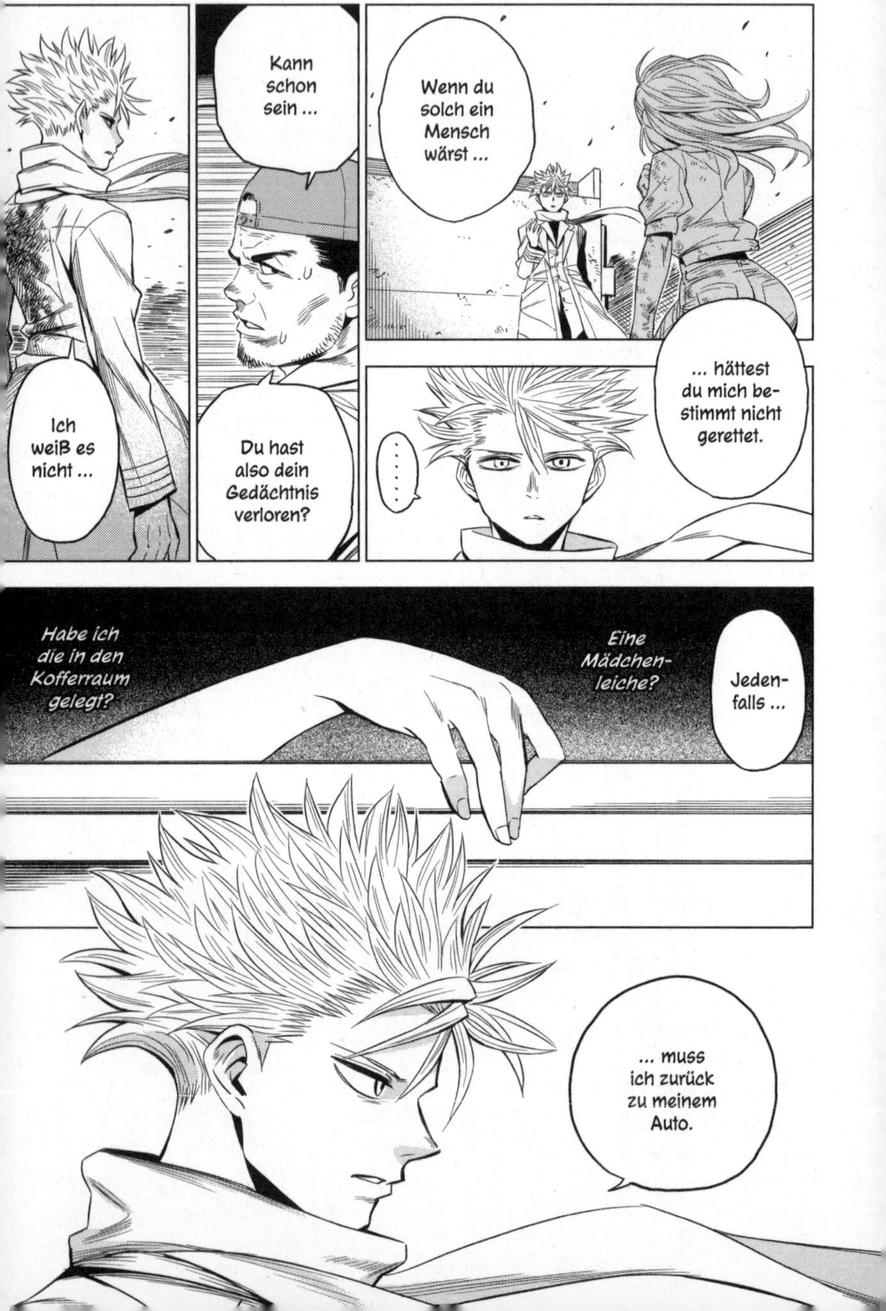
Wenn du solch ein Mensch wärst ...
... hättest du mich bestimmt nicht gerettet.
......
Kann schon sein ...
Du hast also dein Gedächtnis verloren?
Ich weiß es nicht ...
Jedenfalls ...
Eine Mädchenleiche?
Habe ich die in den Kofferraum gelegt?
... muss ich zurück zu meinem Auto.

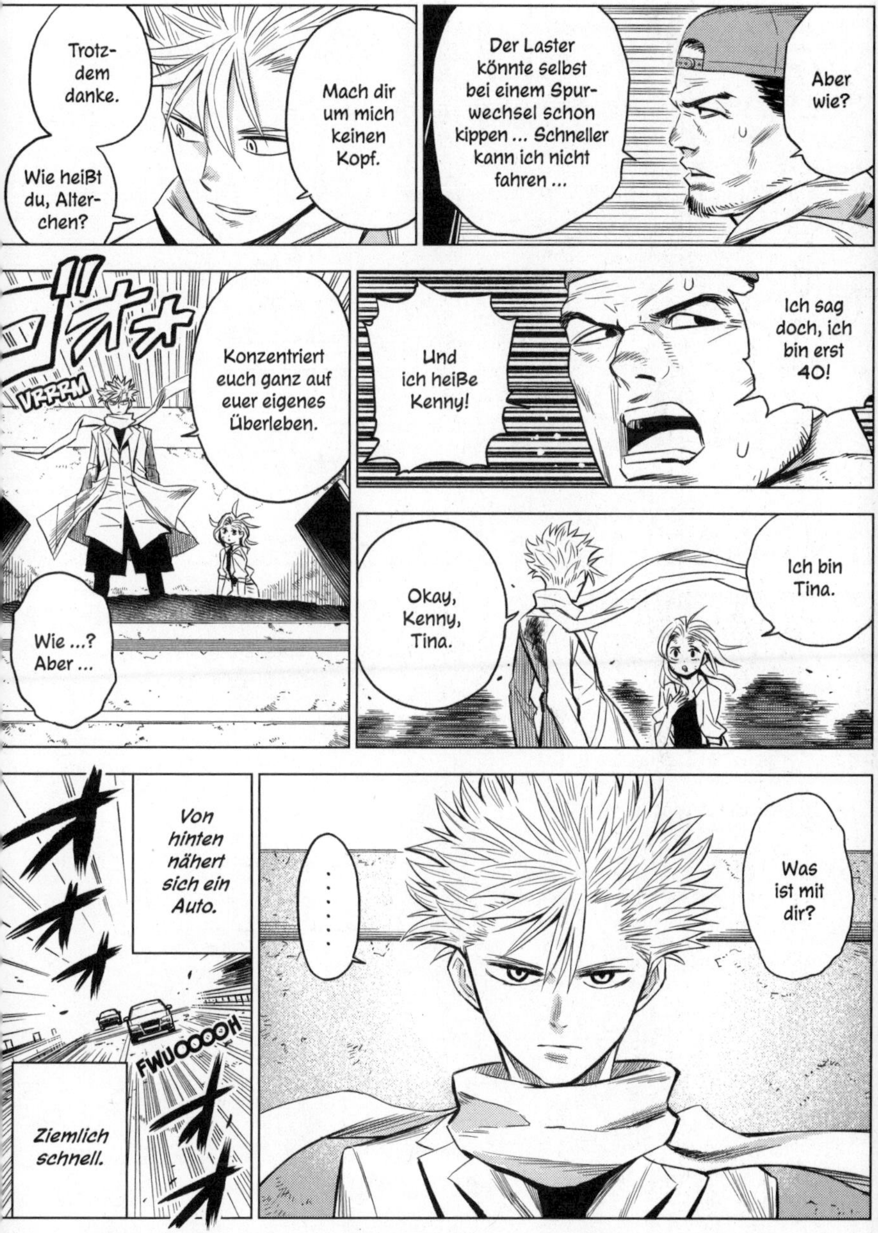
Aber wie?
Der Laster könnte selbst bei einem Spurwechsel schon kippen ... Schneller kann ich nicht fahren ...
Mach dir um mich keinen Kopf.
Trotzdem danke.
Wie heißt du, Alterchen?
Ich sag doch, ich bin erst 40!
Und ich heiße Kenny!
Ich bin Tina.
Okay, Kenny, Tina.
ゴオォ
VRRRM
Konzentriert euch ganz auf euer eigenes Überleben.
Wie ...? Aber ...
Was ist mit dir?
......
Von hinten nähert sich ein Auto.
FWUOOOOH
Ziemlich schnell.

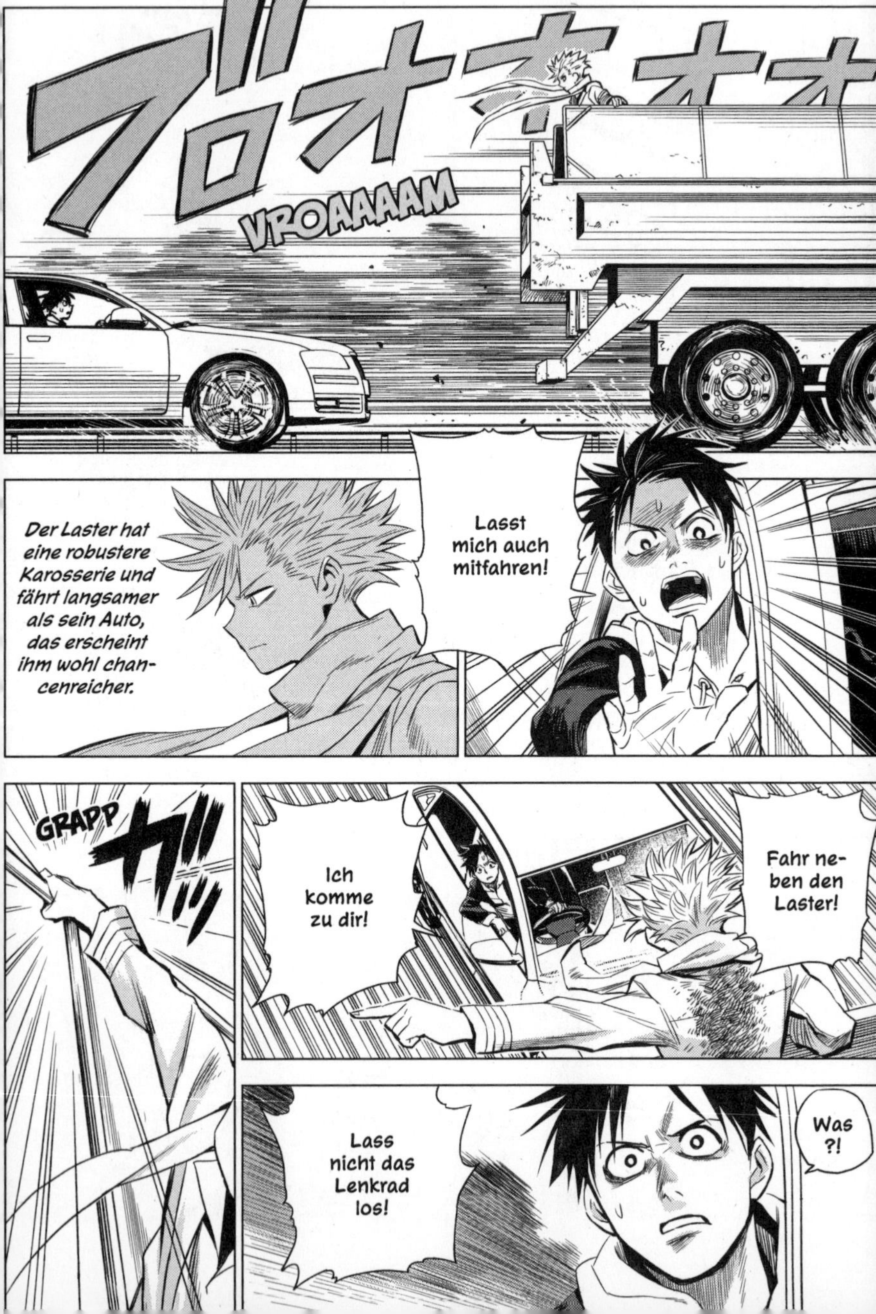
VROAAAAM
Lasst mich auch mitfahren!
Der Laster hat eine robustere Karosserie und fährt langsamer als sein Auto, das erscheint ihm wohl chancenreicher.
Fahr neben den Laster!
Ich komme zu dir!
Was ?!
Lass nicht das Lenkrad los!
GRAPP

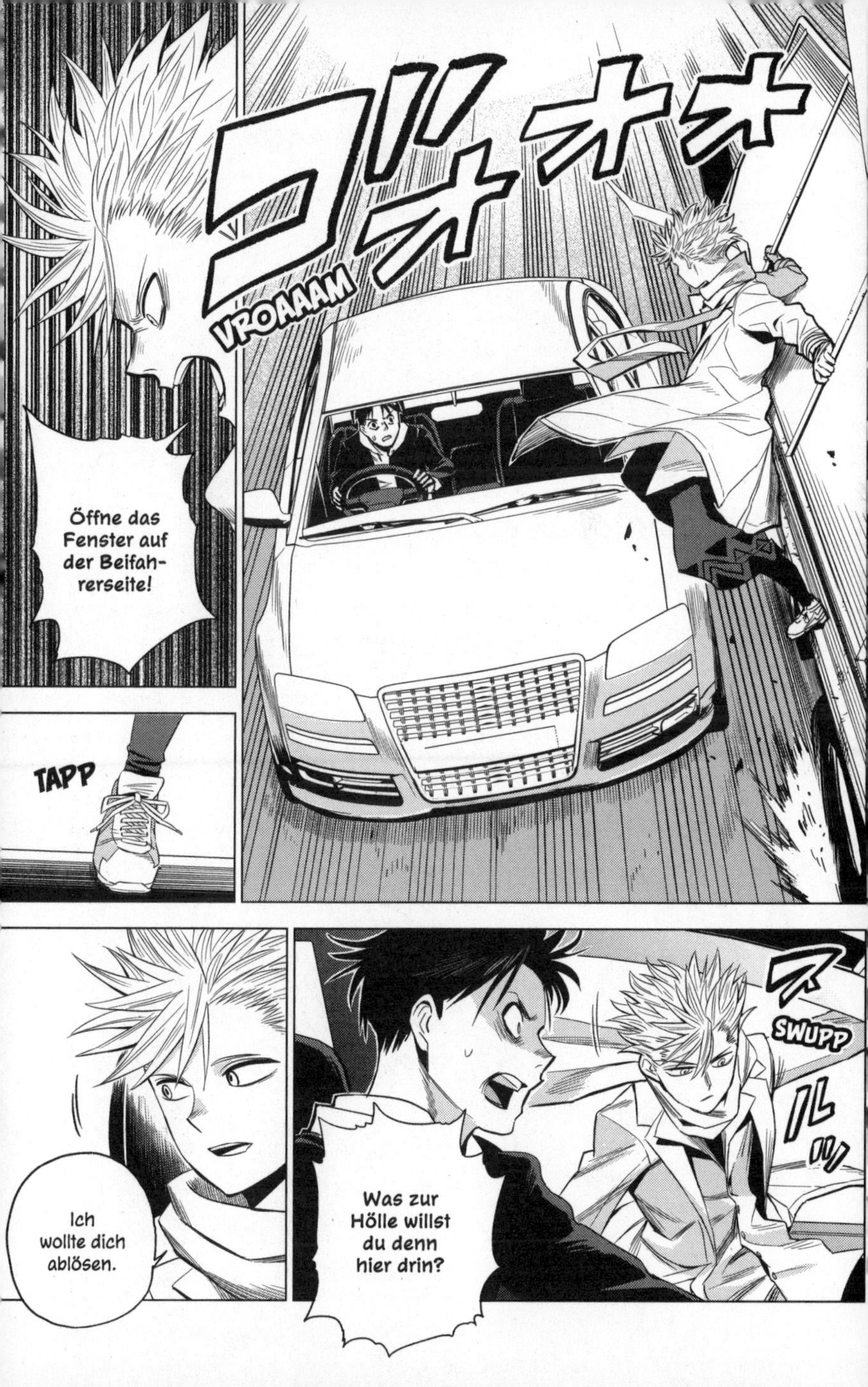
VROAAAM
Öffne das Fenster auf der Beifahrerseite!
TAPP
SWUPP
Was zur Hölle willst du denn hier drin?
Ich wollte dich ablösen.

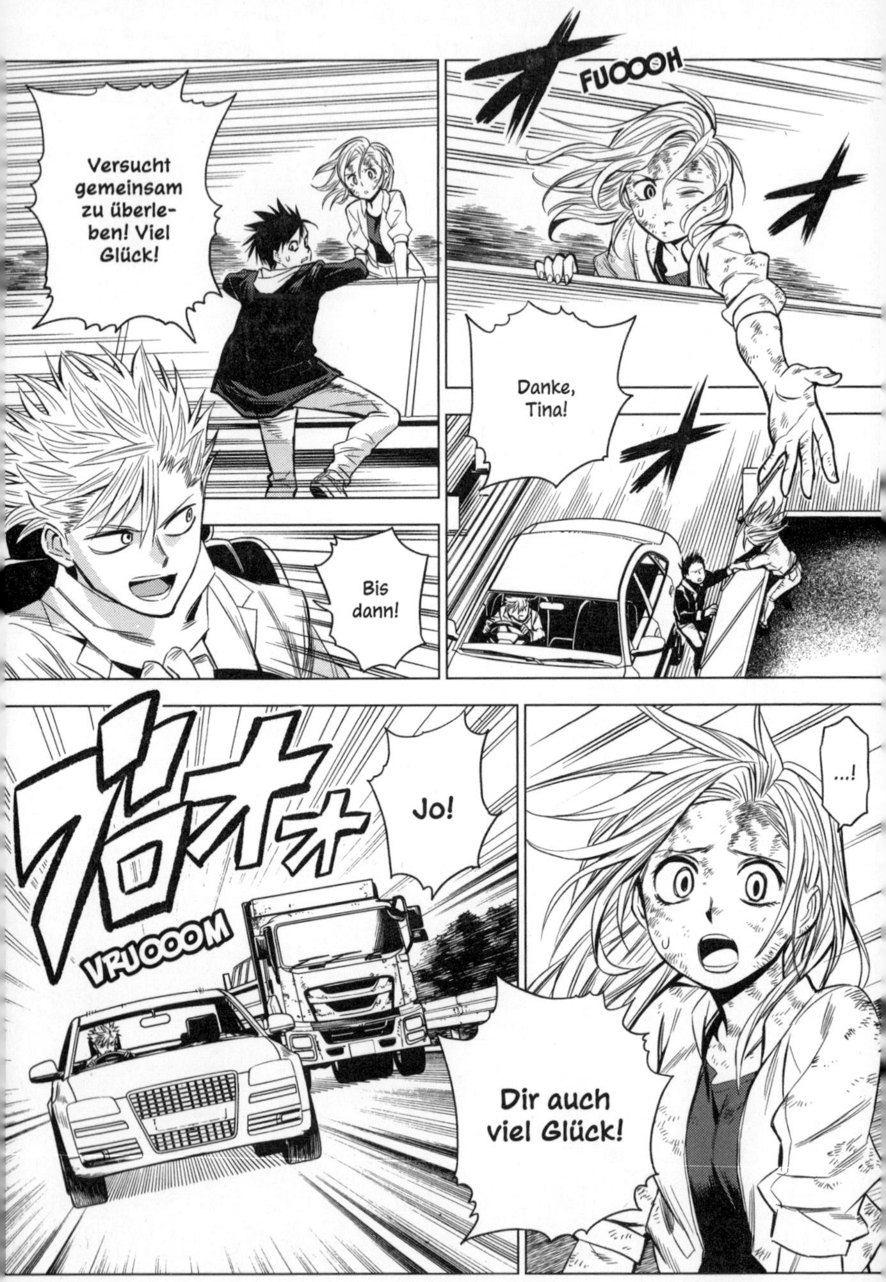
Versucht gemeinsam zu überleben! Viel Glück!
Bis dann!
FUOOOH
Danke, Tina!
VRUOOOM
Jo!
...!
Dir auch viel Glück!

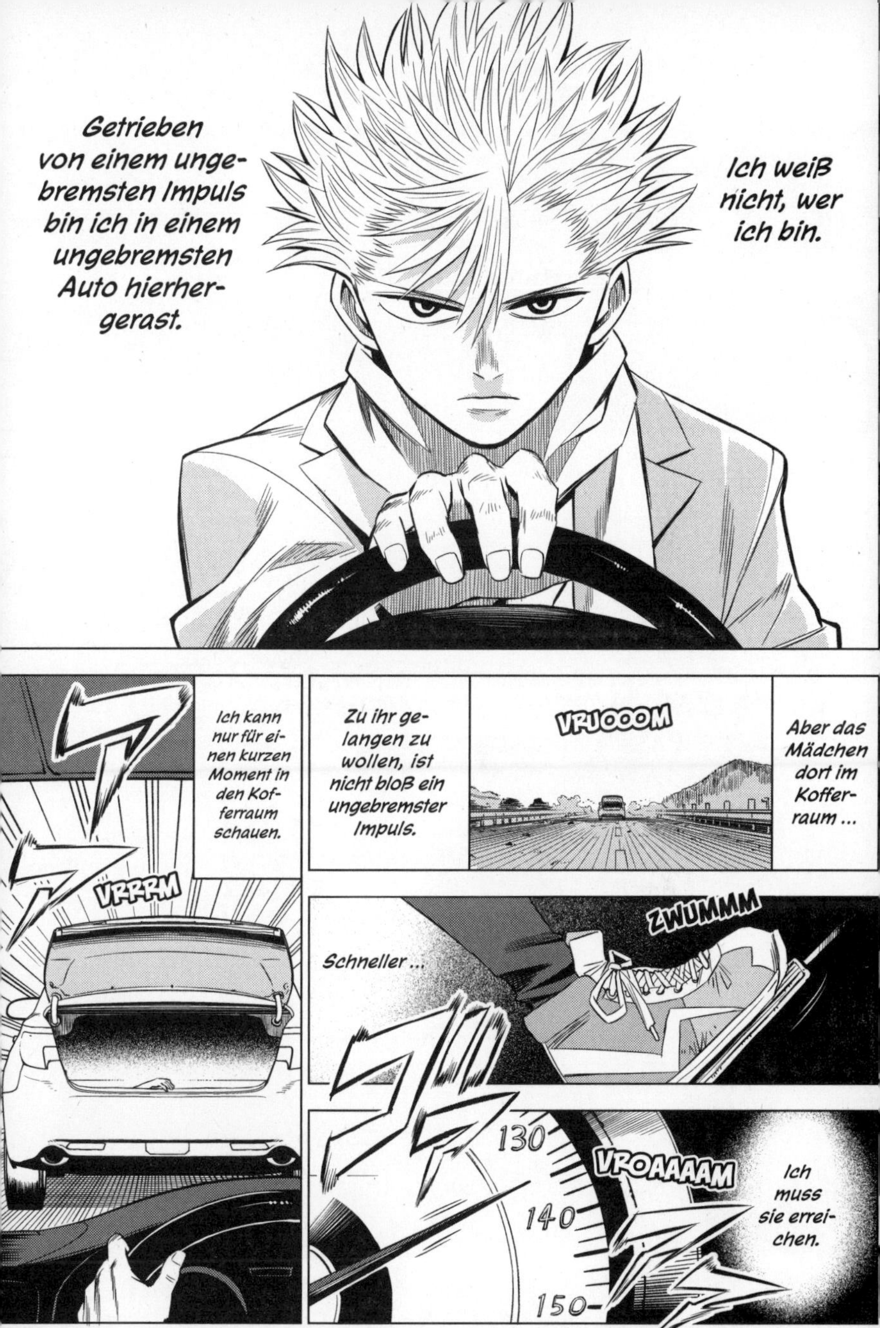
Ich weiß nicht, wer ich bin.
Getrieben von einem ungebremsten Impuls bin ich in einem ungebremsten Auto hierhergerast.
Aber das Mädchen dort im Kofferraum ...
VRUOOOM
Zu ihr gelangen zu wollen, ist nicht bloß ein ungebremster Impuls.
Ich kann nur für einen kurzen Moment in den Kofferraum schauen.
VRRRM
ZWUMMM
Schneller ...
130
140
150
VROAAAAM
Ich muss sie erreichen.

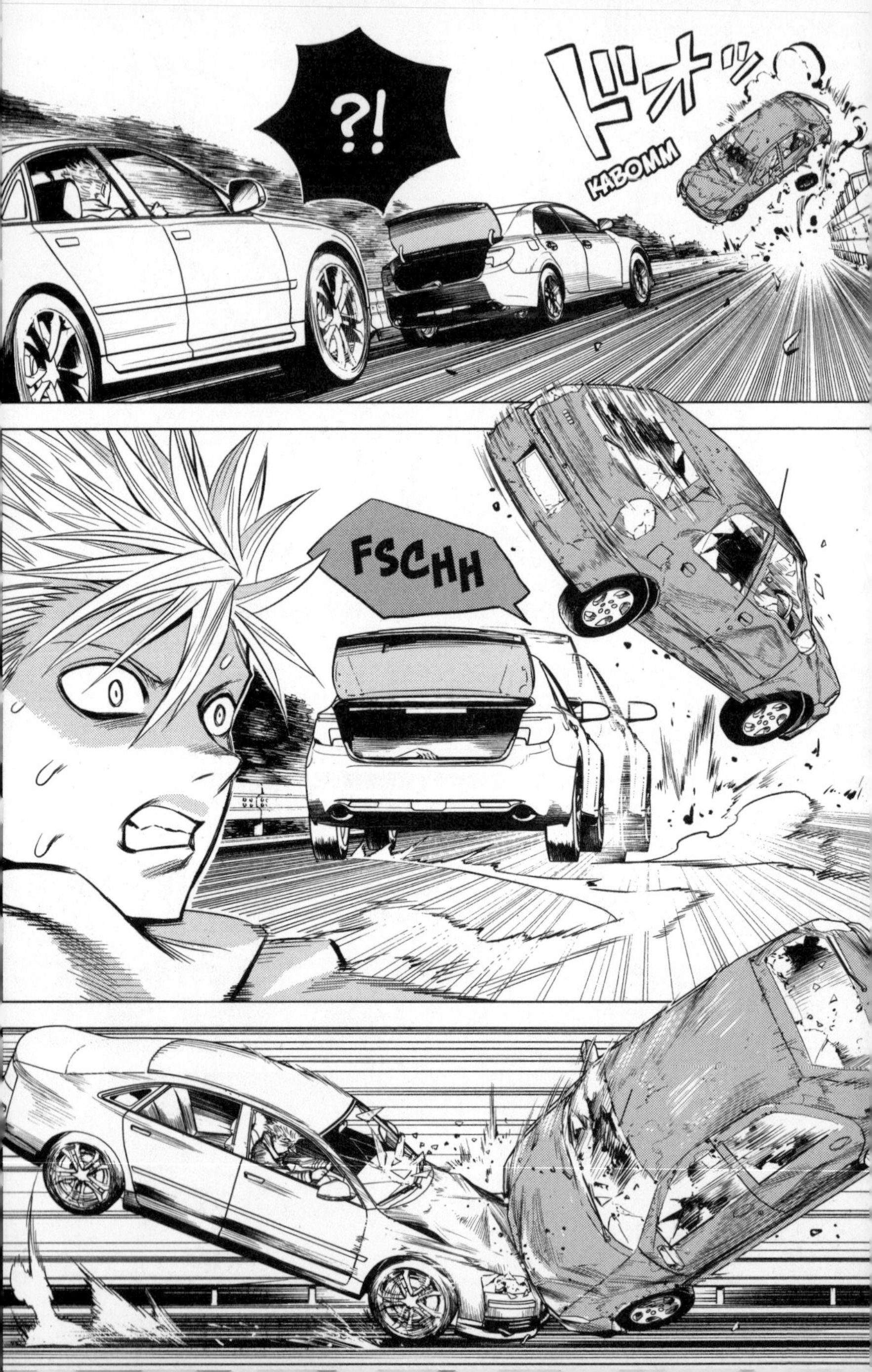

ドオッ
KABOMM
?!
FSCHH

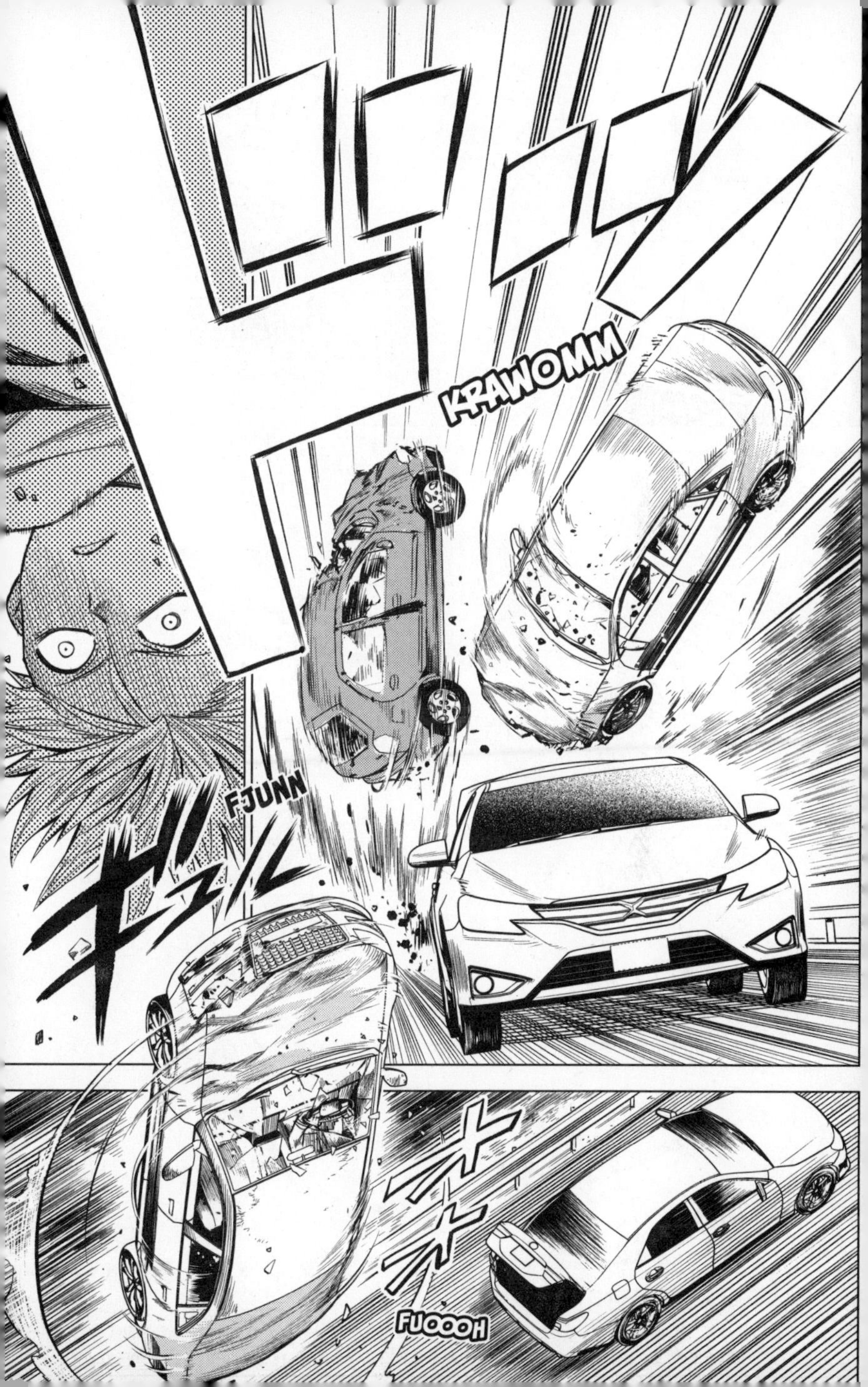
KRAWOMM
FJUNN
FUOOOH

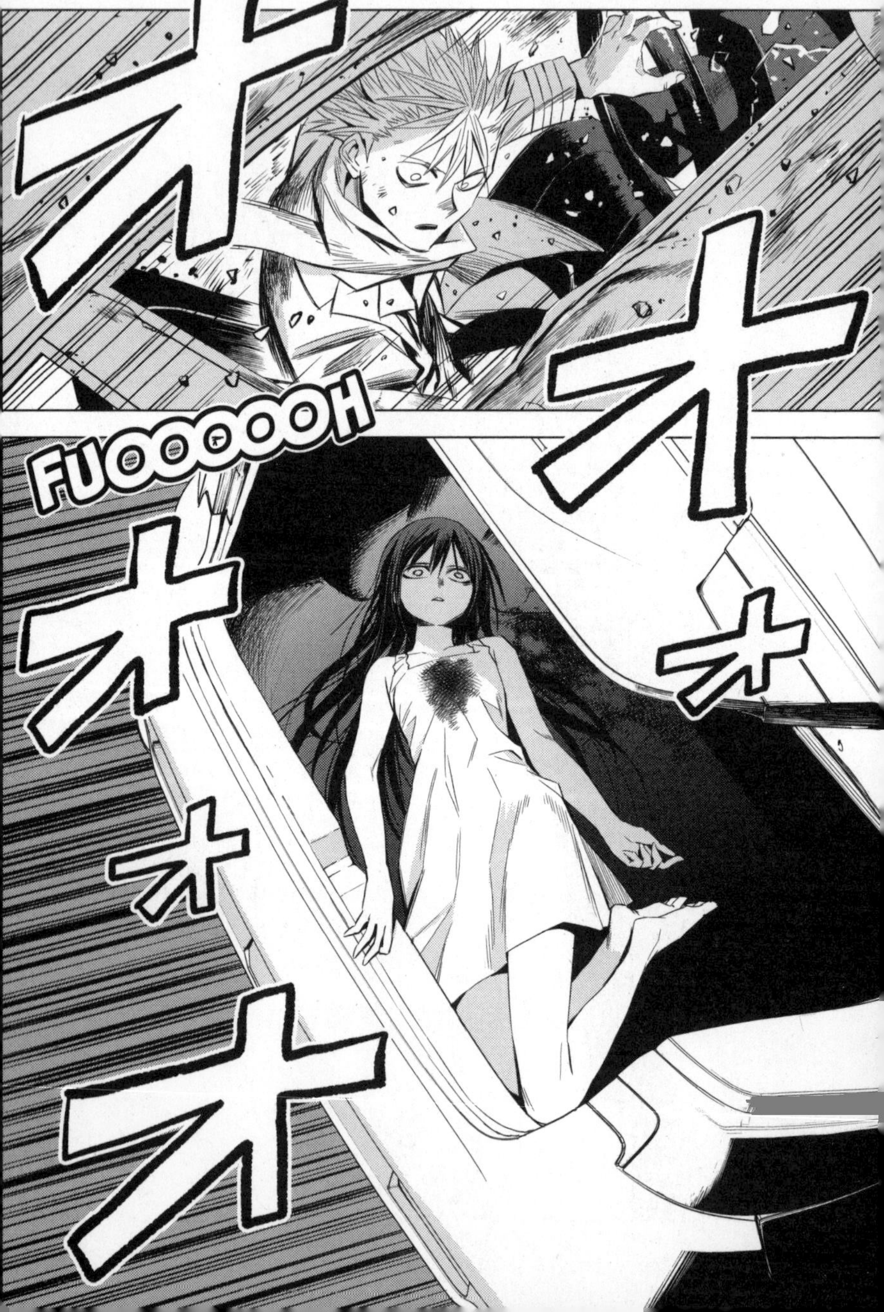
オ
オ
FUOOOOOH
オ
オ
オ
オ

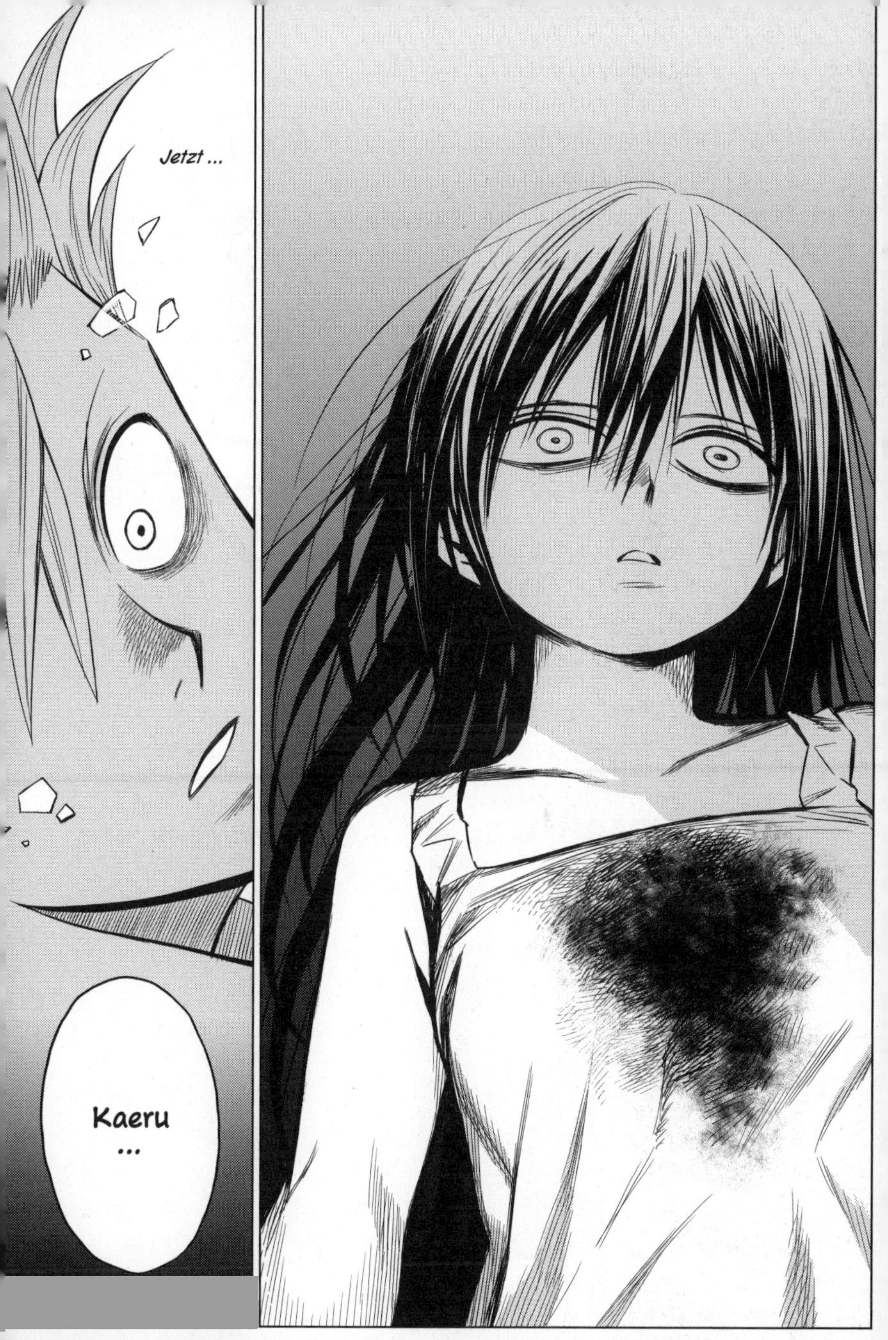
Jetzt ...
Kaeru ...

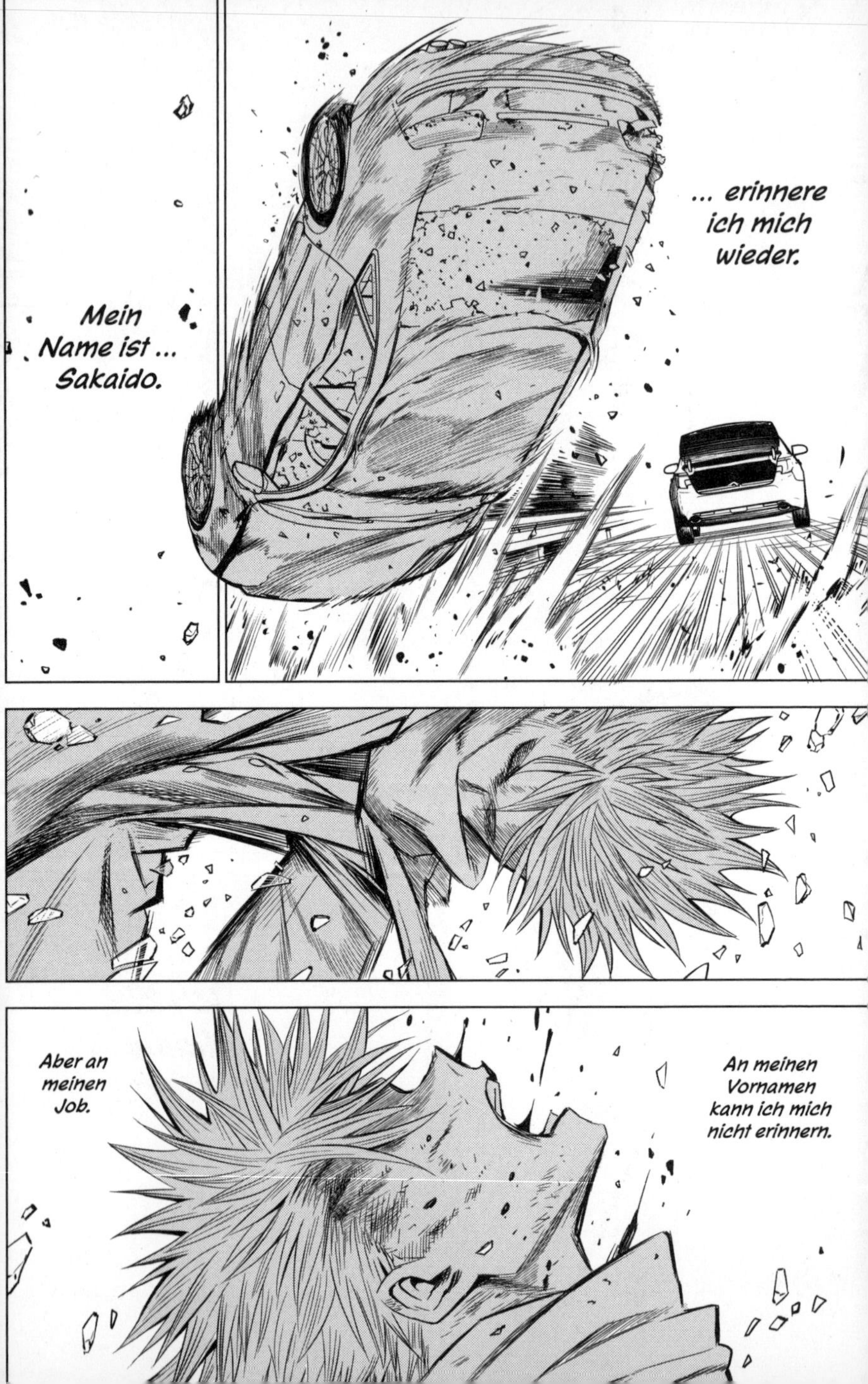
... erinnere ich mich wieder.
Mein Name ist ... Sakaido.
An meinen Vornamen kann ich mich nicht erinnern.
Aber an meinen Job.

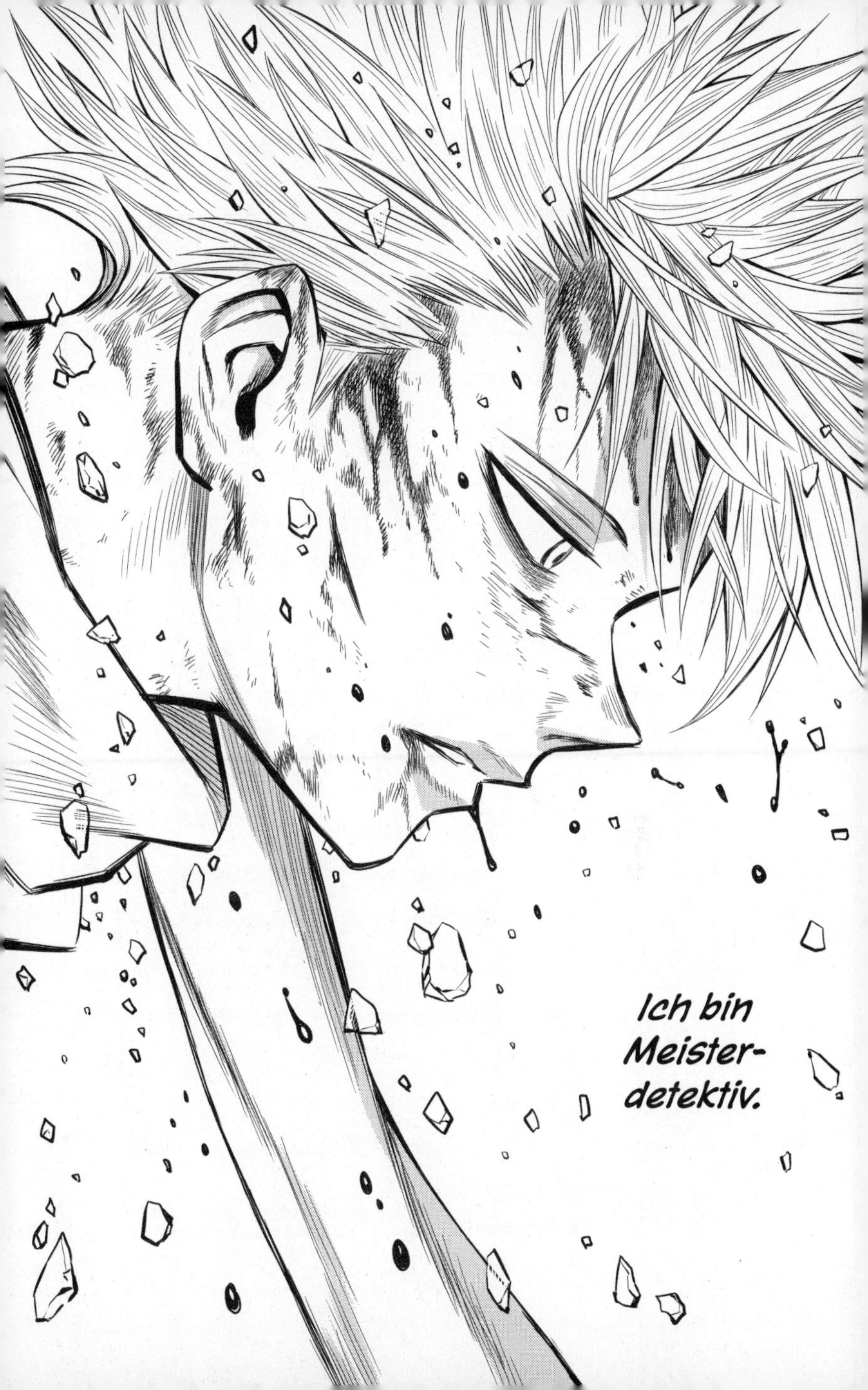
Ich bin Meister-detektiv.

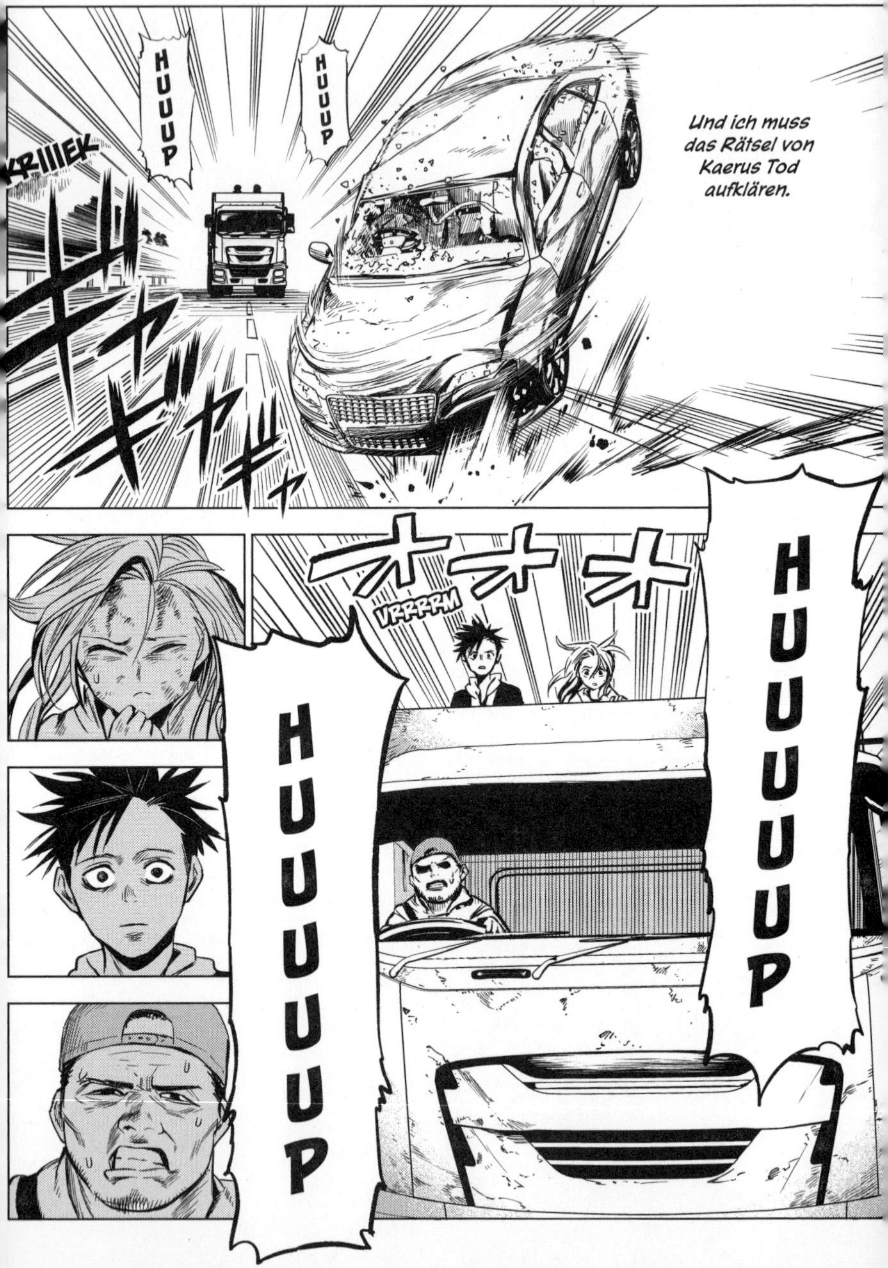

Und ich muss das Rätsel von Kaerus Tod aufklären.
HUUUP
HUUUP
KRIIIEK
HUUUUUUP
VRRRRM
HUUUUUUP

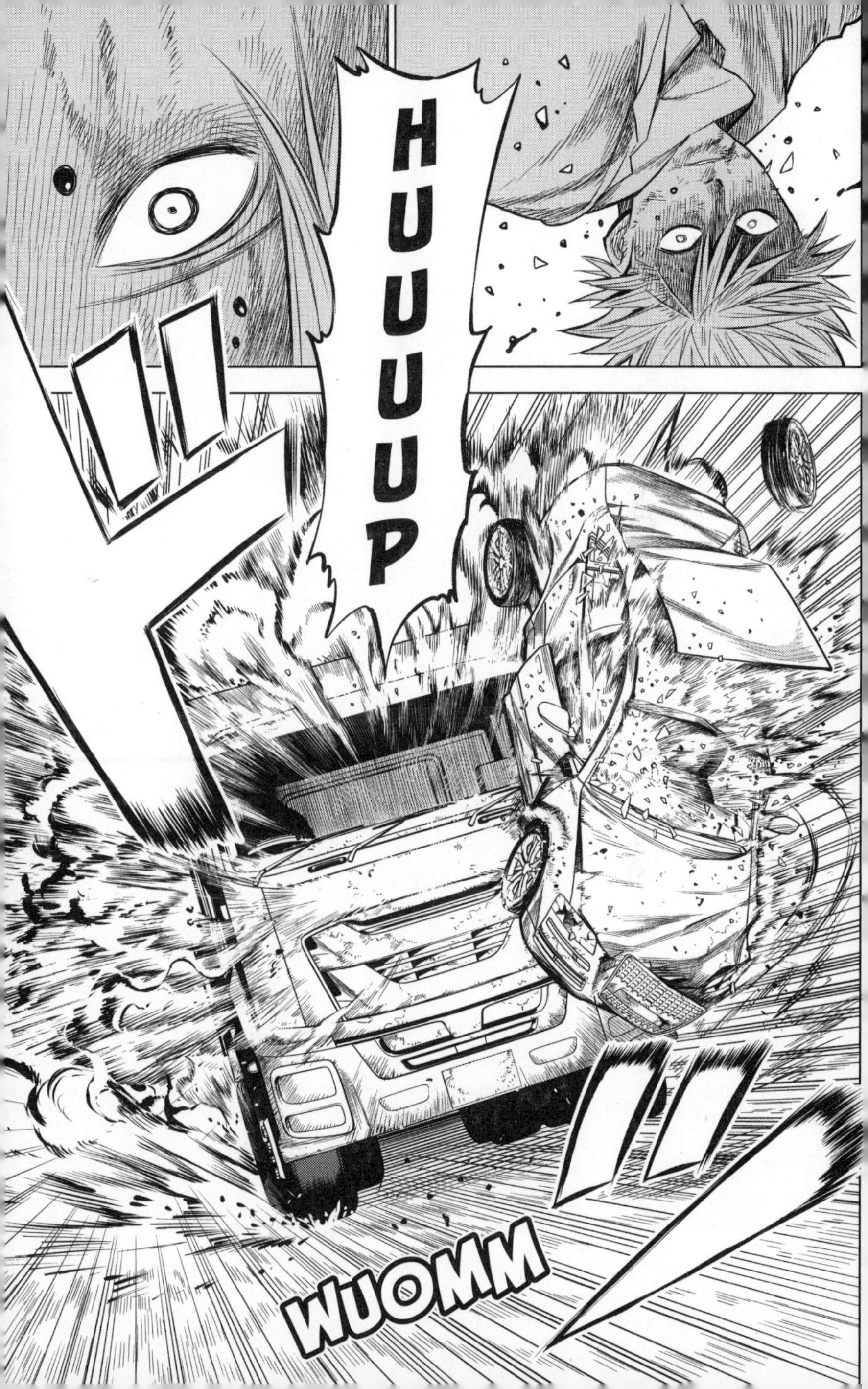
HUUUUP
WUOMM

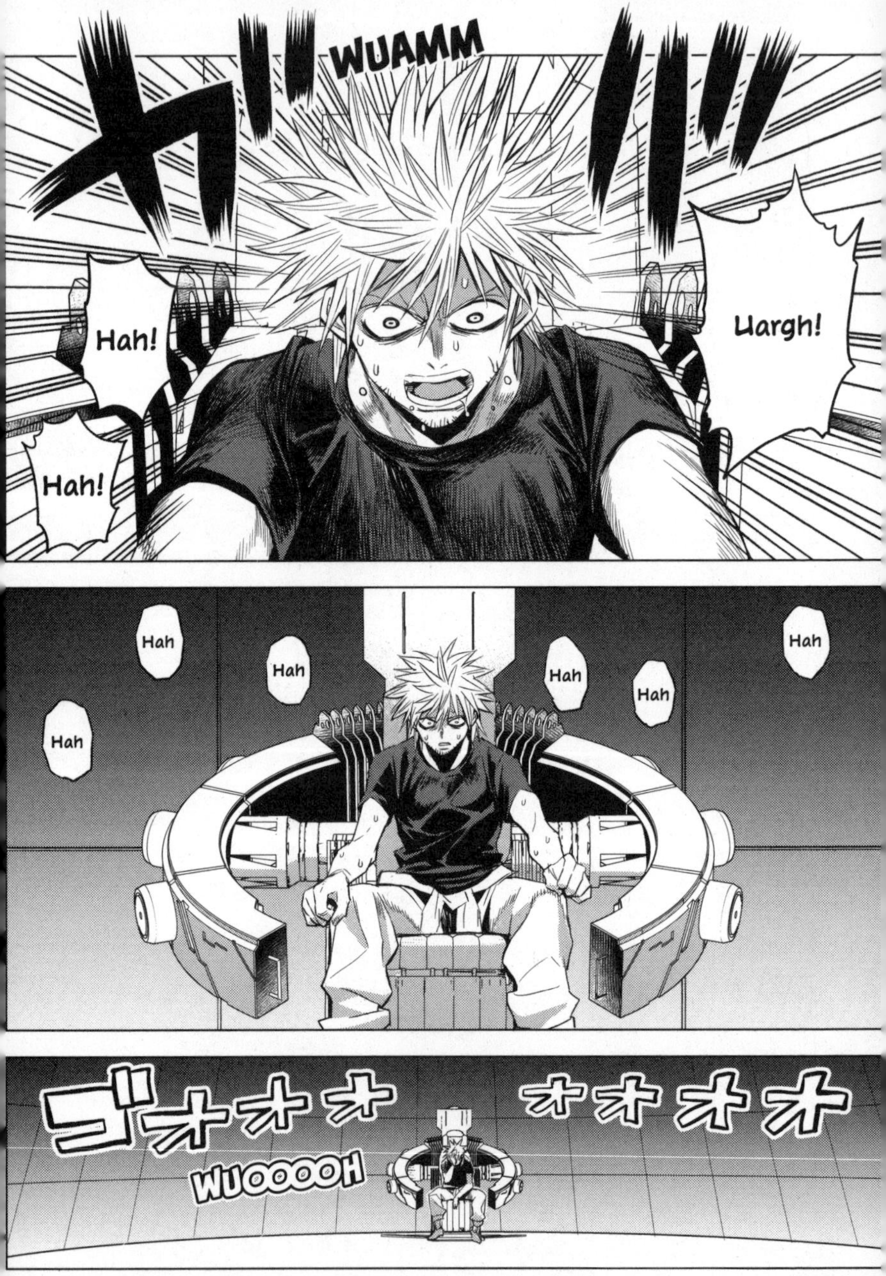
WUAMM
Uargh!
Hah!
Hah!
Hah
Hah
Hah
Hah
Hah
Hah
WUOOOOH

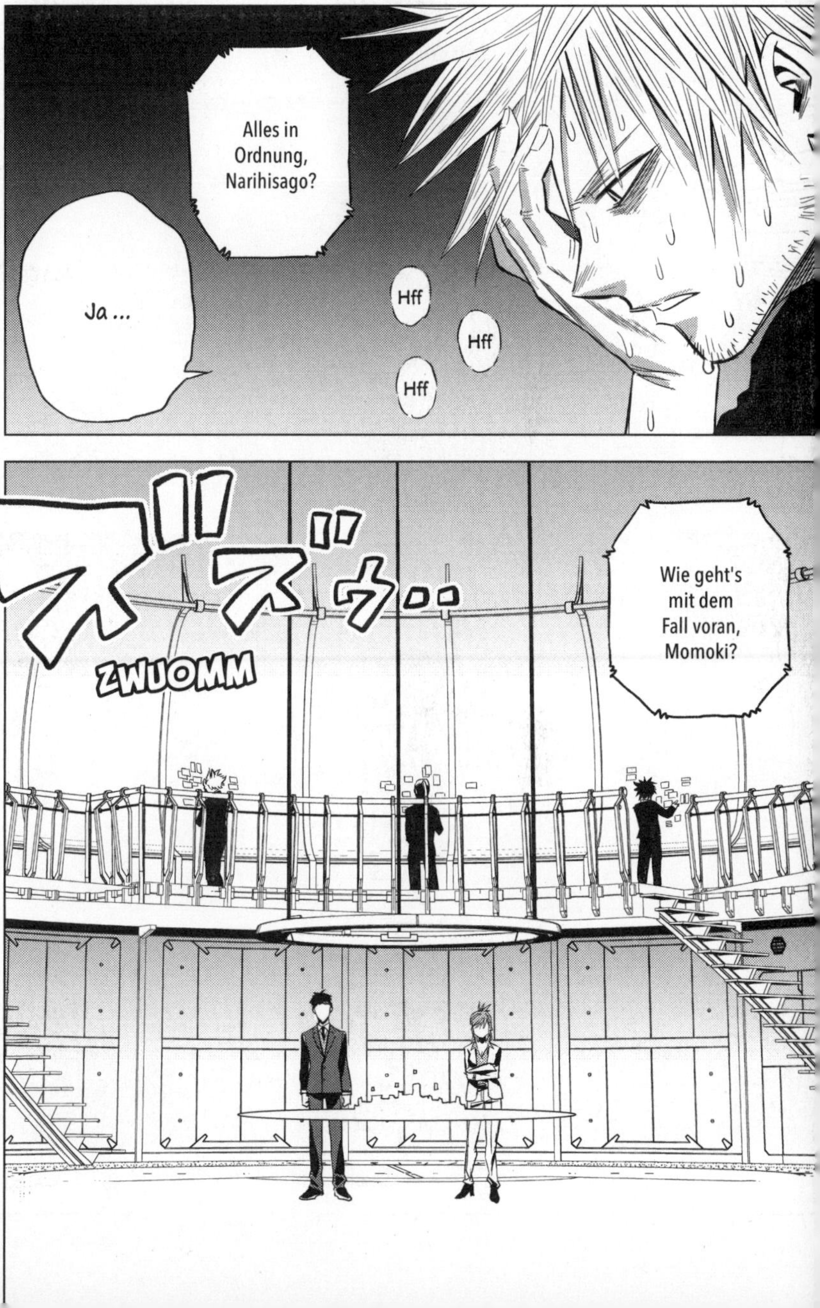
Alles in Ordnung, Narihisago?
Hff
Hff
Hff
Ja ...
Wie geht's mit dem Fall voran, Momoki?
ZWUOMM

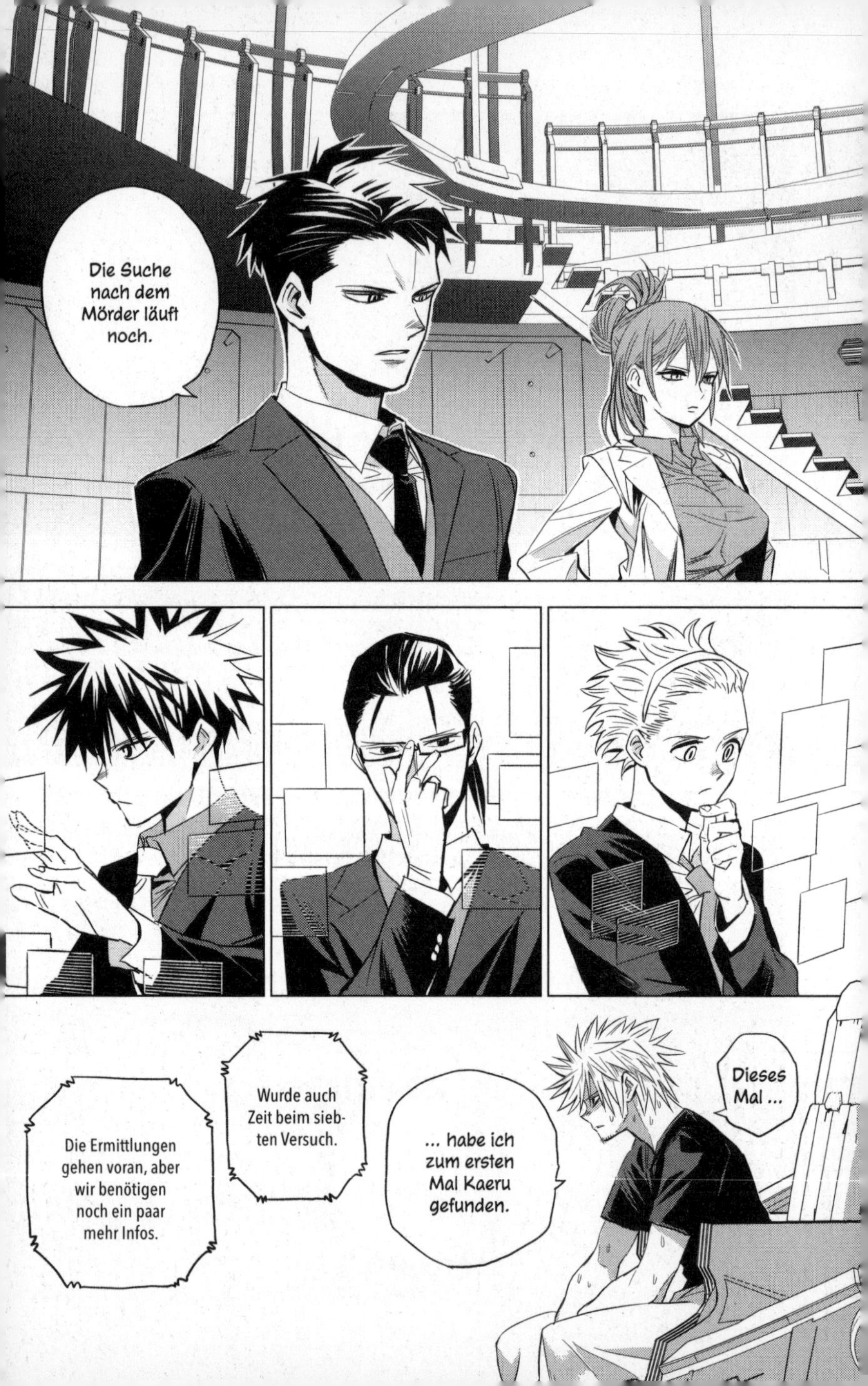
Die Suche nach dem Mörder läuft noch.
Dieses Mal ...
... habe ich zum ersten Mal Kaeru gefunden.
Wurde auch Zeit beim siebten Versuch.
Die Ermittlungen gehen voran, aber wir benötigen noch ein paar mehr Infos.

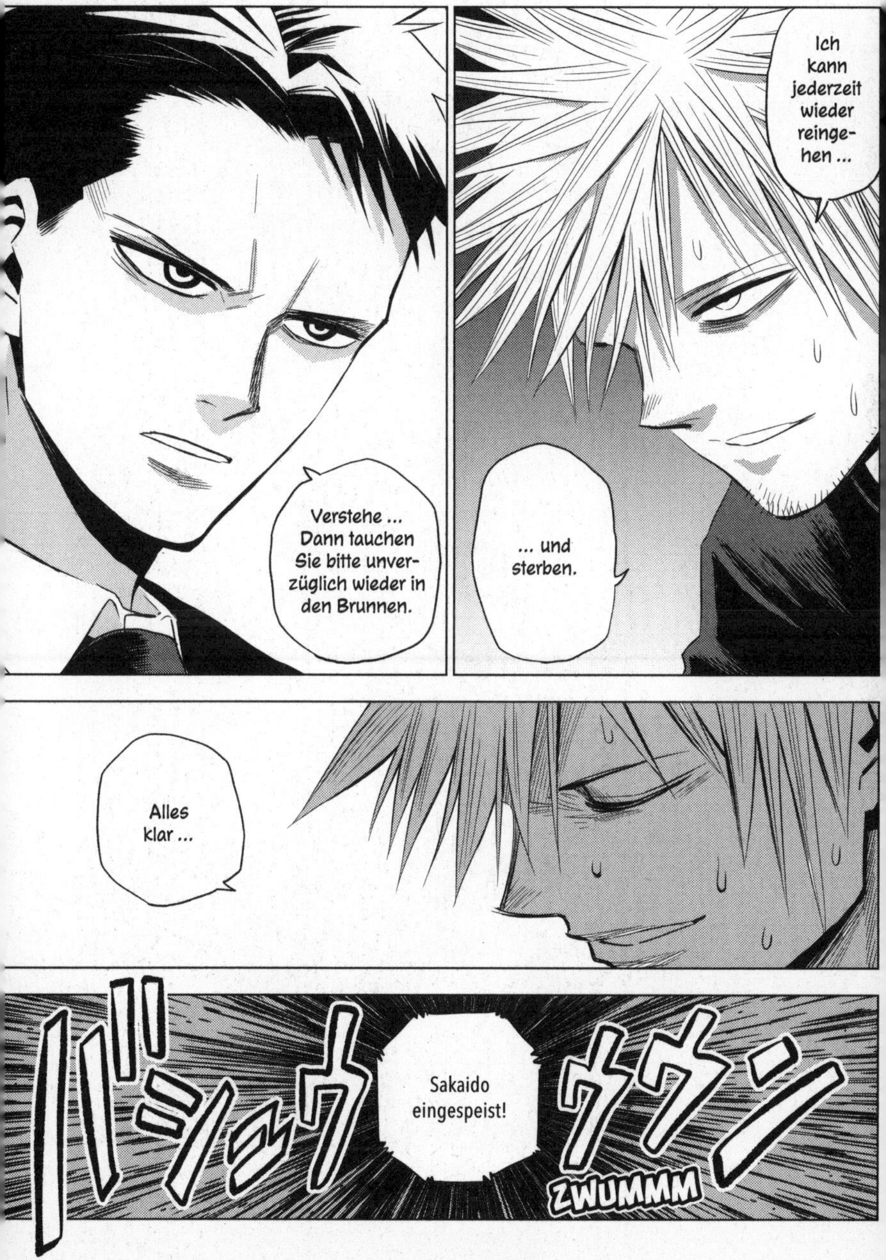
Ich kann jederzeit wieder reingehen ...
... und sterben.
Verstehe ... Dann tauchen Sie bitte unverzüglich wieder in den Brunnen.
Alles klar ...
Sakaido eingespeist!
ZWUMMM

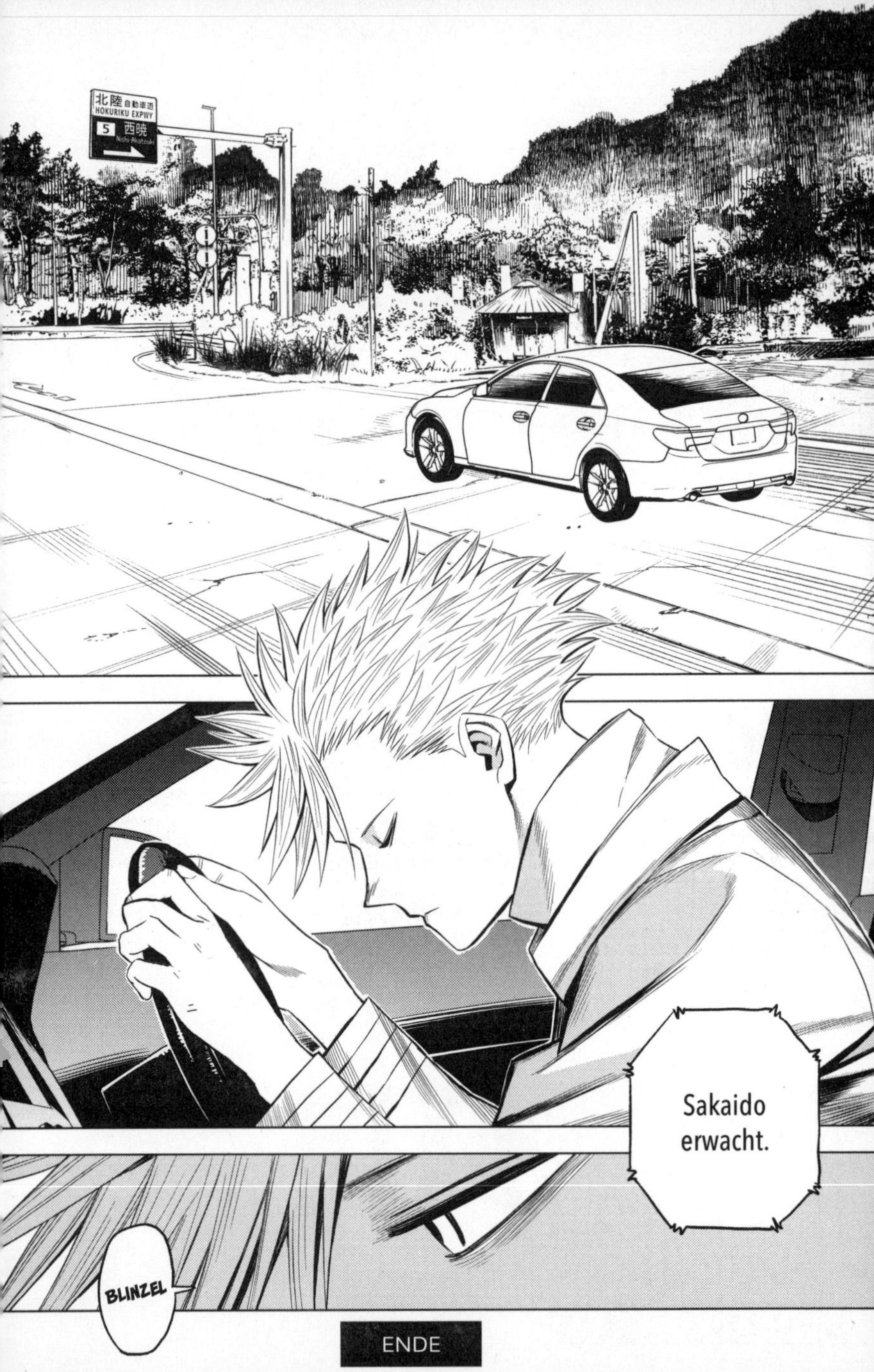
北陸
HOKURIKU EXPWY
5 西暁
Sakaido erwacht.
BLINZEL
ENDE

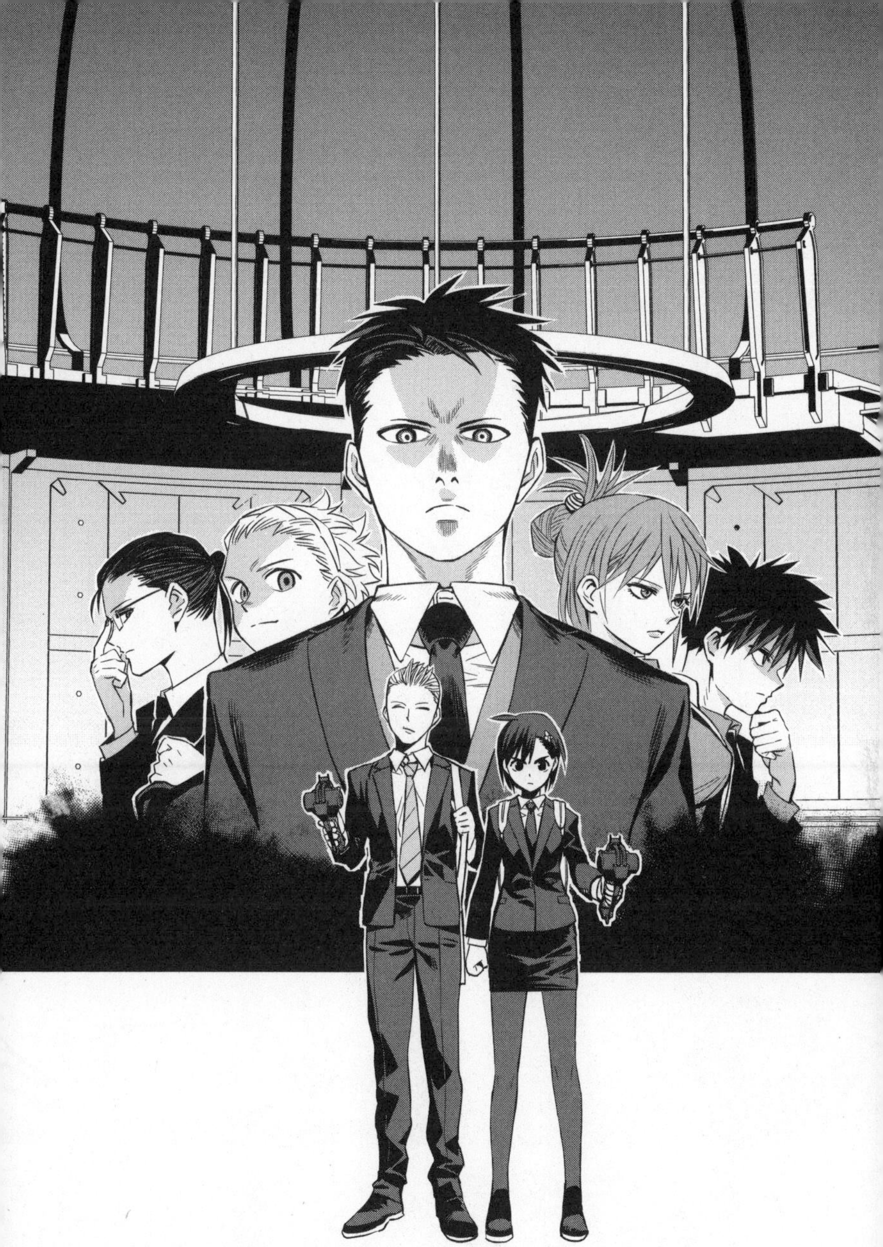

#02 DER ERSTE TAG

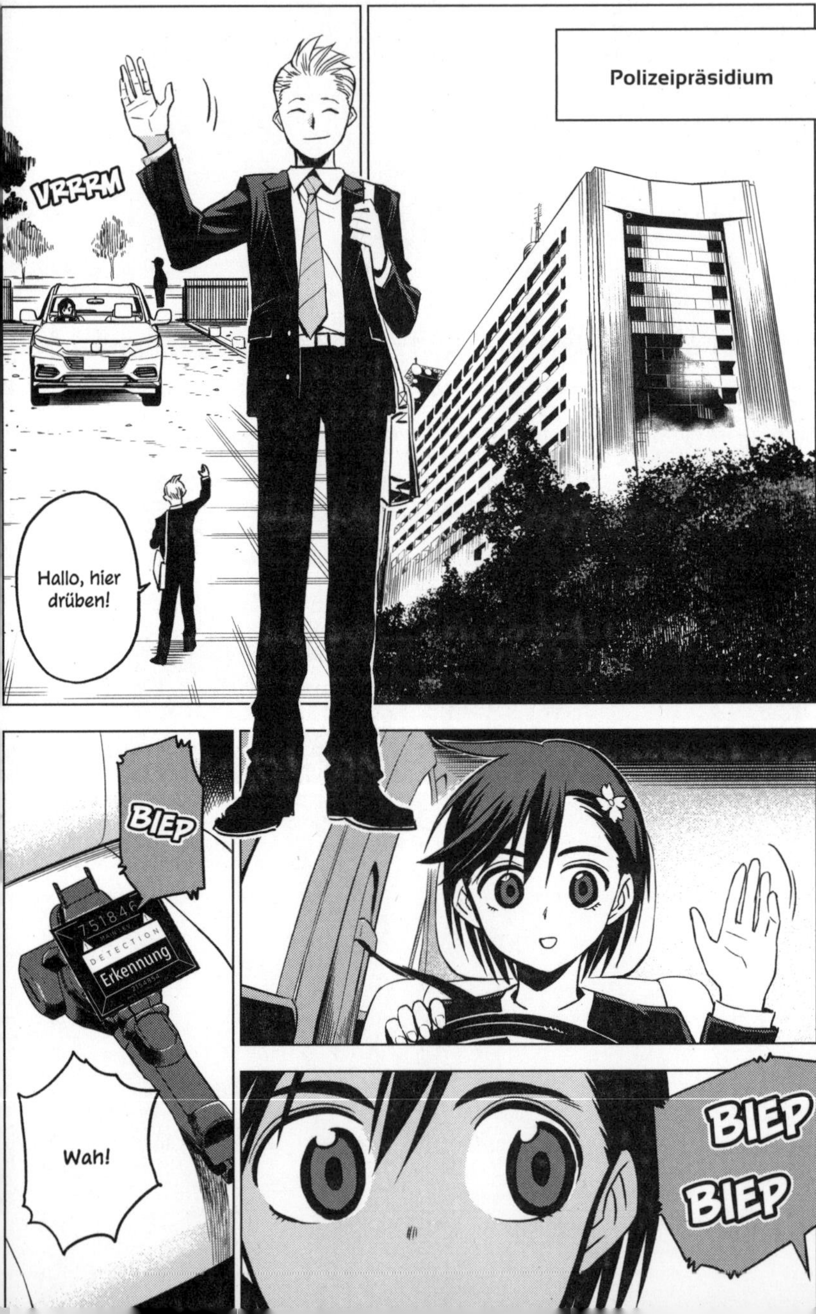
Polizeipräsidium
VRRRM
Hallo, hier drüben!
BIEP
751846
DETECTION
Erkennung
BIEP
BIEP
Wah!

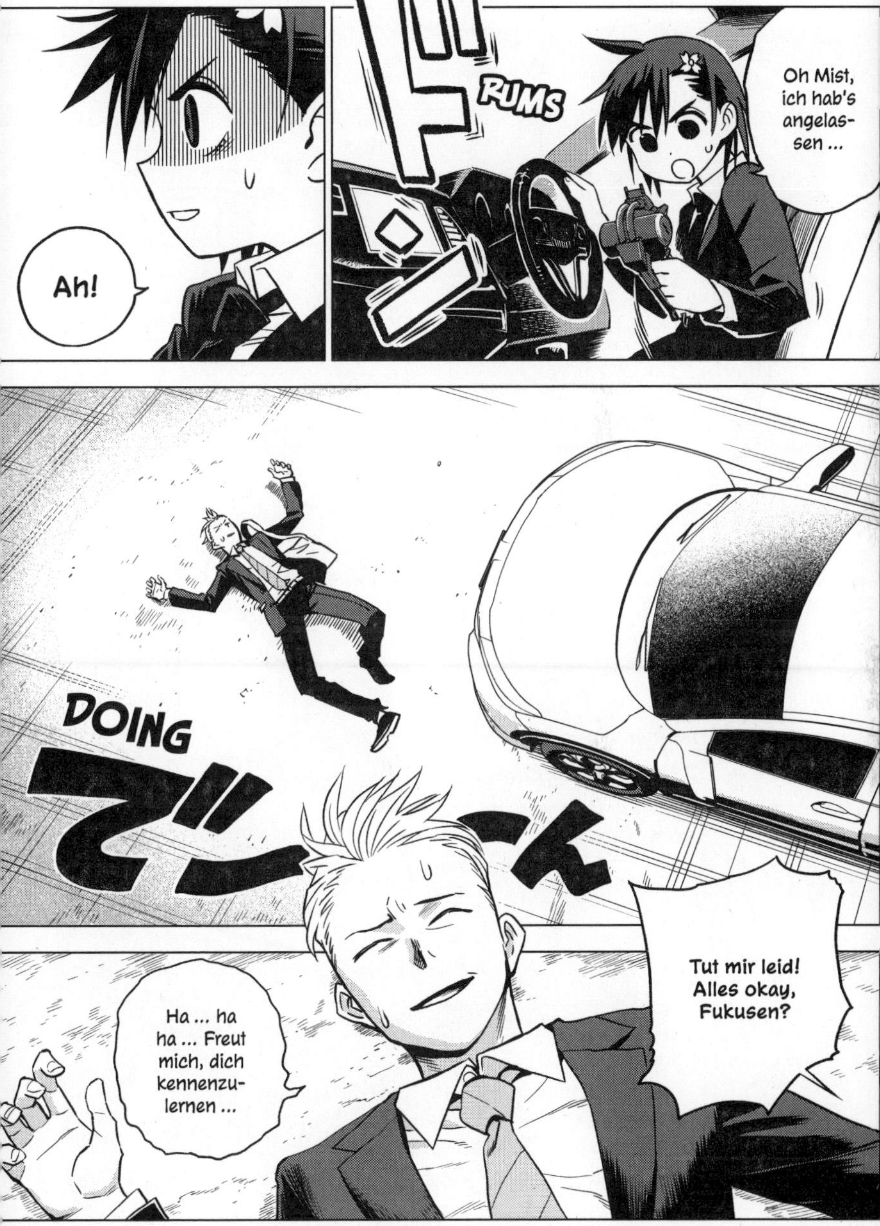
Oh Mist, ich hab's angelas-sen ...
RUMS
Ah!
DOING
Tut mir leid! Alles okay, Fukusen?
Ha ... ha ha ... Freut mich, dich kennenzu-lernen ...

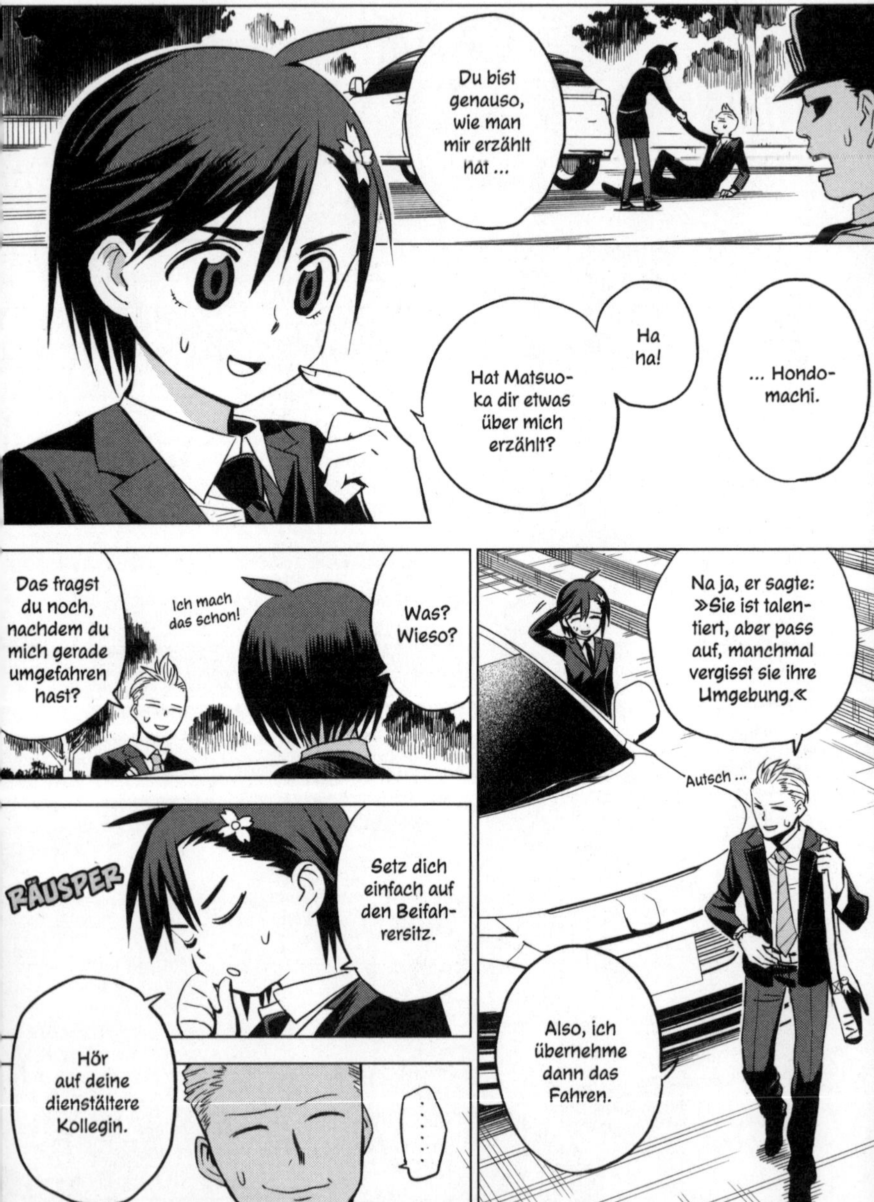
Du bist genauso, wie man mir erzählt hat ...
... Hondomachi.
Ha ha!
Hat Matsuoka dir etwas über mich erzählt?
Na ja, er sagte: »Sie ist talentiert, aber pass auf, manchmal vergisst sie ihre Umgebung.«
Autsch ...
Was? Wieso?
Ich mach das schon!
Das fragst du noch, nachdem du mich gerade umgefahren hast?
Also, ich übernehme dann das Fahren.
Setz dich einfach auf den Beifahrersitz.
RÄUSPER
......
Hör auf deine dienstältere Kollegin.

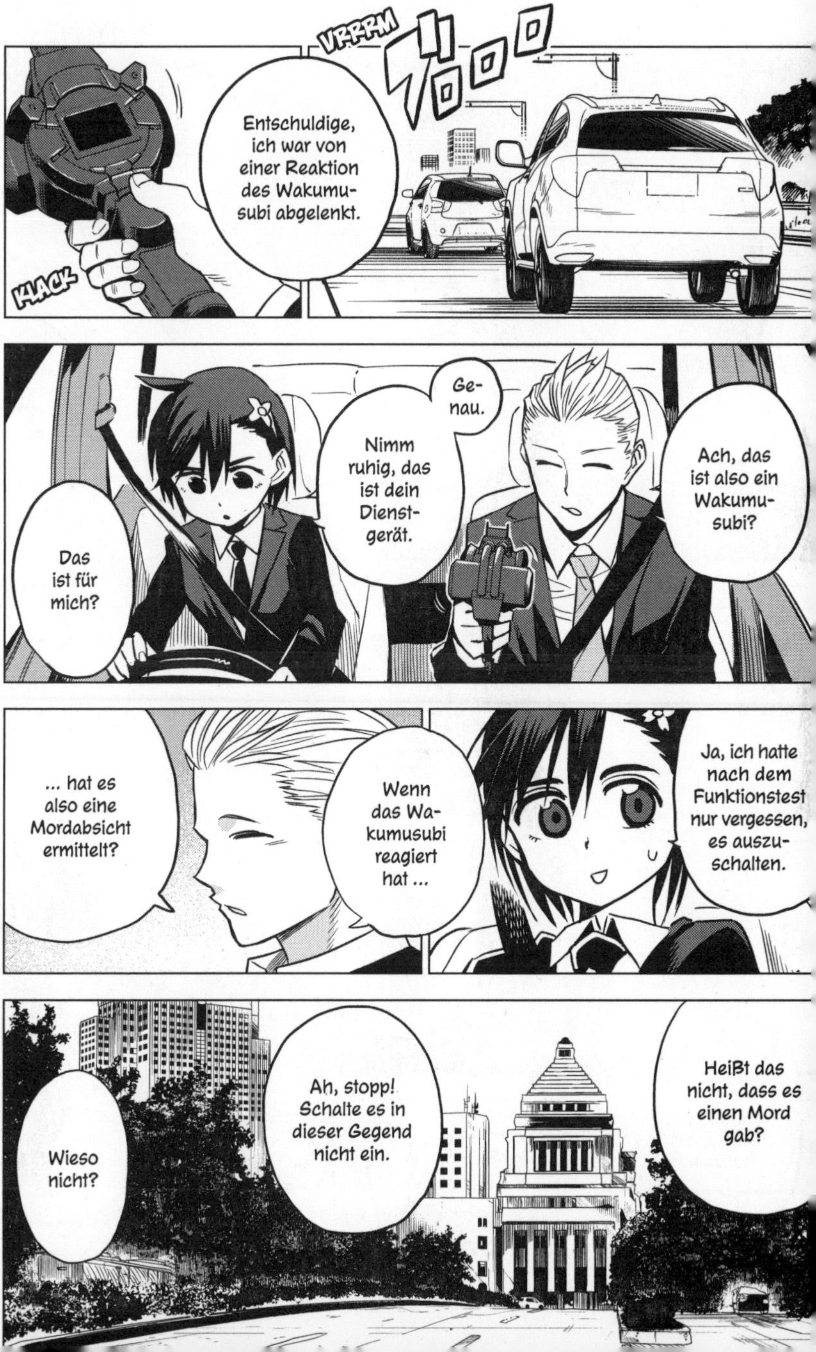
VRRRM
Entschuldige, ich war von einer Reaktion des Wakumu-subi abgelenkt.
KLACK
Ach, das ist also ein Wakumu-subi?
Ge-nau.
Nimm ruhig, das ist dein Dienst-gerät.
Das ist für mich?
Ja, ich hatte nach dem Funktionstest nur vergessen, es auszu-schalten.
Wenn das Wa-kumusubi reagiert hat ...
... hat es also eine Mordabsicht ermittelt?
Heißt das nicht, dass es einen Mord gab?
Ah, stopp! Schalte es in dieser Gegend nicht ein.
Wieso nicht?

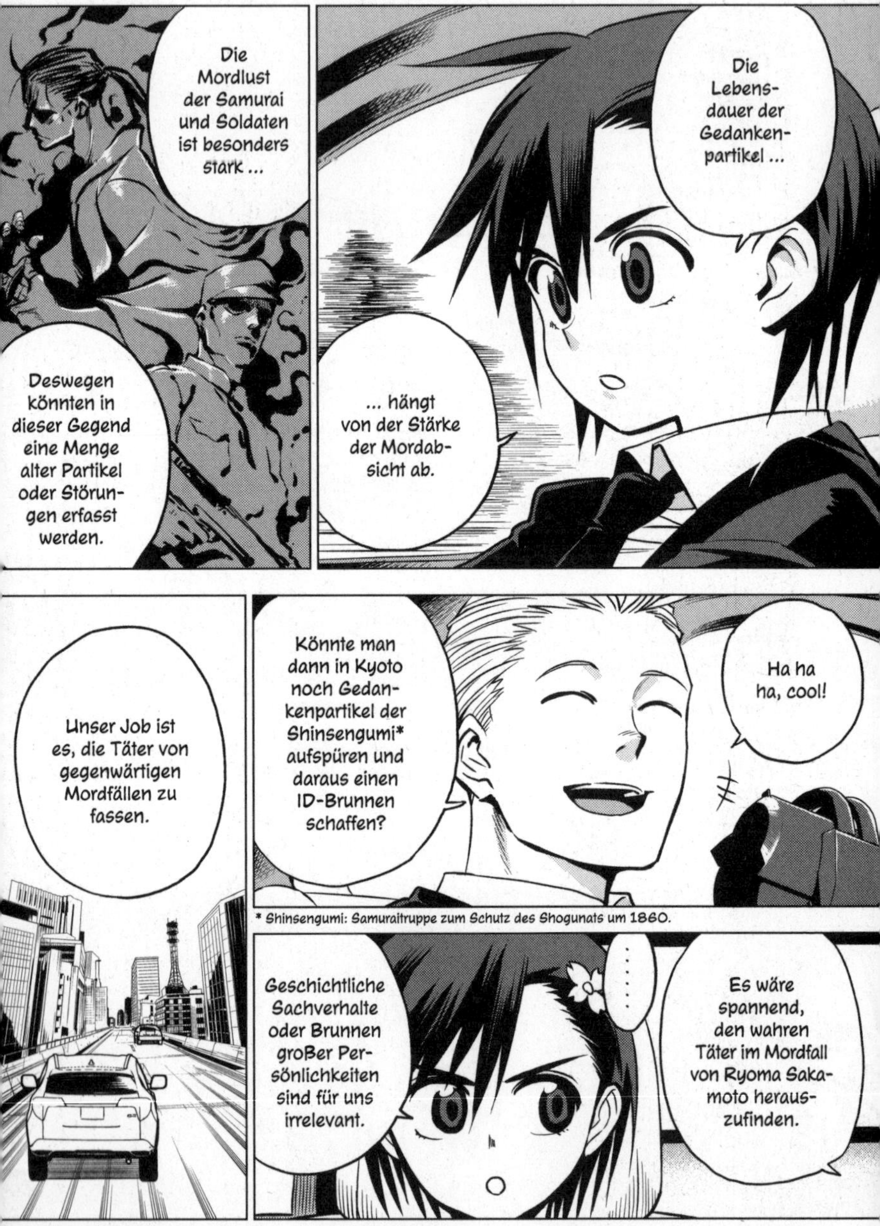

* Shinsengumi: Samuraitruppe zum Schutz des Shogunats um 1860.

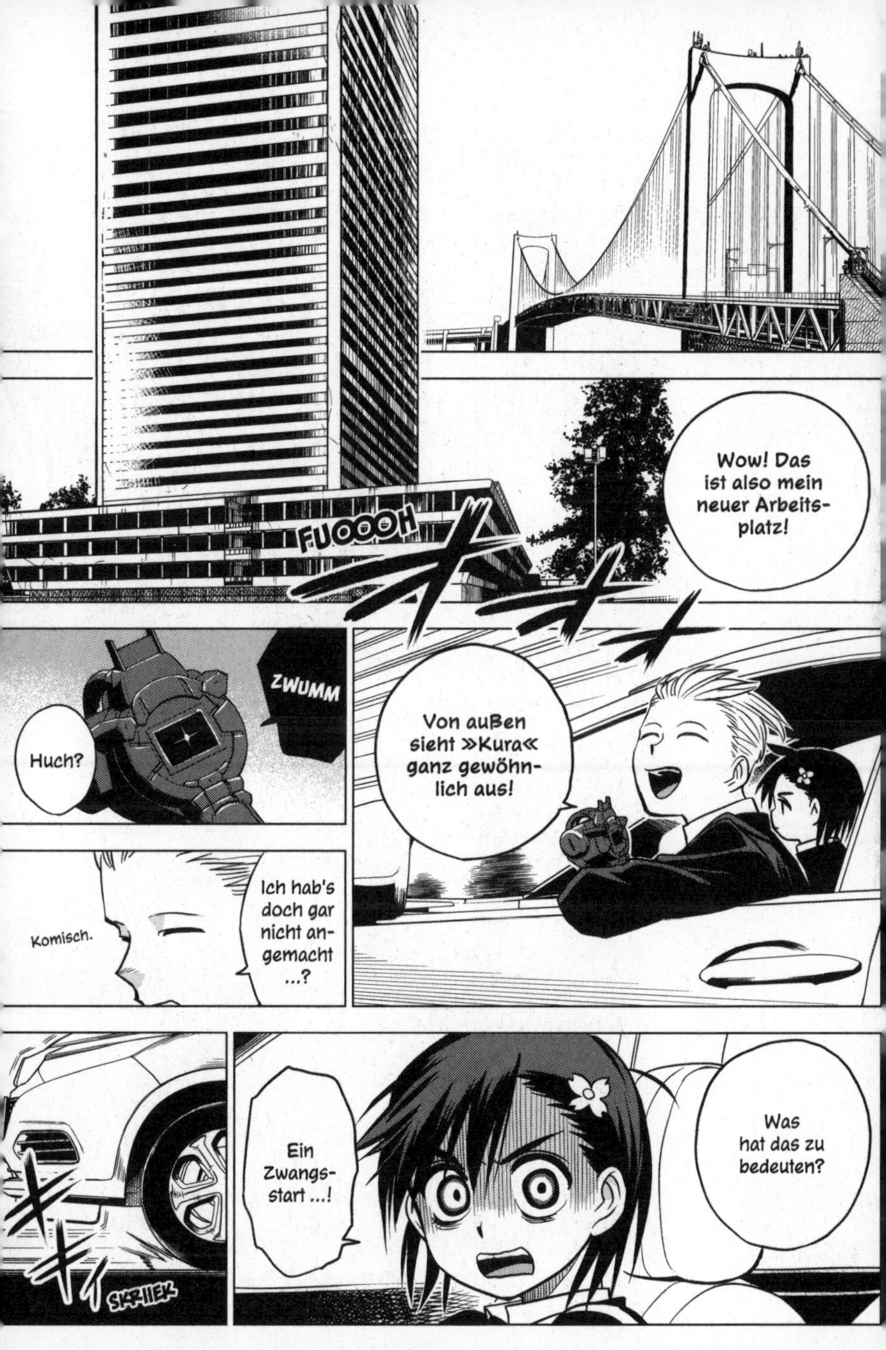
Wow! Das ist also mein neuer Arbeitsplatz!
FUOOOH
ZWUMM
Huch?
Von außen sieht »Kura« ganz gewöhnlich aus!
Ich hab's doch gar nicht angemacht ...?
Komisch.
Was hat das zu bedeuten?
Ein Zwangsstart ...!
SKRIIEK

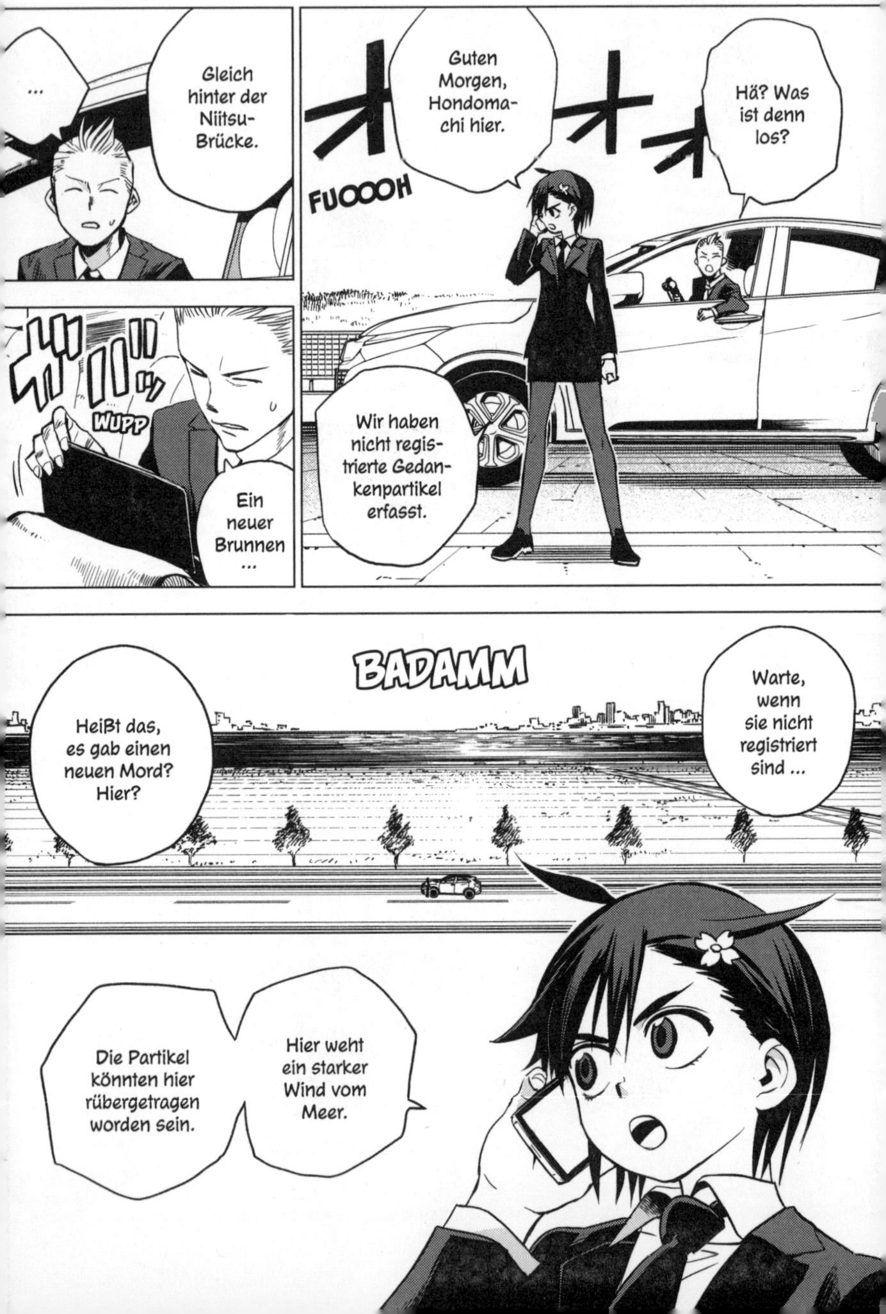
Hä? Was ist denn los?
Guten Morgen, Hondomachi hier.
FUOOOH
Wir haben nicht registrierte Gedankenpartikel erfasst.
Gleich hinter der Niitsu-Brücke.
...
WUPP
Ein neuer Brunnen ...
BADAMM
Warte, wenn sie nicht registriert sind ...
Heißt das, es gab einen neuen Mord? Hier?
Hier weht ein starker Wind vom Meer.
Die Partikel könnten hier rübergetragen worden sein.

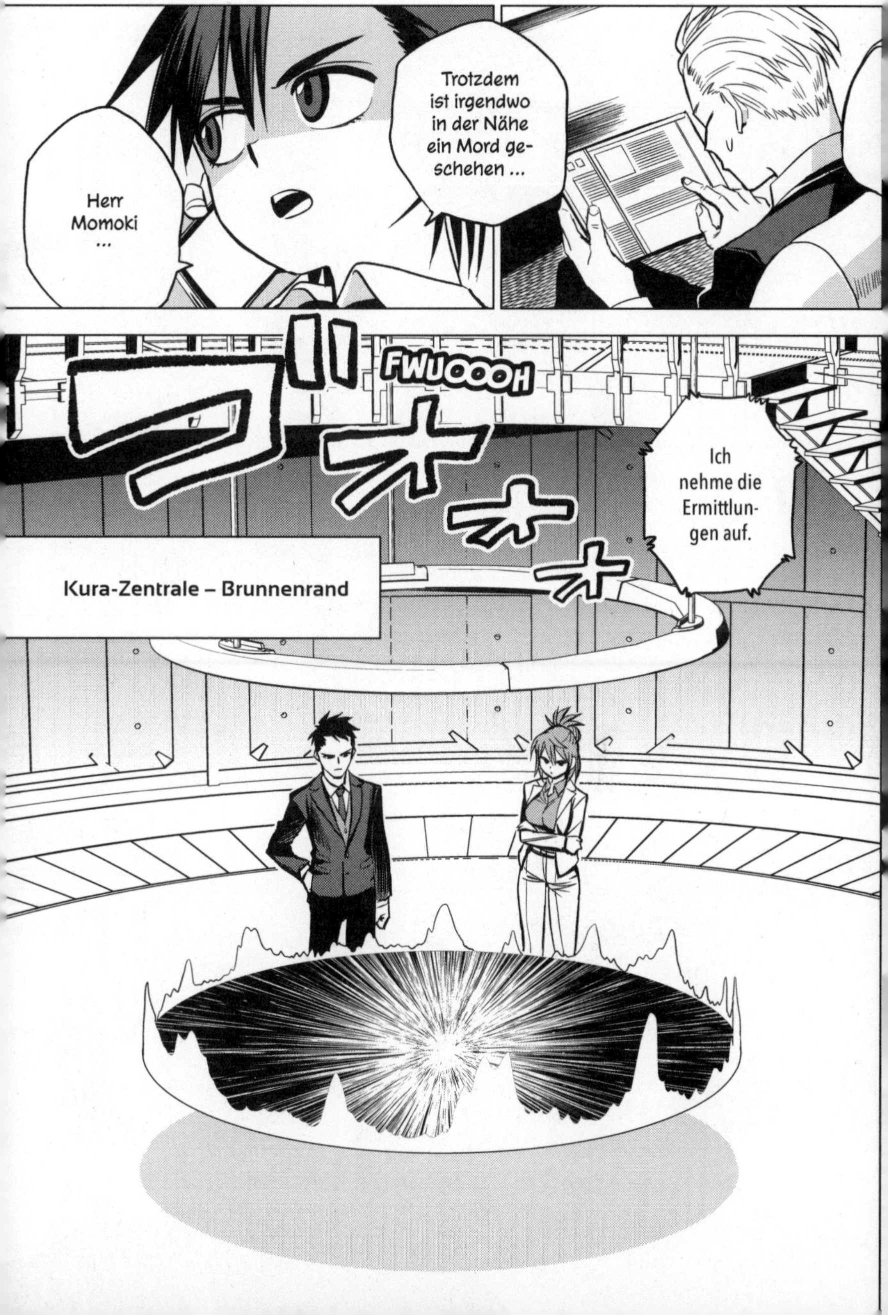

Trotzdem ist irgendwo in der Nähe ein Mord geschehen ...
Herr Momoki ...
Ich nehme die Ermittlungen auf.
FWUOOOH
Kura-Zentrale – Brunnenrand

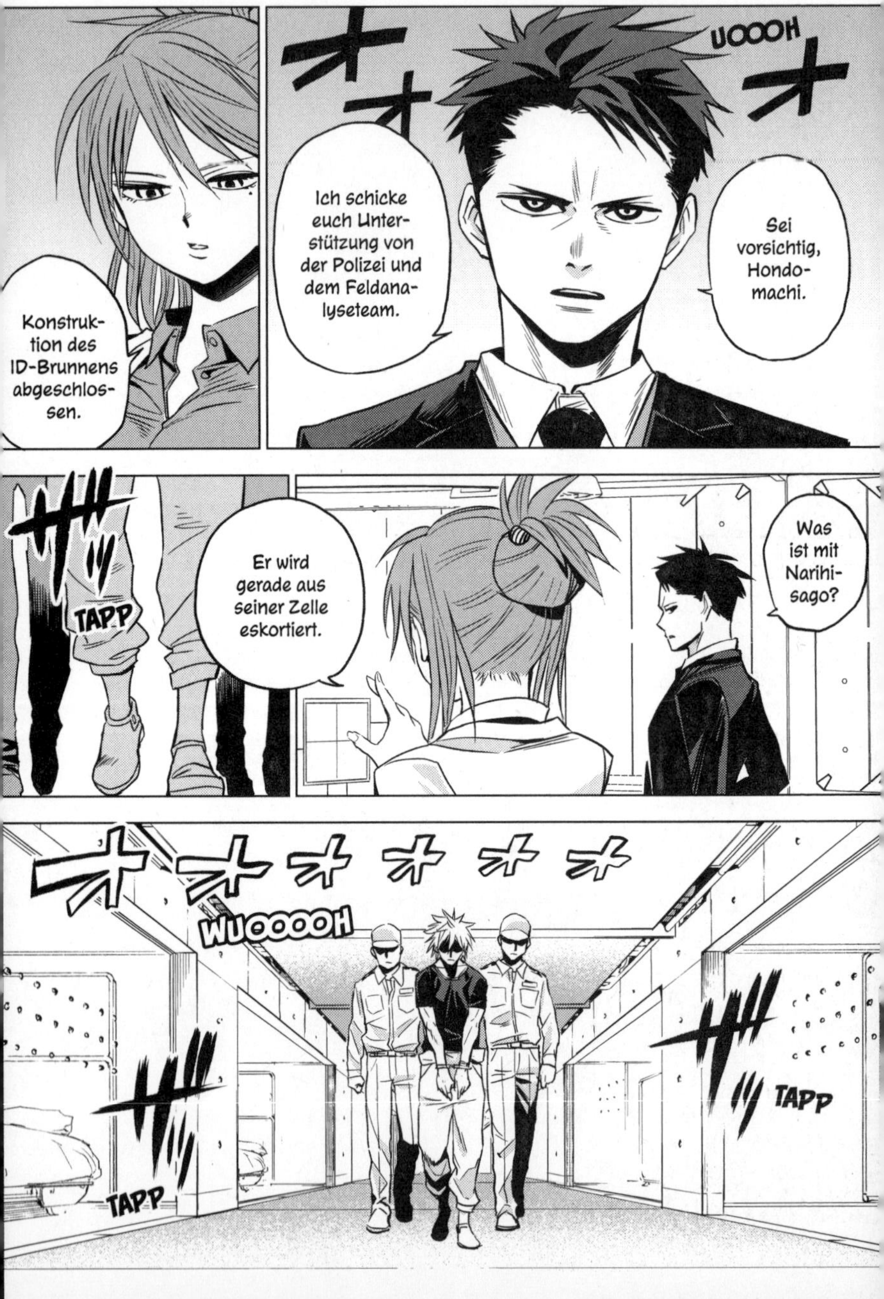
UOOOH
Sei vorsichtig, Hondo-machi.
Ich schicke euch Unter-stützung von der Polizei und dem Feldana-lyseteam.
Konstruk-tion des ID-Brunnens abgeschlos-sen.
Was ist mit Narihi-sago?
Er wird gerade aus seiner Zelle eskortiert.
TAPP
WUOOOOH
TAPP
TAPP

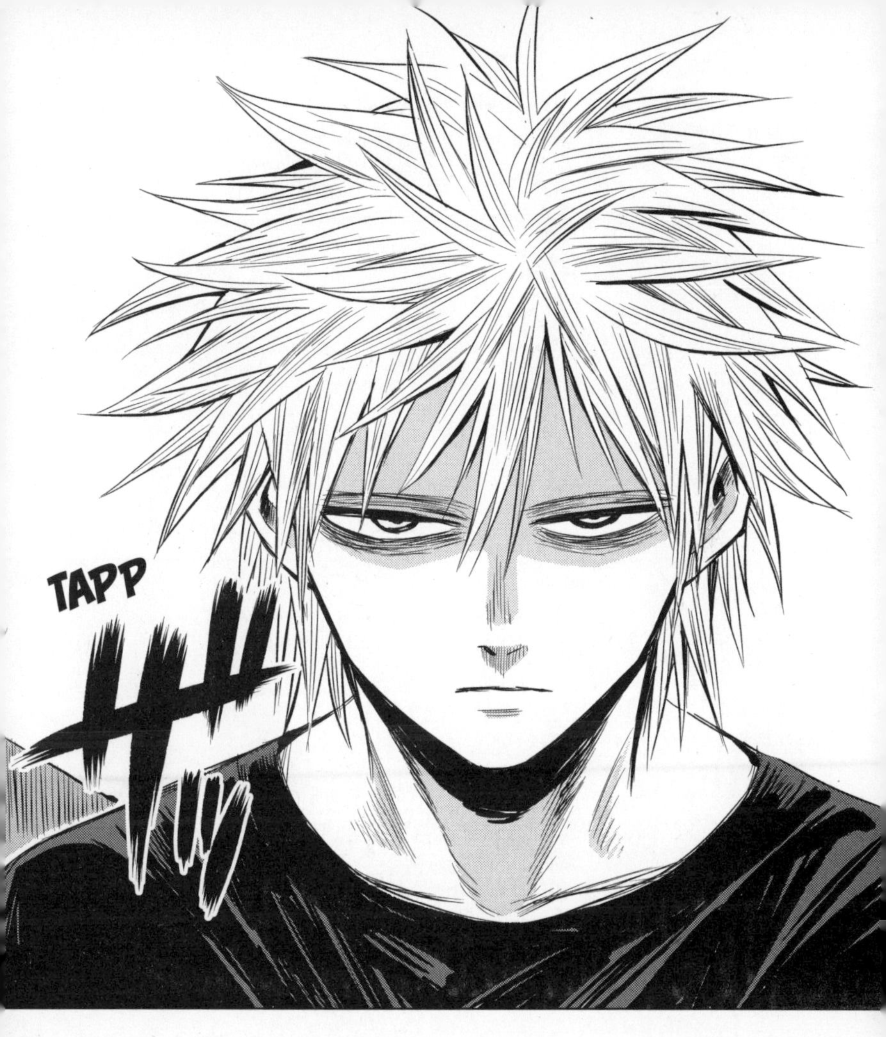
TAPP

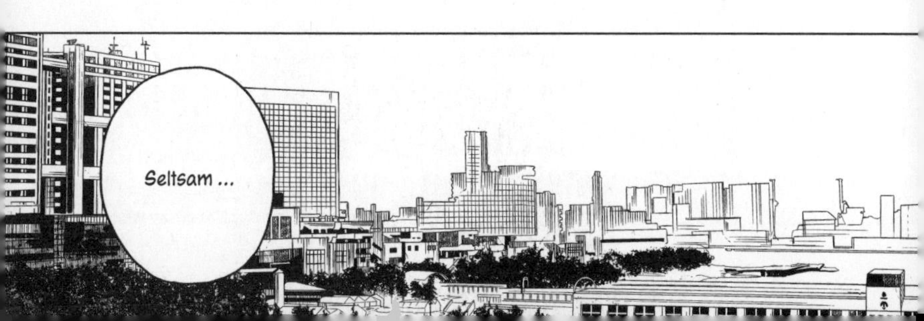
Seltsam ...

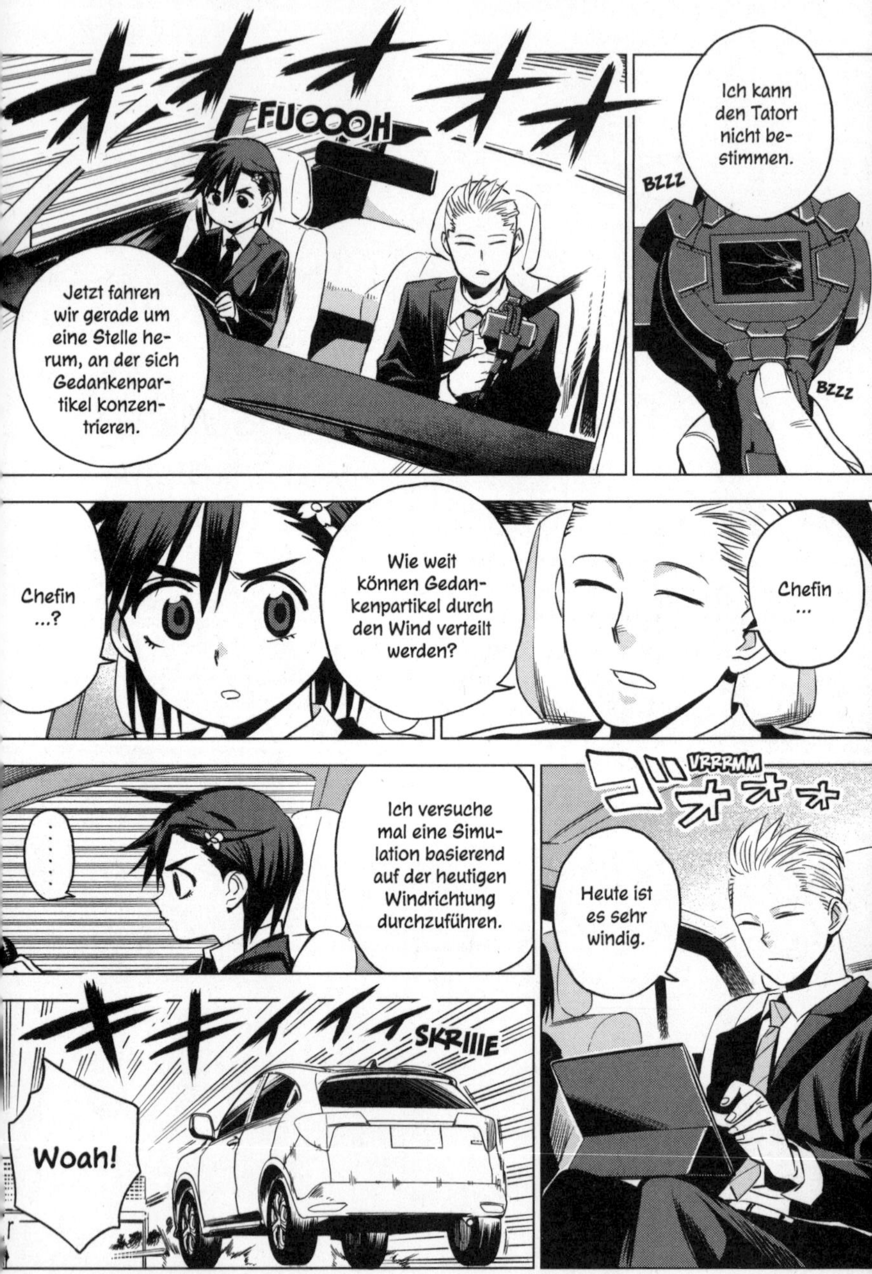
Ich kann den Tatort nicht bestimmen.
BZZZ
BZZZ
FUOOOH
Jetzt fahren wir gerade um eine Stelle herum, an der sich Gedankenpartikel konzentrieren.
Chefin ...
Wie weit können Gedankenpartikel durch den Wind verteilt werden?
Chefin ...?
VRRRMM
Heute ist es sehr windig.
Ich versuche mal eine Simulation basierend auf der heutigen Windrichtung durchzuführen.
......
SKRIIIE
Woah!

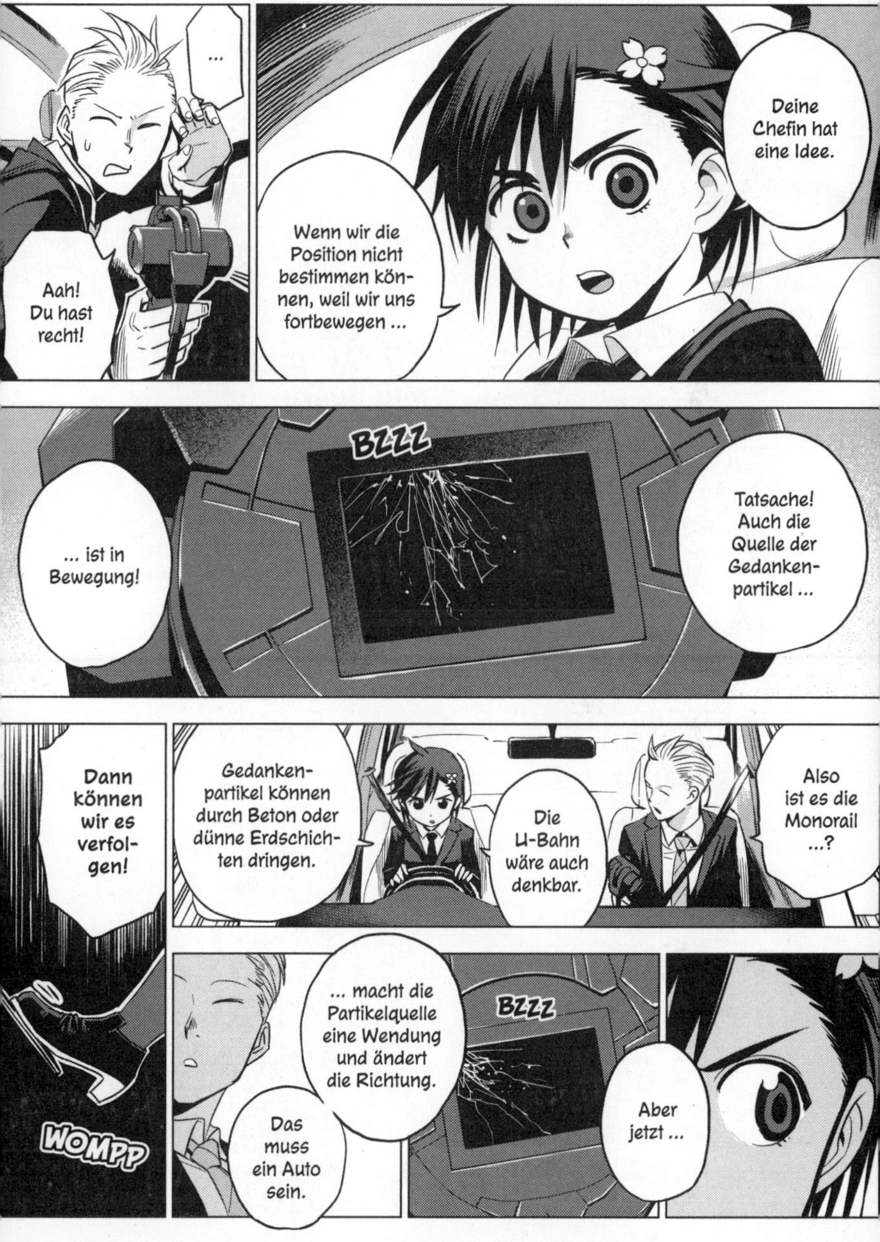
Deine Chefin hat eine Idee.
Wenn wir die Position nicht bestimmen können, weil wir uns fortbewegen ...
...
Aah! Du hast recht!
Tatsache! Auch die Quelle der Gedankenpartikel ...
BZZZ
... ist in Bewegung!
Also ist es die Monorail ...?
Die U-Bahn wäre auch denkbar.
Gedankenpartikel können durch Beton oder dünne Erdschichten dringen.
Dann können wir es verfolgen!
Aber jetzt ...
BZZZ
... macht die Partikelquelle eine Wendung und ändert die Richtung.
Das muss ein Auto sein.
WOMPP

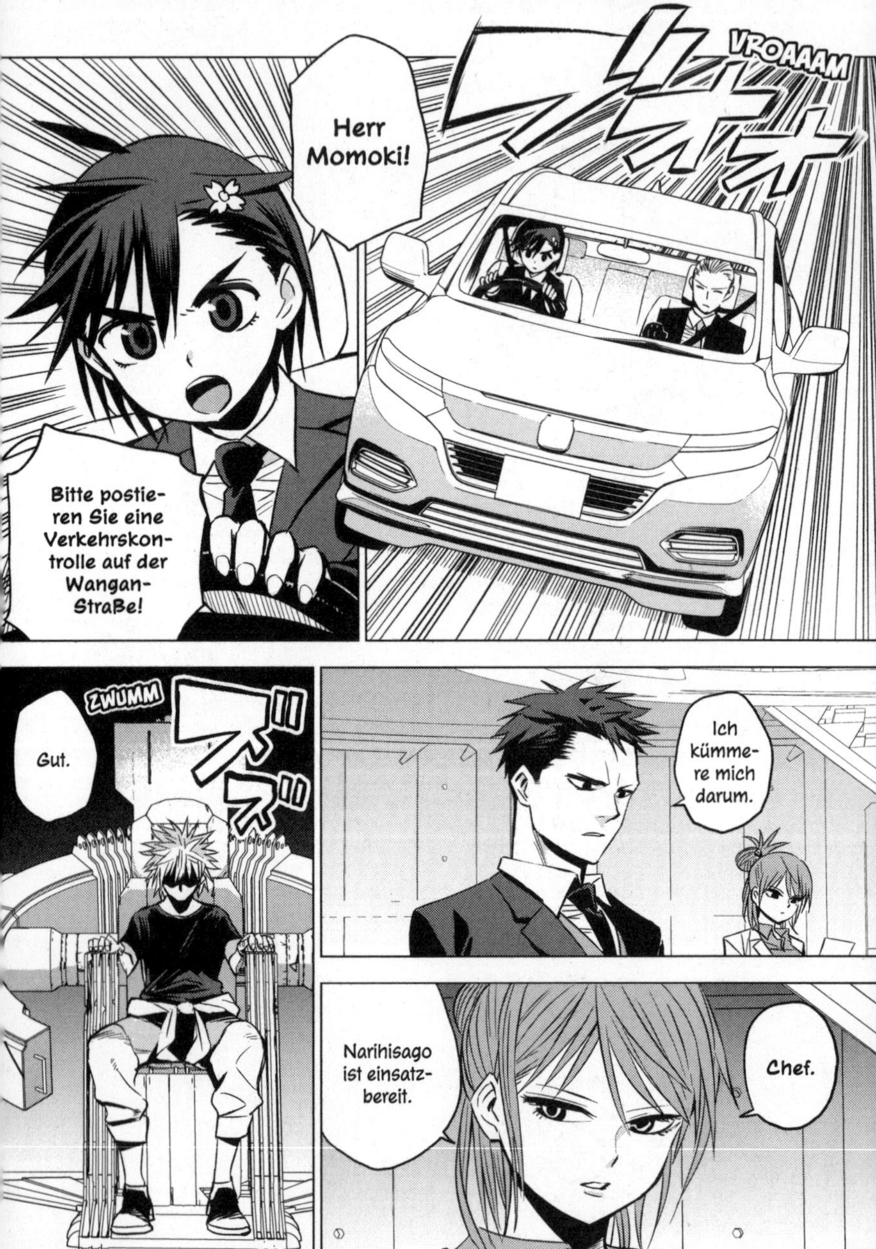
VROAAAM
Herr Momoki!
Bitte postieren Sie eine Verkehrskontrolle auf der Wangan-Straße!
Ich kümmere mich darum.
Chef.
Narihisago ist einsatzbereit.
ZWUMM
Gut.

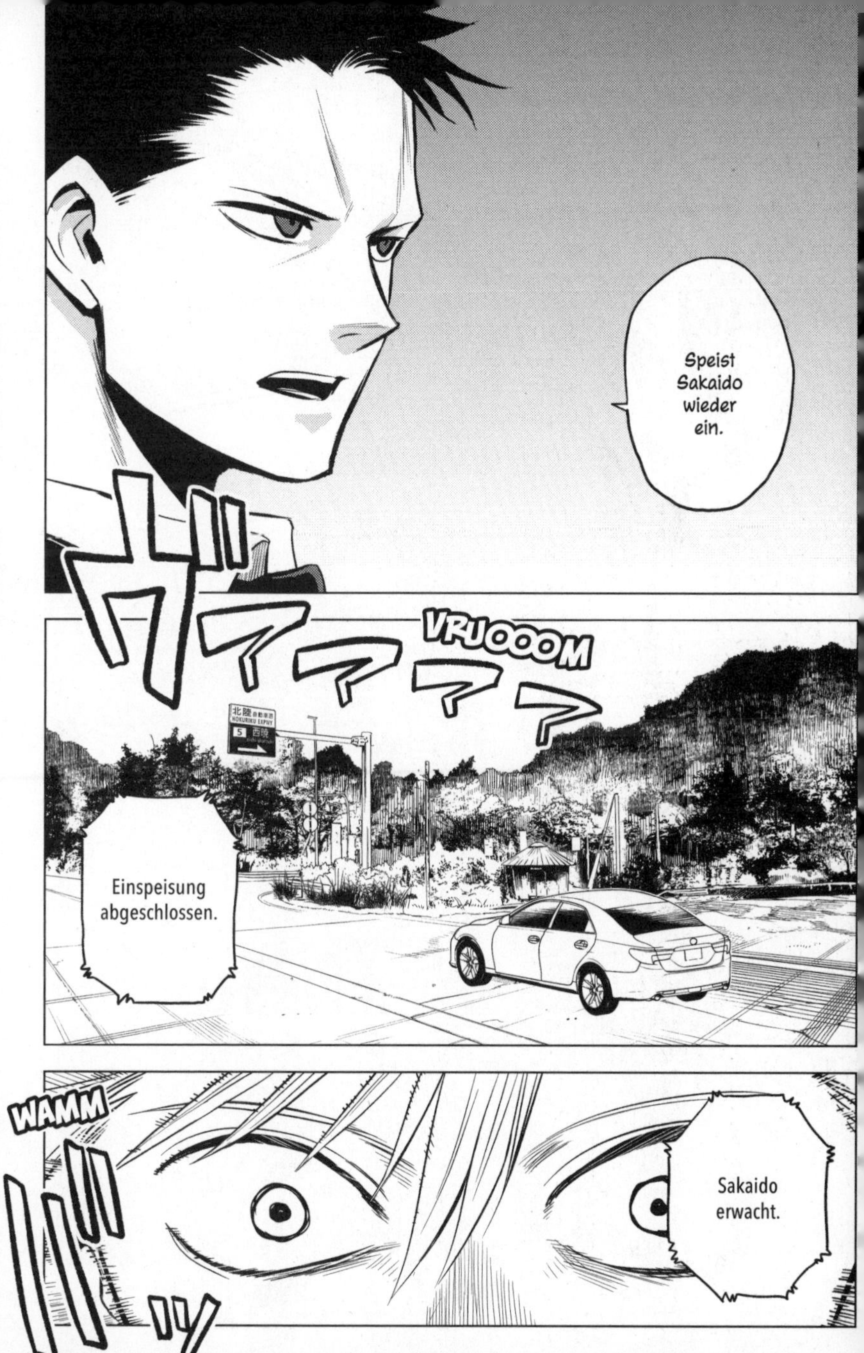
Speist Sakaido wieder ein.
VRUOOOM
Einspeisung abgeschlossen.
WAMM
Sakaido erwacht.

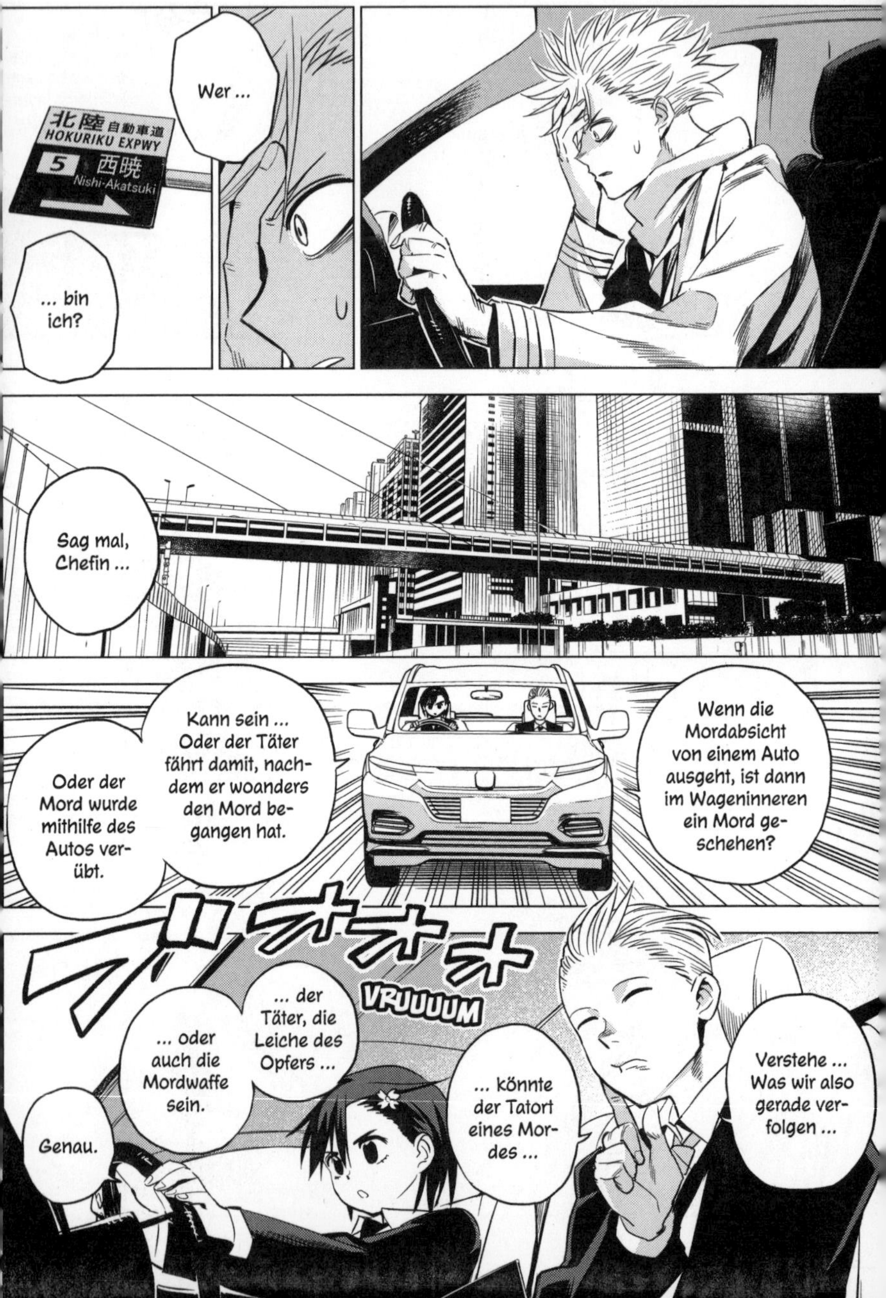

Wer ...
北陸 自動車道
HOKURIKU EXPWY
5 西暁
Nishi-Akatsuki
... bin ich?
Sag mal, Chefin ...
Wenn die Mordabsicht von einem Auto ausgeht, ist dann im Wageninneren ein Mord geschehen?
Kann sein ... Oder der Täter fährt damit, nachdem er woanders den Mord begangen hat.
Oder der Mord wurde mithilfe des Autos verübt.
VRUUUUM
Verstehe ... Was wir also gerade verfolgen ...
... könnte der Tatort eines Mordes ...
... der Täter, die Leiche des Opfers ...
... oder auch die Mordwaffe sein.
Genau.

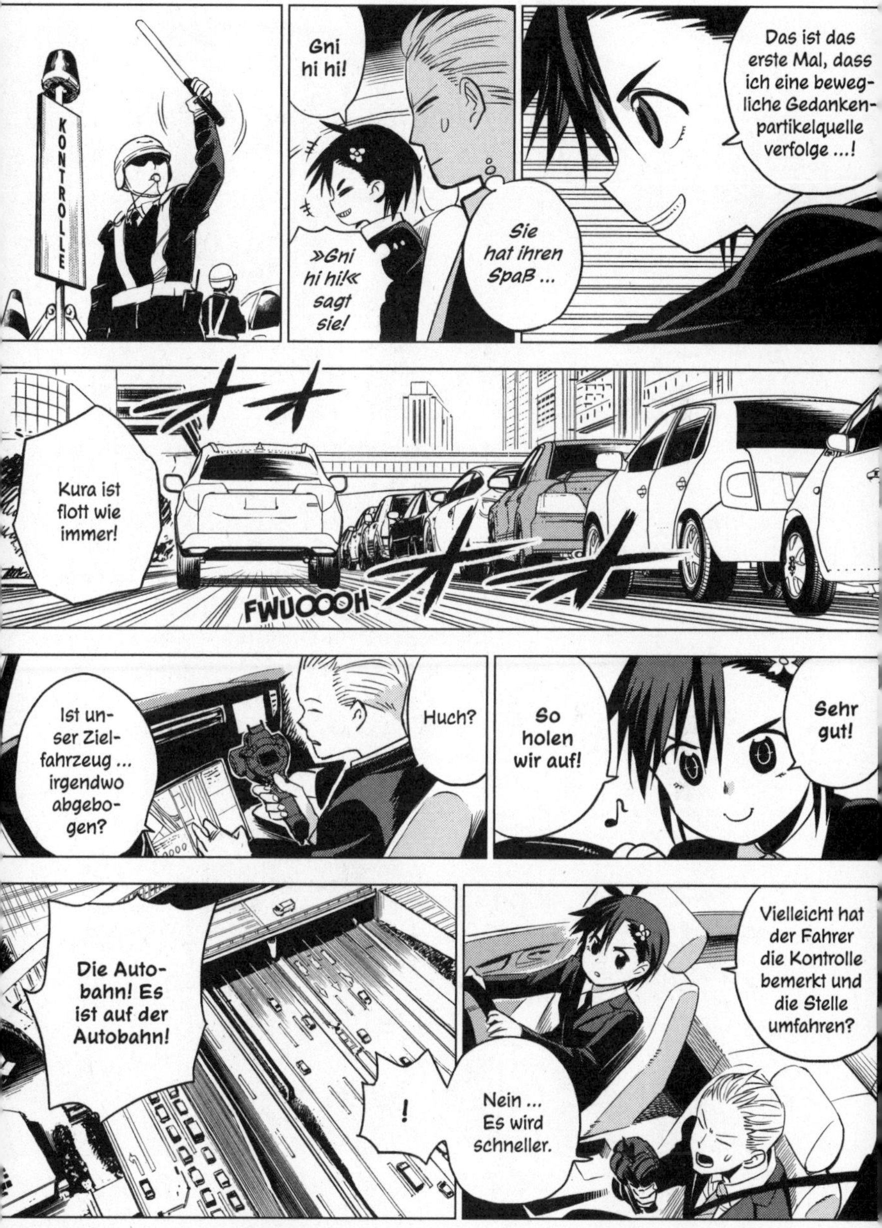
Das ist das erste Mal, dass ich eine bewegliche Gedankenpartikelquelle verfolge ...!
Sie hat ihren Spaß ...
Gni hi hi!
»Gni hi hi!« sagt sie!
KONTROLLE
Kura ist flott wie immer!
FWUOOOH
Sehr gut!
So holen wir auf!
Huch?
Ist unser Zielfahrzeug ... irgendwo abgebogen?
Vielleicht hat der Fahrer die Kontrolle bemerkt und die Stelle umfahren?
Nein ... Es wird schneller.
!
Die Autobahn! Es ist auf der Autobahn!

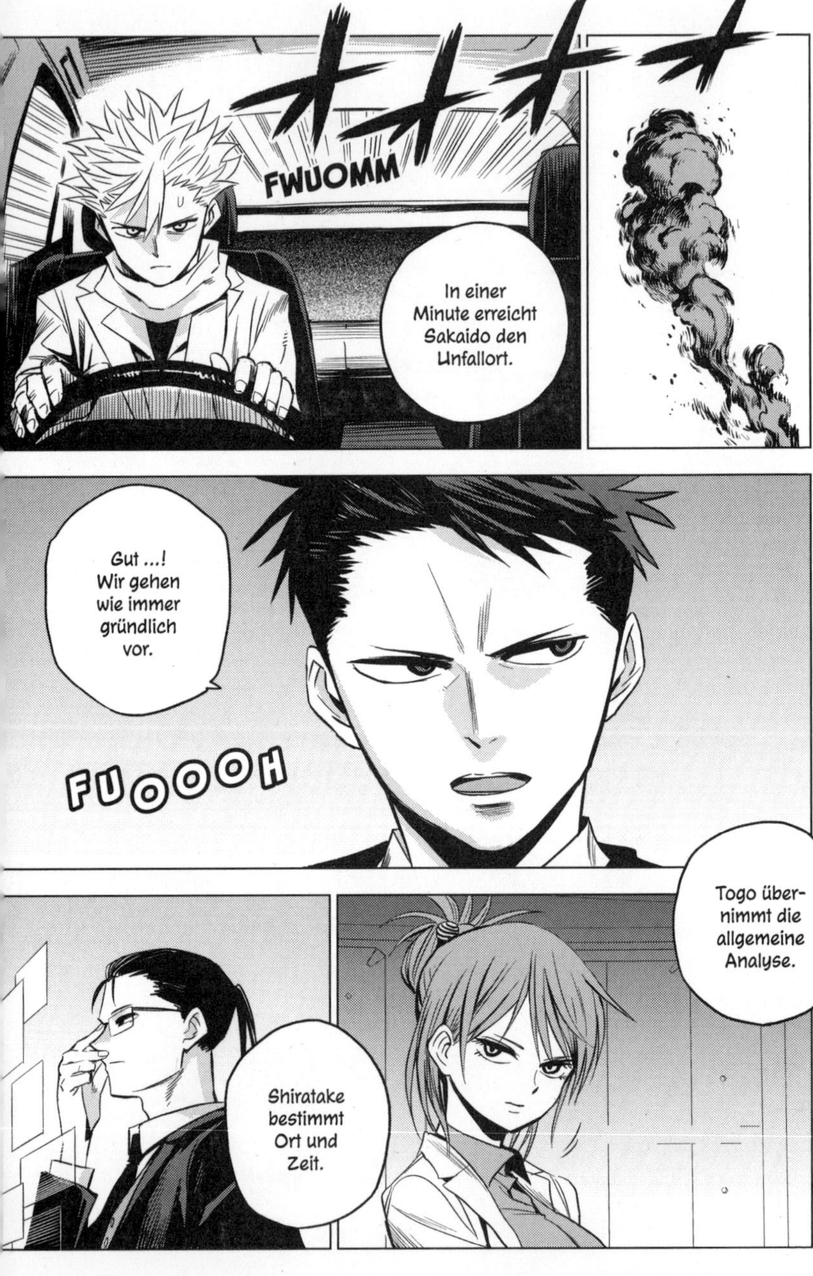
FWUOMM
In einer Minute erreicht Sakaido den Unfallort.
Gut ...! Wir gehen wie immer gründlich vor.
FUOOOH
Togo über-nimmt die allgemeine Analyse.
Shiratake bestimmt Ort und Zeit.

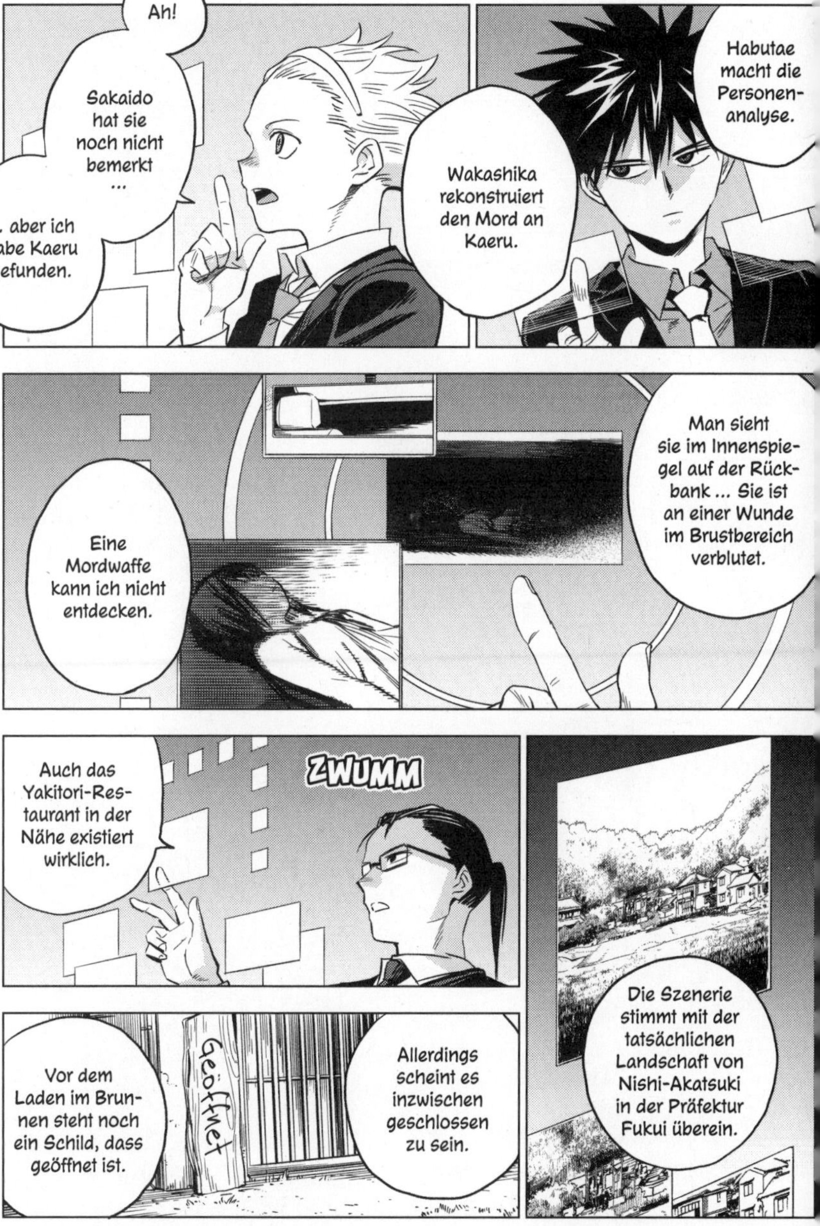
Habutae macht die Personen-analyse.
Wakashika rekonstruiert den Mord an Kaeru.
Ah!
Sakaido hat sie noch nicht bemerkt ...
... aber ich habe Kaeru gefunden.
Man sieht sie im Innenspiegel auf der Rückbank ... Sie ist an einer Wunde im Brustbereich verblutet.
Eine Mordwaffe kann ich nicht entdecken.
Die Szenerie stimmt mit der tatsächlichen Landschaft von Nishi-Akatsuki in der Präfektur Fukui überein.
ZWUMM
Auch das Yakitori-Restaurant in der Nähe existiert wirklich.
Allerdings scheint es inzwischen geschlossen zu sein.
Vor dem Laden im Brunnen steht noch ein Schild, dass geöffnet ist.
Geöffnet

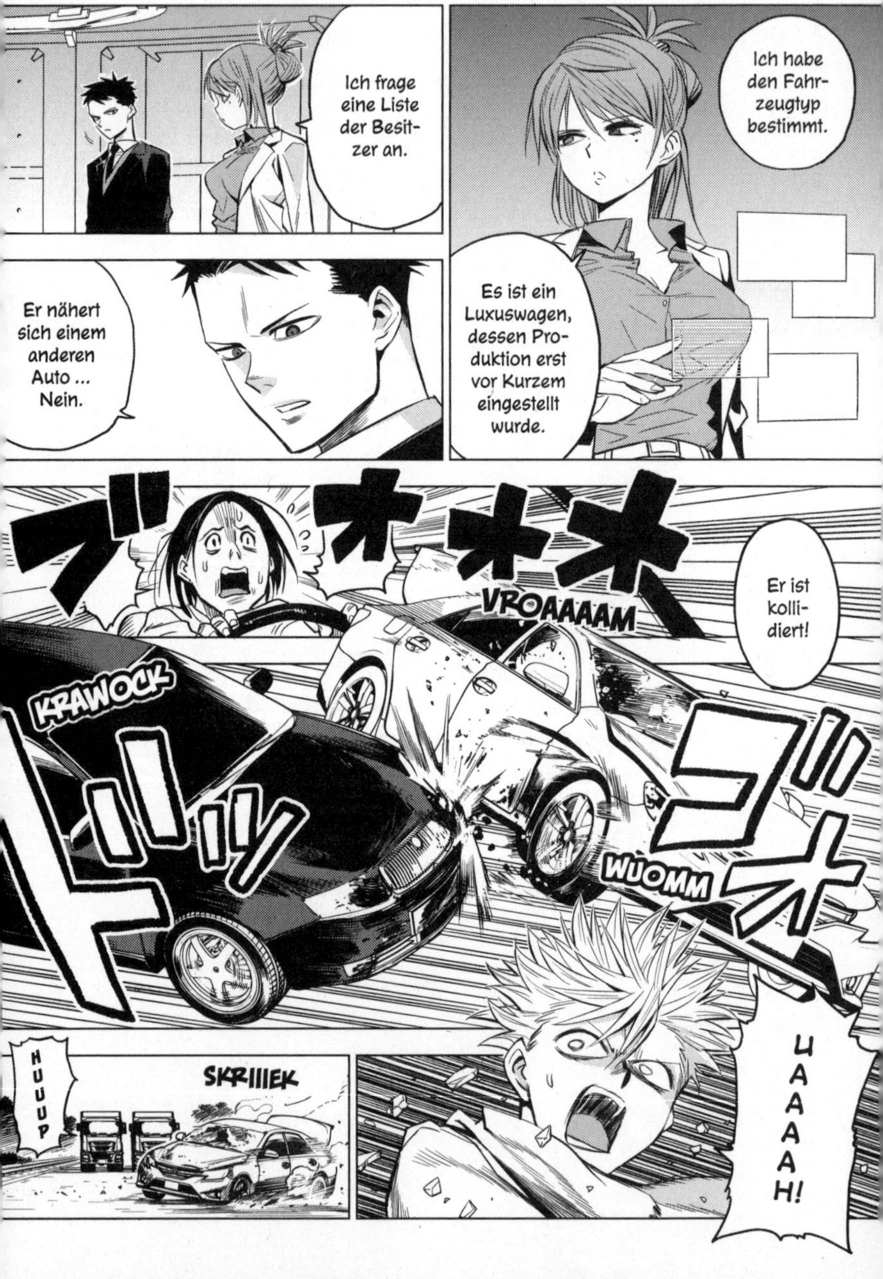

Ich habe den Fahrzeugtyp bestimmt.
Ich frage eine Liste der Besitzer an.
Es ist ein Luxuswagen, dessen Produktion erst vor Kurzem eingestellt wurde.
Er nähert sich einem anderen Auto ... Nein.
VROAAAAM
Er ist kollidiert!
KRAWOCK
WUOMM
UAAAAAH!
SKRIIIEK
HUUUP

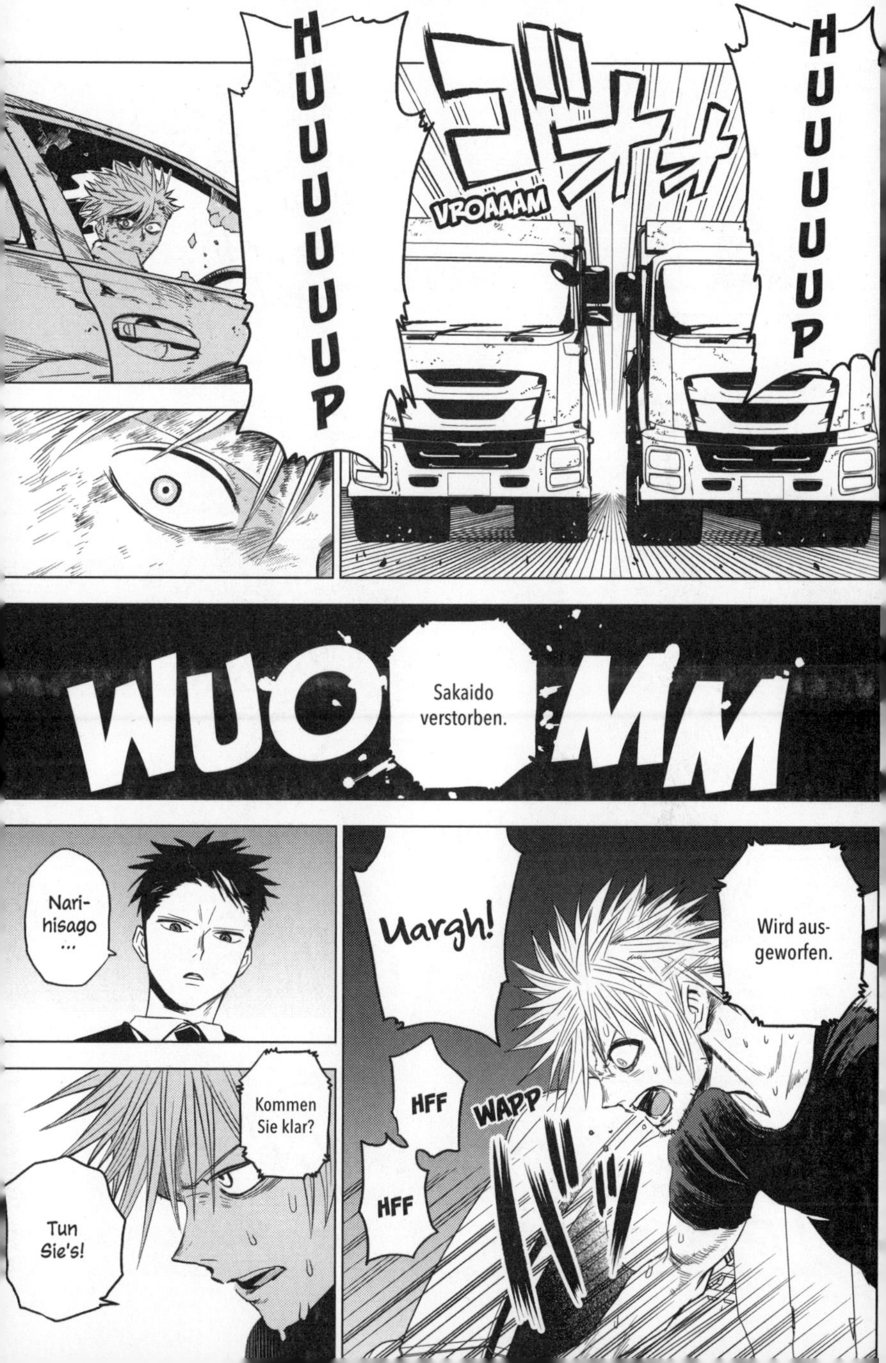
H
U
U
U
U
U
U
P
ゴオオ
VROAAAM
HUUUUUUP
WUO
Sakaido verstorben.
MM
Wird ausgeworfen.
Uargh!
Nari-hisago …
HFF
WAPP
HFF
Kommen Sie klar?
Tun Sie's!

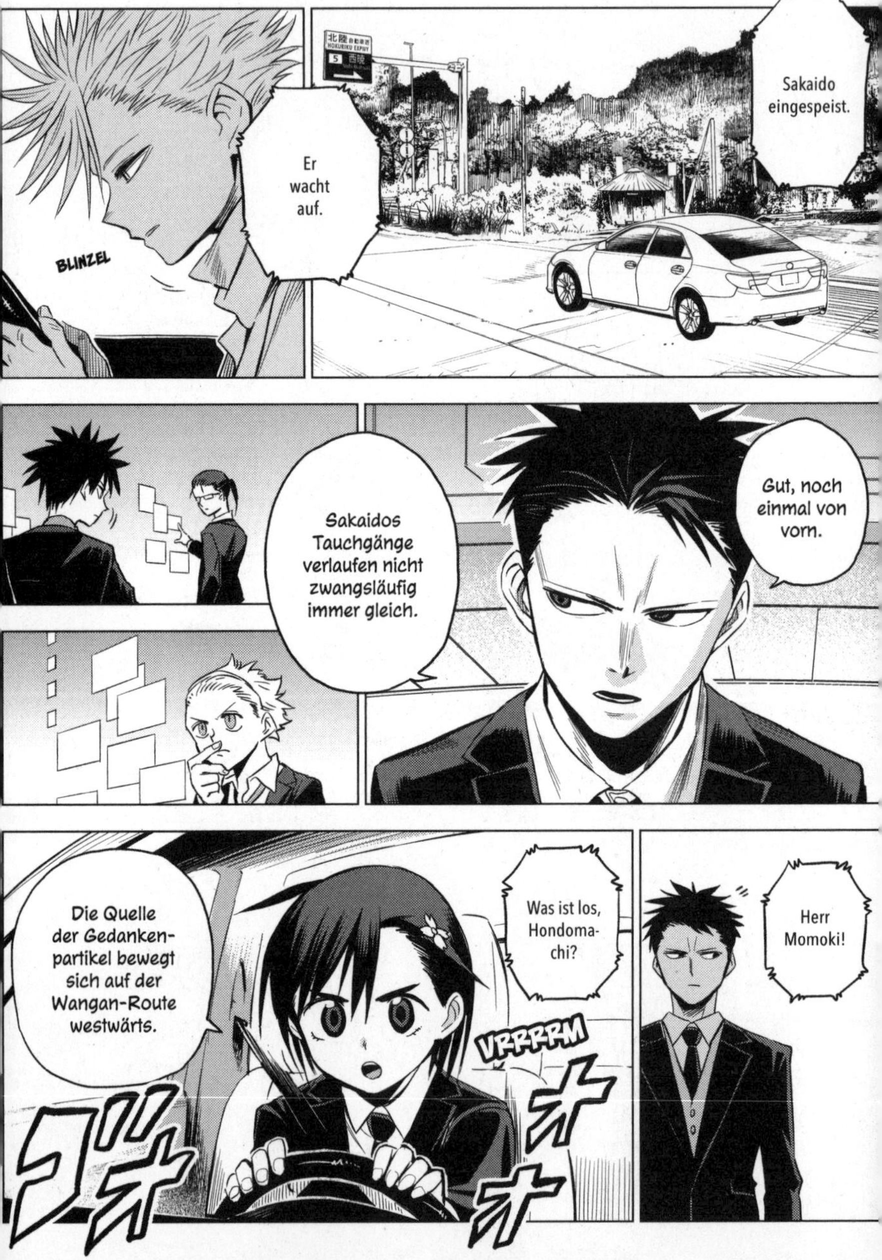
Sakaido eingespeist.
Er wacht auf.
BLINZEL
Gut, noch einmal von vorn.
Sakaidos Tauchgänge verlaufen nicht zwangsläufig immer gleich.
Herr Momoki!
Was ist los, Hondomachi?
Die Quelle der Gedankenpartikel bewegt sich auf der Wangan-Route westwärts.
VRRRRM

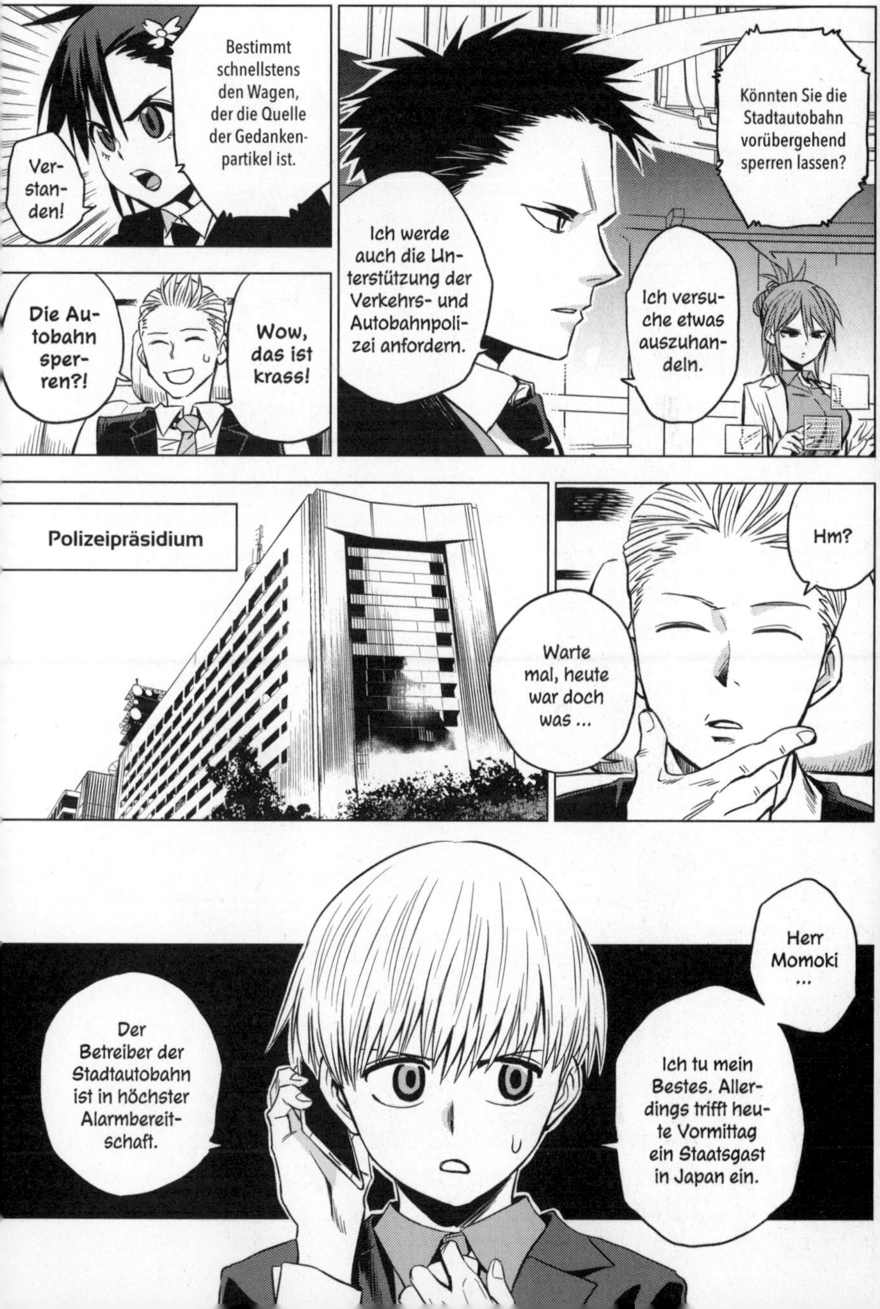
Könnten Sie die Stadtautobahn vorübergehend sperren lassen?
Ich werde auch die Unterstützung der Verkehrs- und Autobahnpolizei anfordern.
Ich versuche etwas auszuhandeln.
Bestimmt schnellstens den Wagen, der die Quelle der Gedankenpartikel ist.
Verstanden!
Die Autobahn sperren?!
Wow, das ist krass!
Hm?
Warte mal, heute war doch was ...
Polizeipräsidium
Herr Momoki ...
Ich tu mein Bestes. Allerdings trifft heute Vormittag ein Staatsgast in Japan ein.
Der Betreiber der Stadtautobahn ist in höchster Alarmbereitschaft.

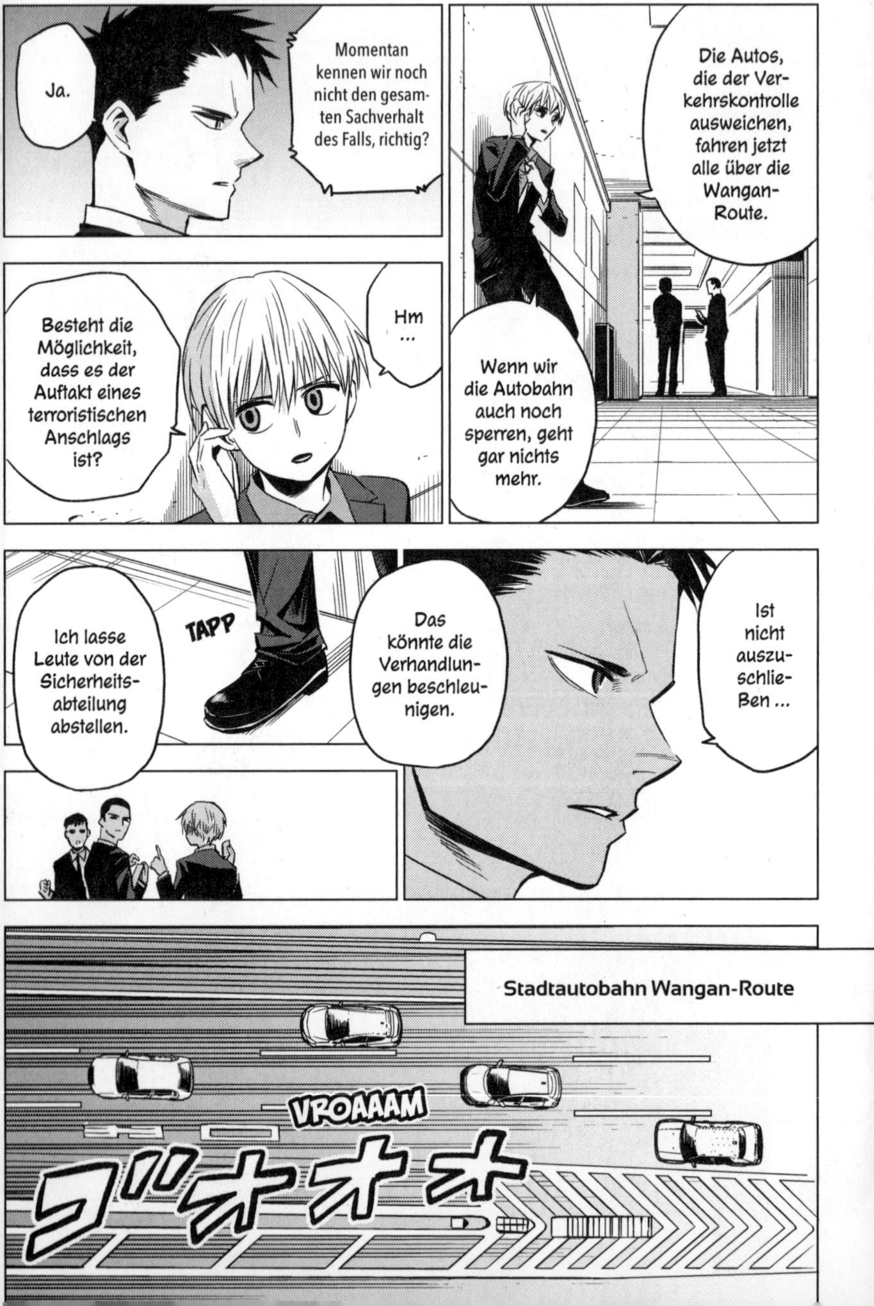
Die Autos, die der Verkehrskontrolle ausweichen, fahren jetzt alle über die Wangan-Route.
Momentan kennen wir noch nicht den gesamten Sachverhalt des Falls, richtig?
Ja.
Wenn wir die Autobahn auch noch sperren, geht gar nichts mehr.
Hm …
Besteht die Möglichkeit, dass es der Auftakt eines terroristischen Anschlags ist?
Ist nicht auszuschließen …
Das könnte die Verhandlungen beschleunigen.
TAPP
Ich lasse Leute von der Sicherheitsabteilung abstellen.
Stadtautobahn Wangan-Route
VROAAAM
ゴオオオ

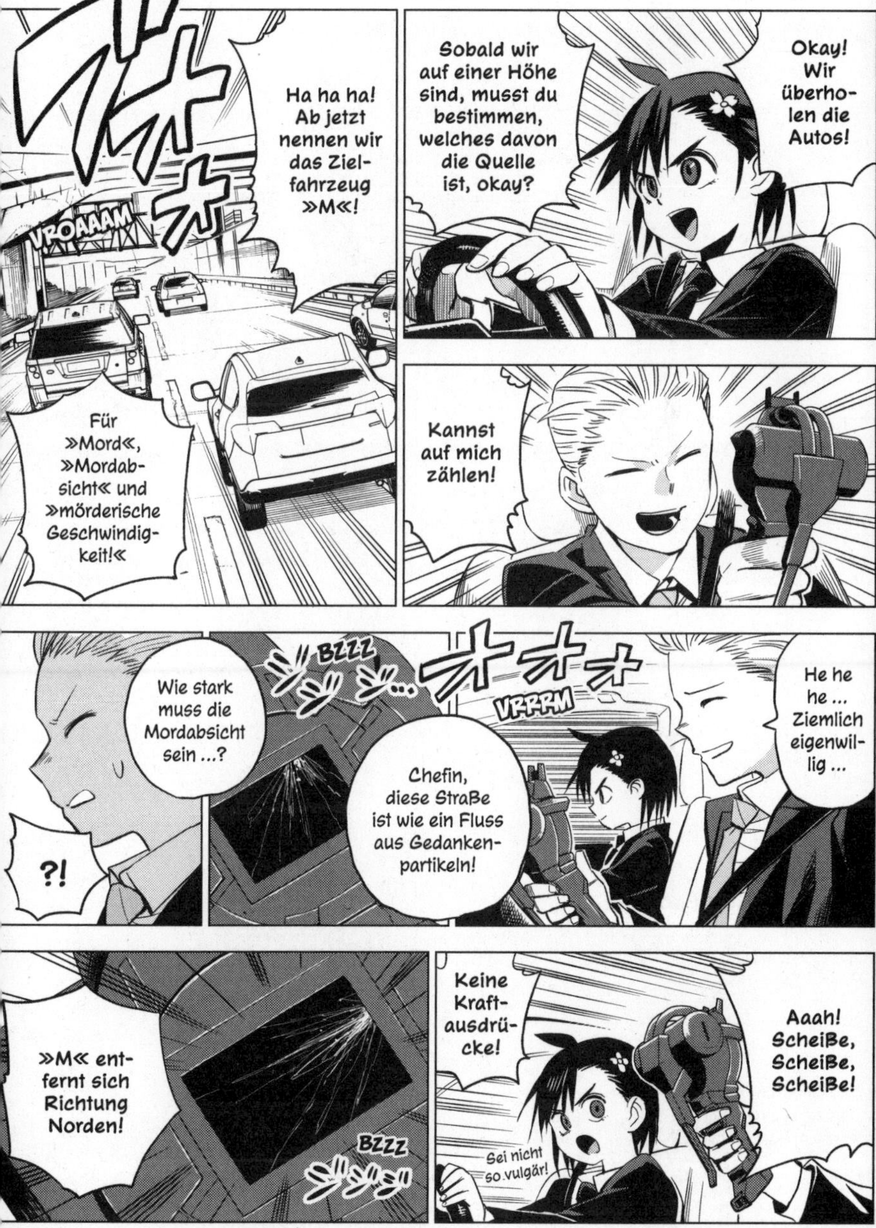
Okay! Wir überholen die Autos!
Sobald wir auf einer Höhe sind, musst du bestimmen, welches davon die Quelle ist, okay?
Kannst auf mich zählen!
VROAAAM
Ha ha ha! Ab jetzt nennen wir das Zielfahrzeug »M«!
Für »Mord«, »Mordabsicht« und »mörderische Geschwindigkeit!«
He he he ... Ziemlich eigenwillig ...
VRRRM
BZZZ
Chefin, diese Straße ist wie ein Fluss aus Gedankenpartikeln!
Wie stark muss die Mordabsicht sein ...?
?!
Aaah! Scheiße, Scheiße, Scheiße!
Keine Kraftausdrücke!
Sei nicht so vulgär!
»M« entfernt sich Richtung Norden!
BZZZ

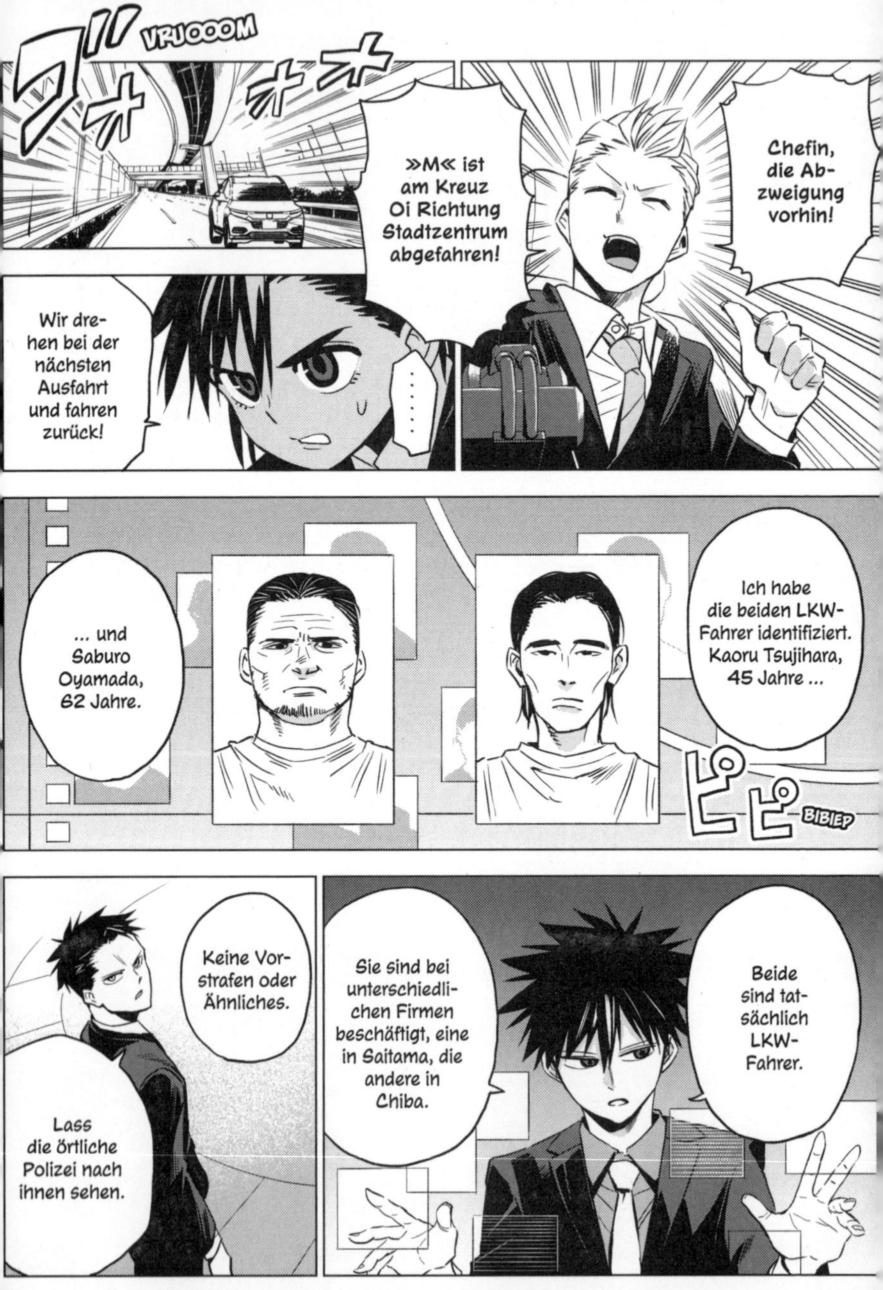
Chefin, die Abzweigung vorhin!
»M« ist am Kreuz Oi Richtung Stadtzentrum abgefahren!
VRUOOOM
……
Wir drehen bei der nächsten Ausfahrt und fahren zurück!
BIBIEP
Ich habe die beiden LKW-Fahrer identifiziert. Kaoru Tsujihara, 45 Jahre …
… und Saburo Oyamada, 62 Jahre.
Beide sind tatsächlich LKW-Fahrer.
Sie sind bei unterschiedlichen Firmen beschäftigt, eine in Saitama, die andere in Chiba.
Keine Vorstrafen oder Ähnliches.
Lass die örtliche Polizei nach ihnen sehen.

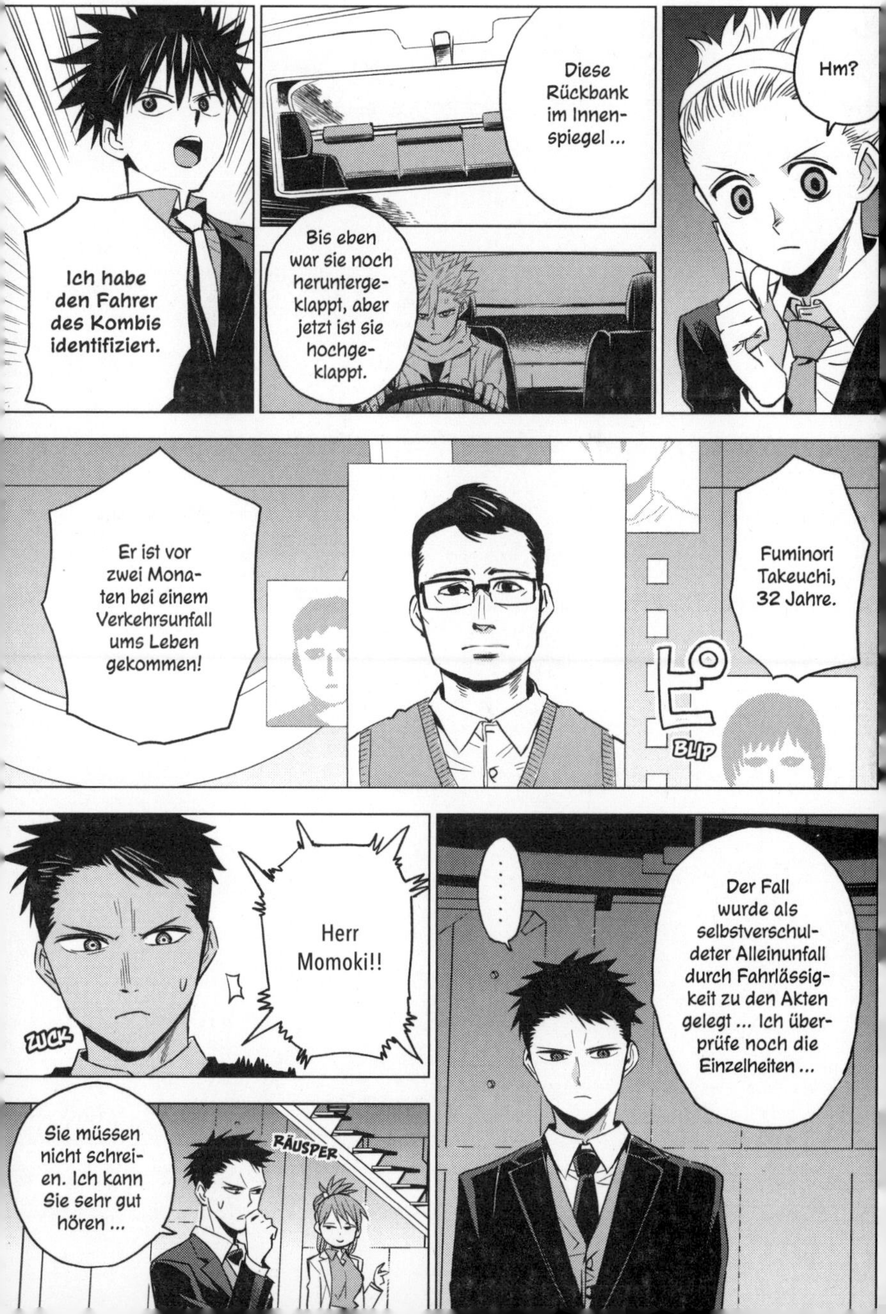

Hm?
Diese Rückbank im Innenspiegel ...
Bis eben war sie noch heruntergeklappt, aber jetzt ist sie hochgeklappt.
Ich habe den Fahrer des Kombis identifiziert.
Fuminori Takeuchi, 32 Jahre.
BLIP
Er ist vor zwei Monaten bei einem Verkehrsunfall ums Leben gekommen!
Der Fall wurde als selbstverschuldeter Alleinunfall durch Fahrlässigkeit zu den Akten gelegt ... Ich überprüfe noch die Einzelheiten ...
......
Herr Momoki!!
ZUCK
Sie müssen nicht schreien. Ich kann Sie sehr gut hören ...
RÄUSPER

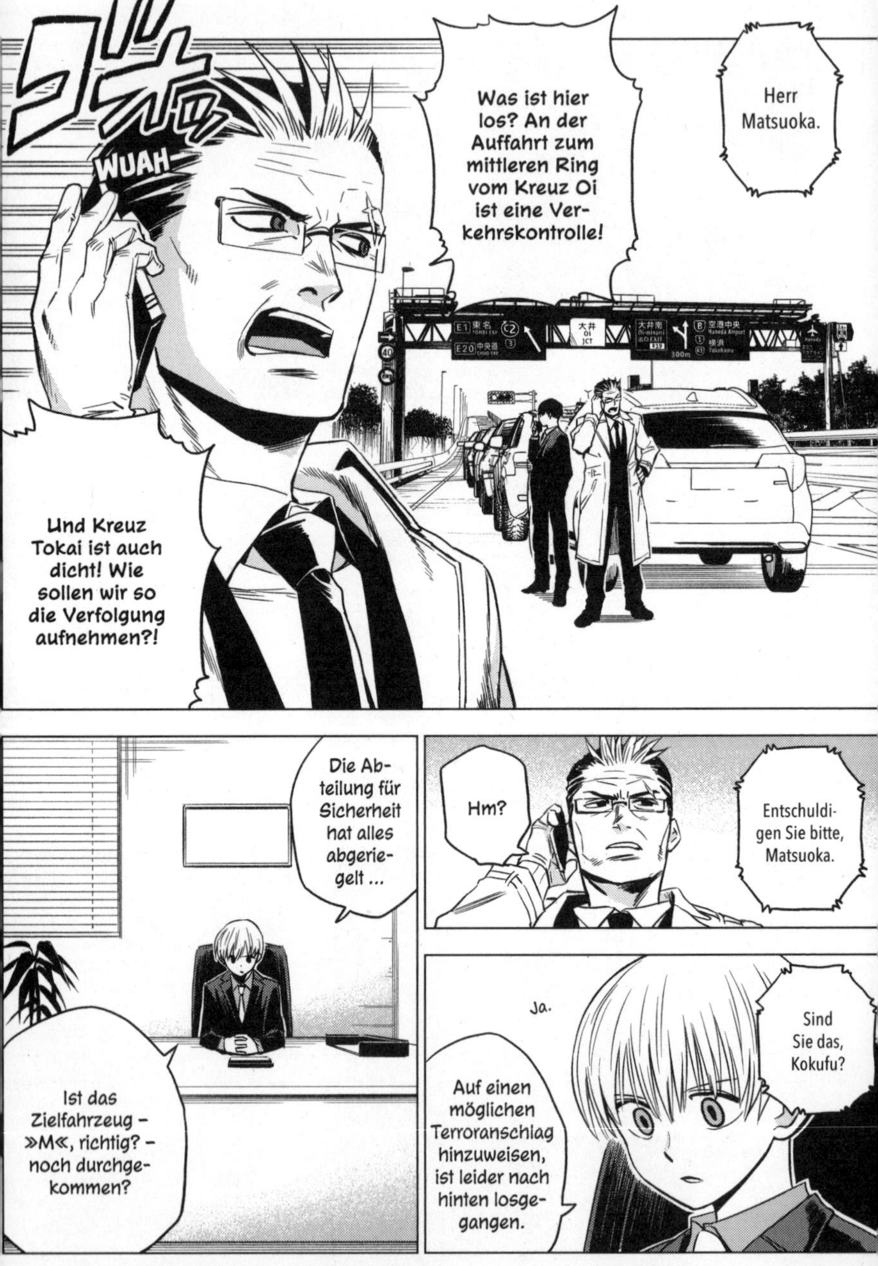

Herr Matsuoka.
WUAH
Was ist hier los? An der Auffahrt zum mittleren Ring vom Kreuz Oi ist eine Verkehrskontrolle!
Und Kreuz Tokai ist auch dicht! Wie sollen wir so die Verfolgung aufnehmen?!
Entschuldigen Sie bitte, Matsuoka.
Hm?
Sind Sie das, Kokufu?
Ja.
Auf einen möglichen Terroranschlag hinzuweisen, ist leider nach hinten losgegangen.
Die Abteilung für Sicherheit hat alles abgeriegelt ...
Ist das Zielfahrzeug – »M«, richtig? – noch durchgekommen?

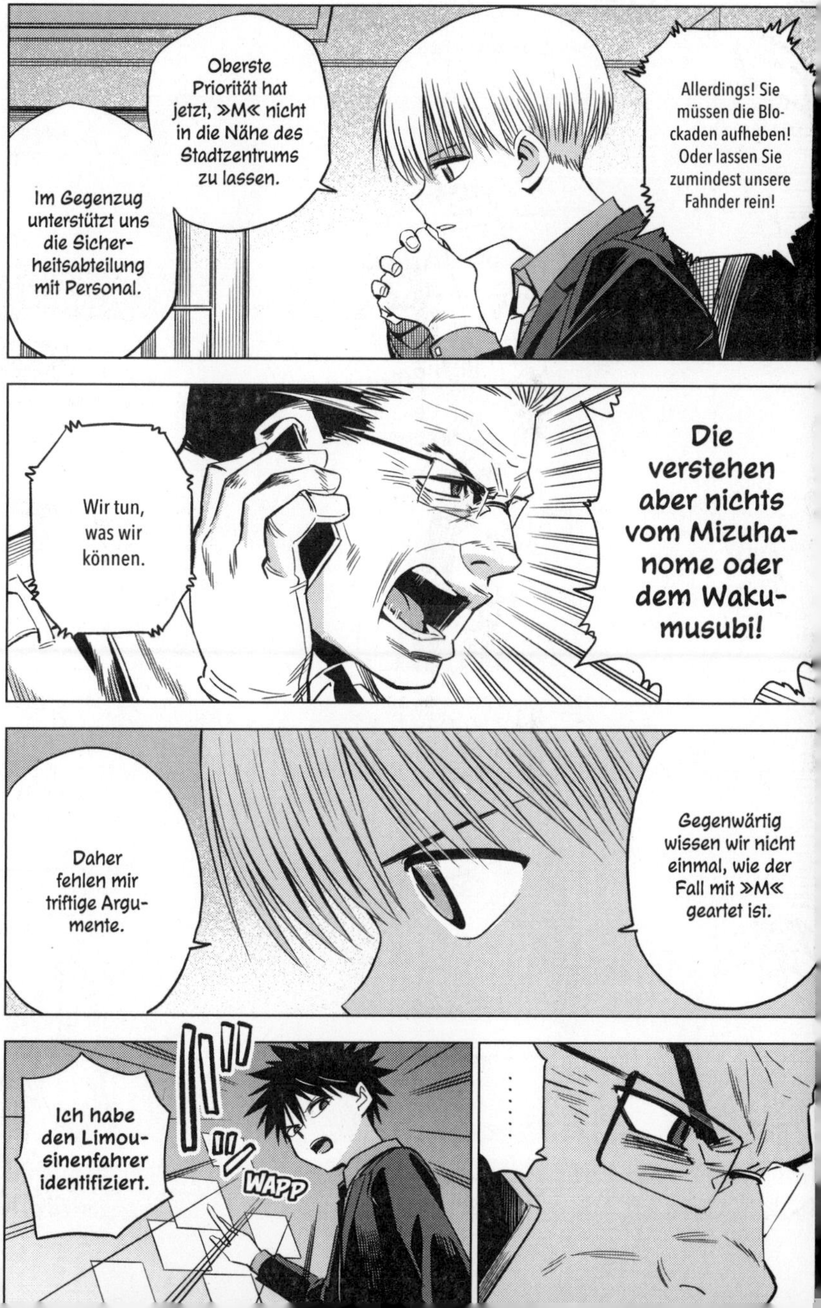
Allerdings! Sie müssen die Blockaden aufheben! Oder lassen Sie zumindest unsere Fahnder rein!
Oberste Priorität hat jetzt, »M« nicht in die Nähe des Stadtzentrums zu lassen.
Im Gegenzug unterstützt uns die Sicherheitsabteilung mit Personal.
Die verstehen aber nichts vom Mizuhanome oder dem Wakumusubi!
Wir tun, was wir können.
Gegenwärtig wissen wir nicht einmal, wie der Fall mit »M« geartet ist.
Daher fehlen mir triftige Argumente.
......
Ich habe den Limousinenfahrer identifiziert.
WAPP

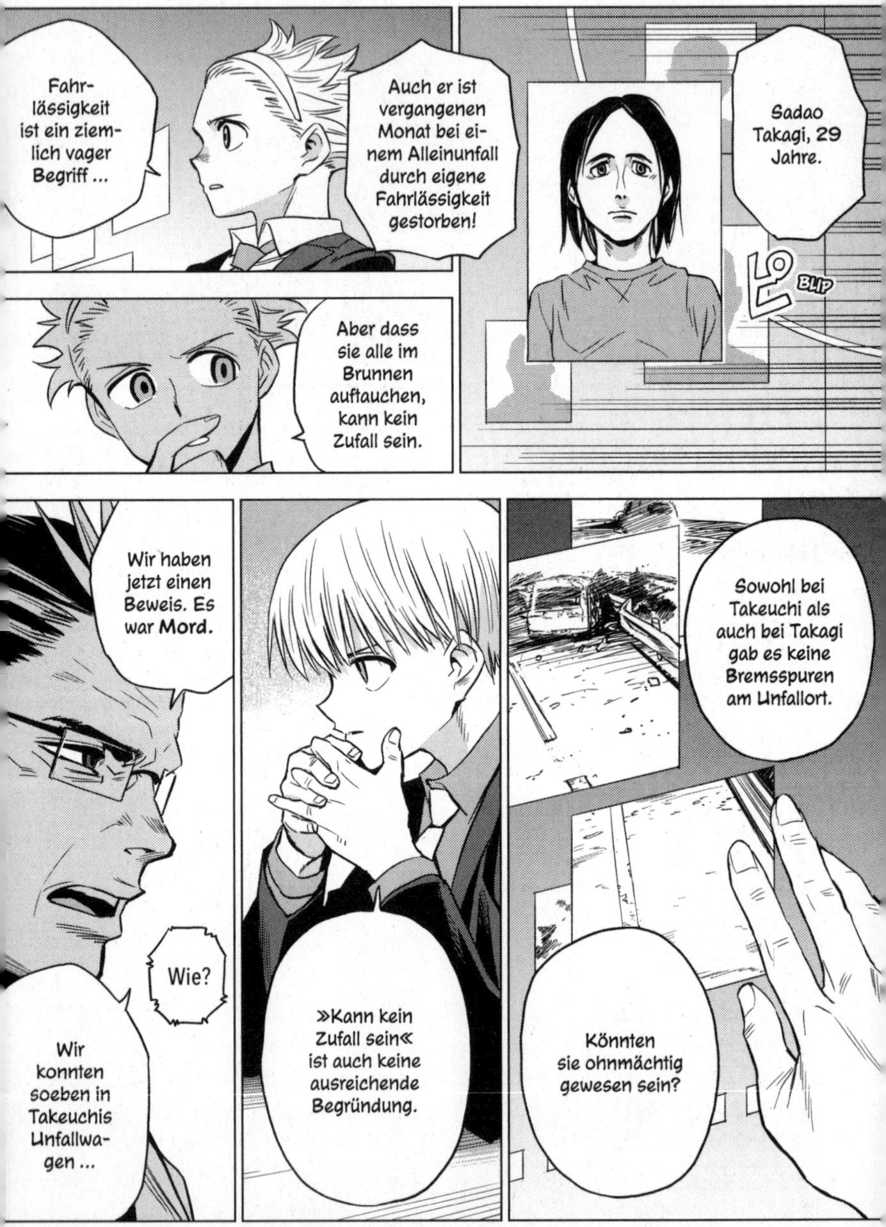
Sadao Takagi, 29 Jahre.
BLIP
Auch er ist vergangenen Monat bei einem Alleinunfall durch eigene Fahrlässigkeit gestorben!
Fahrlässigkeit ist ein ziemlich vager Begriff ...
Aber dass sie alle im Brunnen auftauchen, kann kein Zufall sein.
Sowohl bei Takeuchi als auch bei Takagi gab es keine Bremsspuren am Unfallort.
Könnten sie ohnmächtig gewesen sein?
»Kann kein Zufall sein« ist auch keine ausreichende Begründung.
Wir haben jetzt einen Beweis. Es war Mord.
Wie?
Wir konnten soeben in Takeuchis Unfallwagen ...

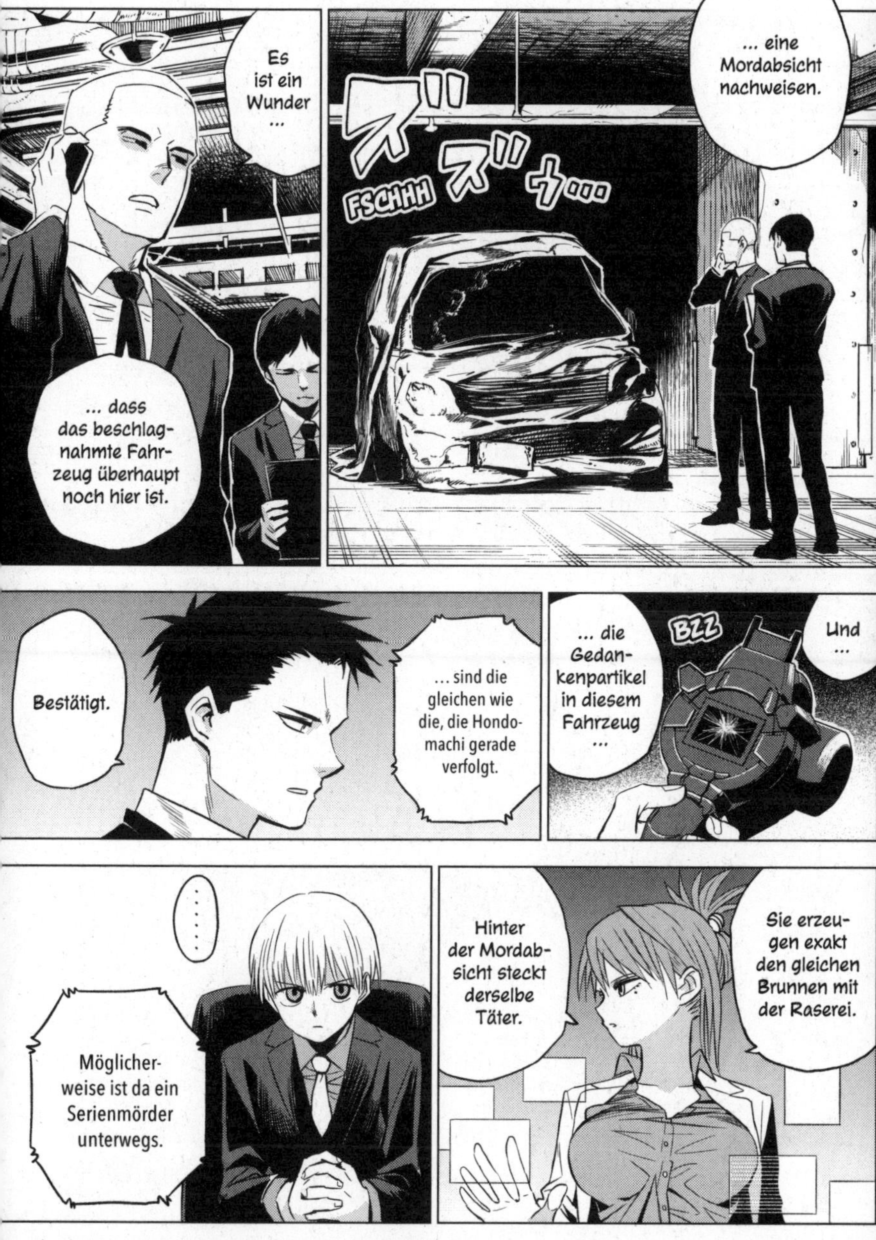
... eine Mordabsicht nachweisen.
FSCHHH
Es ist ein Wunder ...
... dass das beschlag-nahmte Fahr-zeug überhaupt noch hier ist.
Und ...
BZZ
... die Gedan-kenpartikel in diesem Fahrzeug ...
... sind die gleichen wie die, die Hondo-machi gerade verfolgt.
Bestätigt.
Sie erzeu-gen exakt den gleichen Brunnen mit der Raserei.
Hinter der Mordab-sicht steckt derselbe Täter.
......
Möglicher-weise ist da ein Serienmörder unterwegs.

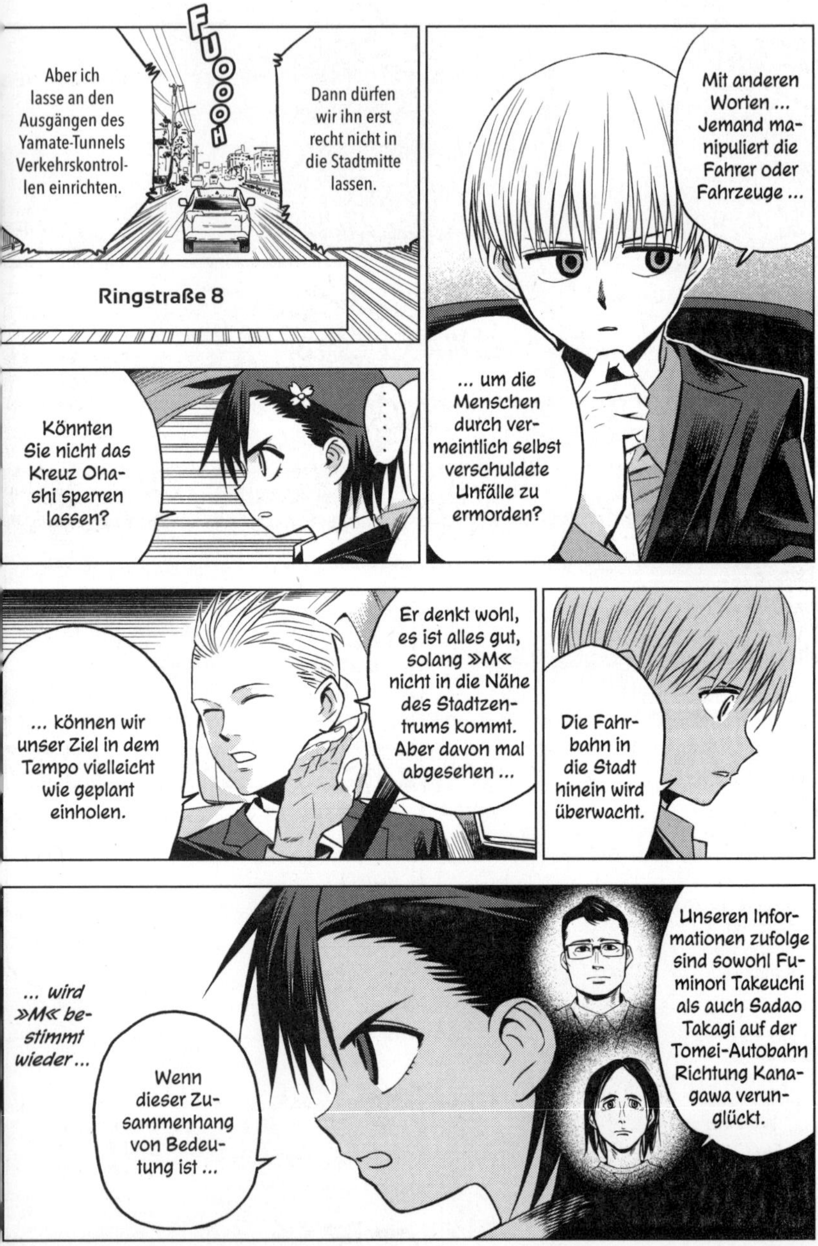

Mit anderen Worten ... Jemand manipuliert die Fahrer oder Fahrzeuge ...
... um die Menschen durch vermeintlich selbst verschuldete Unfälle zu ermorden?
Dann dürfen wir ihn erst recht nicht in die Stadtmitte lassen.
Aber ich lasse an den Ausgängen des Yamate-Tunnels Verkehrskontrollen einrichten.
FUOOOOH
Ringstraße 8
......
Könnten Sie nicht das Kreuz Ohashi sperren lassen?
Die Fahrbahn in die Stadt hinein wird überwacht.
Er denkt wohl, es ist alles gut, solang »M« nicht in die Nähe des Stadtzentrums kommt. Aber davon mal abgesehen ...
... können wir unser Ziel in dem Tempo vielleicht wie geplant einholen.
Unseren Informationen zufolge sind sowohl Fuminori Takeuchi als auch Sadao Takagi auf der Tomei-Autobahn Richtung Kanagawa verunglückt.
Wenn dieser Zusammenhang von Bedeutung ist ...
... wird »M« bestimmt wieder ...

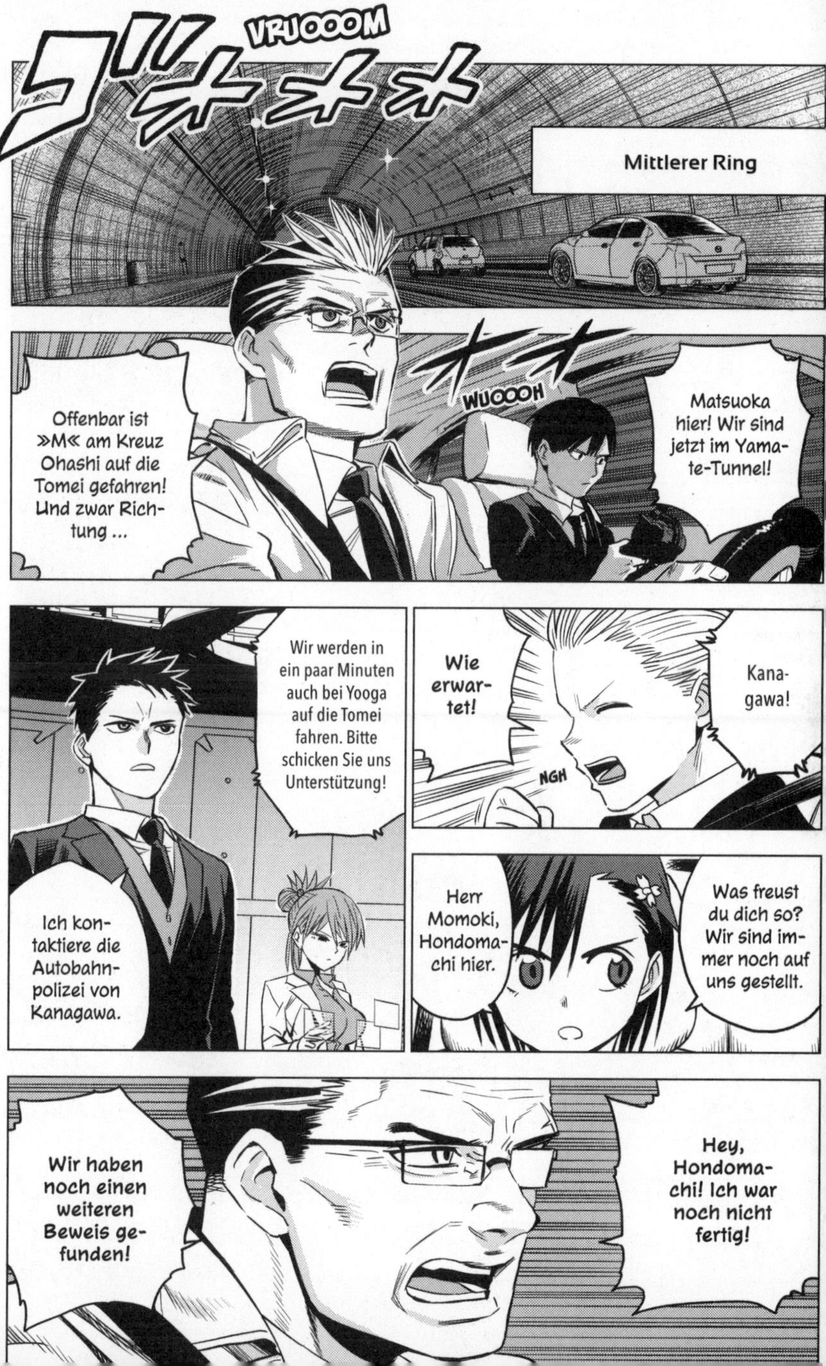
VRUOOOM
Mittlerer Ring
Matsuoka hier! Wir sind jetzt im Yamate-Tunnel!
WUOOOH
Offenbar ist »M« am Kreuz Ohashi auf die Tomei gefahren! Und zwar Richtung ...
Kanagawa!
NGH
Wie erwartet!
Was freust du dich so? Wir sind immer noch auf uns gestellt.
Herr Momoki, Hondomachi hier.
Wir werden in ein paar Minuten auch bei Yooga auf die Tomei fahren. Bitte schicken Sie uns Unterstützung!
Ich kontaktiere die Autobahnpolizei von Kanagawa.
Hey, Hondomachi! Ich war noch nicht fertig!
Wir haben noch einen weiteren Beweis gefunden!

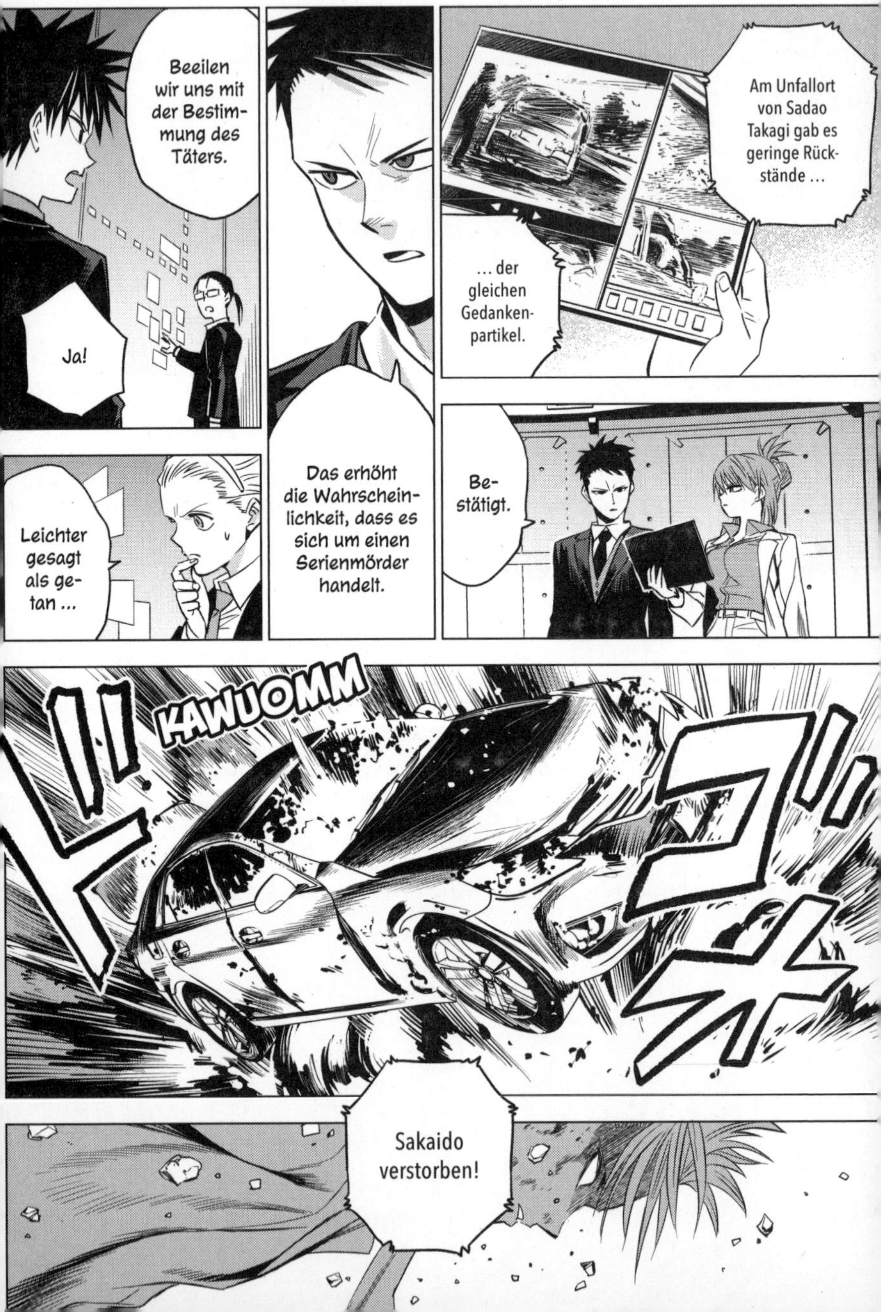
Am Unfallort von Sadao Takagi gab es geringe Rückstände …
… der gleichen Gedankenpartikel.
Bestätigt.
Das erhöht die Wahrscheinlichkeit, dass es sich um einen Serienmörder handelt.
Beeilen wir uns mit der Bestimmung des Täters.
Ja!
Leichter gesagt als getan …
KAWUOMM
Sakaido verstorben!

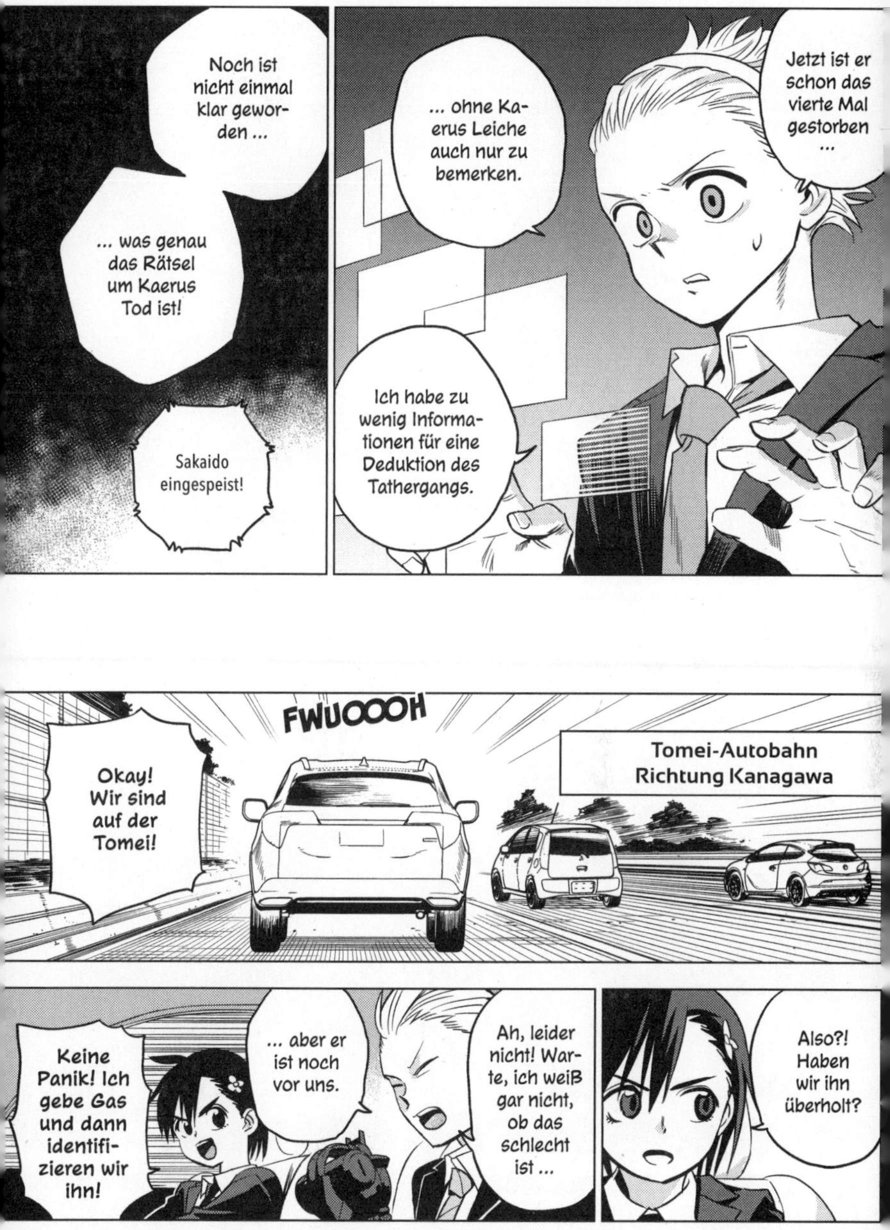
Jetzt ist er schon das vierte Mal gestorben ...
... ohne Kaerus Leiche auch nur zu bemerken.
Ich habe zu wenig Informationen für eine Deduktion des Tathergangs.
Noch ist nicht einmal klar geworden ...
... was genau das Rätsel um Kaerus Tod ist!
Sakaido eingespeist!
FWUOOOH
Tomei-Autobahn Richtung Kanagawa
Okay! Wir sind auf der Tomei!
Also?! Haben wir ihn überholt?
Ah, leider nicht! Warte, ich weiß gar nicht, ob das schlecht ist ...
... aber er ist noch vor uns.
Keine Panik! Ich gebe Gas und dann identifizieren wir ihn!

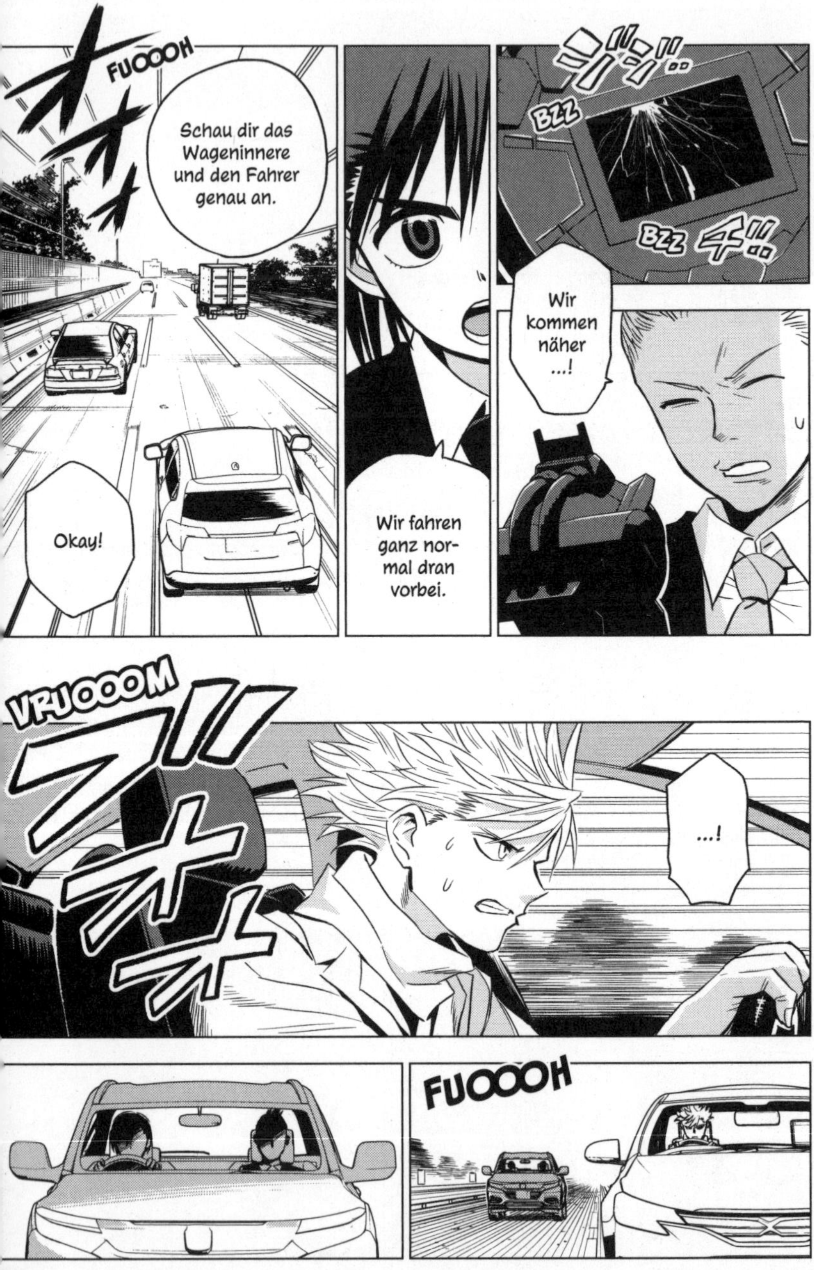
BZZ
BZZ
Wir kommen näher ...!
Wir fahren ganz nor-mal dran vorbei.
FUOOOH
Schau dir das Wageninnere und den Fahrer genau an.
Okay!
VRUOOOM
...!
FUOOOH

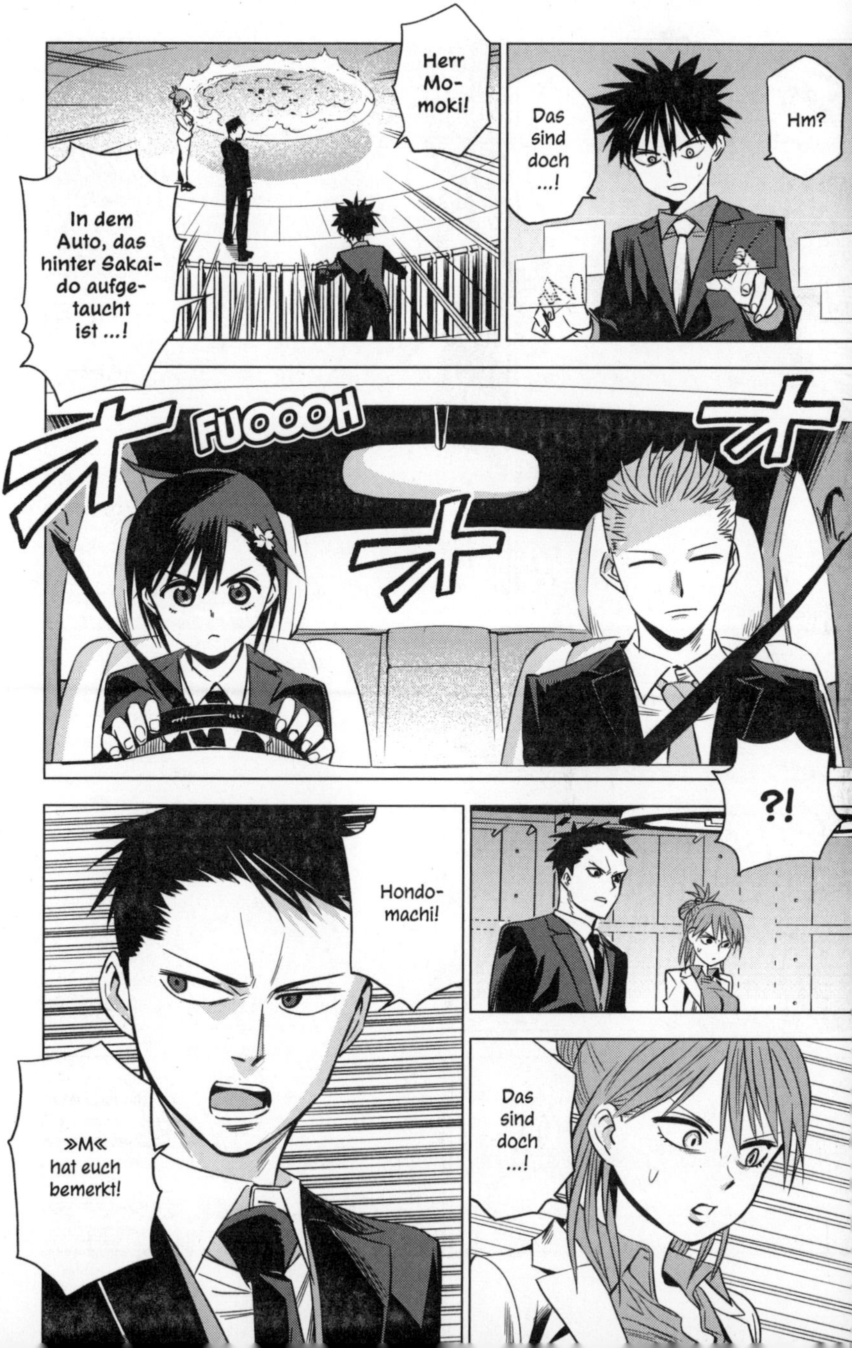
Hm?
Das sind doch ...!
Herr Mo-moki!
In dem Auto, das hinter Sakai-do aufge-taucht ist ...!
FUOOOH
?!
Das sind doch ...!
Hondo-machi!
»M« hat euch bemerkt!

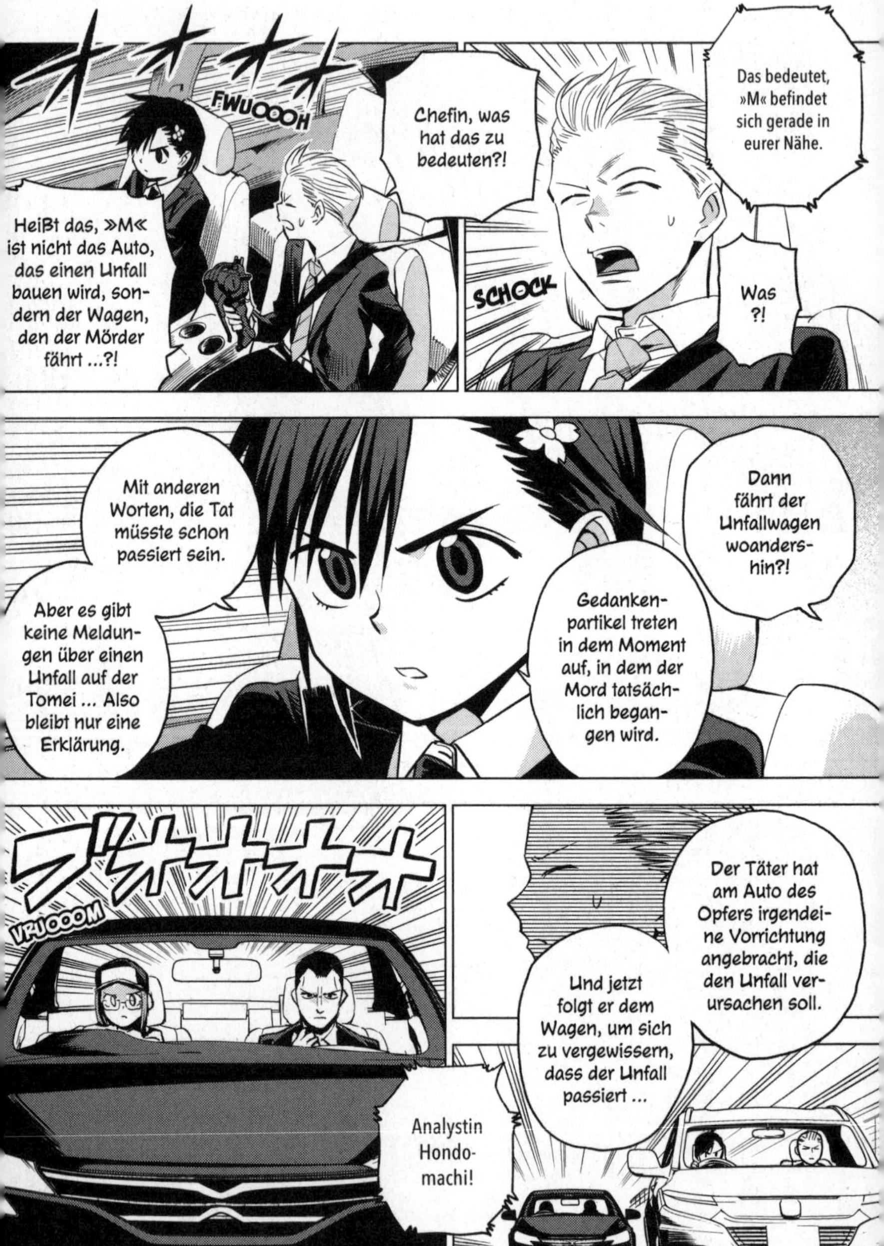
Das bedeutet, »M« befindet sich gerade in eurer Nähe.
Chefin, was hat das zu bedeuten?!
Was ?!
SCHOCK
オオオオ
FWUOOOH
Heißt das, »M« ist nicht das Auto, das einen Unfall bauen wird, sondern der Wagen, den der Mörder fährt …?!
Dann fährt der Unfallwagen woandershin?!
Gedankenpartikel treten in dem Moment auf, in dem der Mord tatsächlich begangen wird.
Mit anderen Worten, die Tat müsste schon passiert sein.
Aber es gibt keine Meldungen über einen Unfall auf der Tomei … Also bleibt nur eine Erklärung.
Der Täter hat am Auto des Opfers irgendeine Vorrichtung angebracht, die den Unfall verursachen soll.
Und jetzt folgt er dem Wagen, um sich zu vergewissern, dass der Unfall passiert …
Analystin Hondomachi!
ブオオオオオ
VRUOOOM

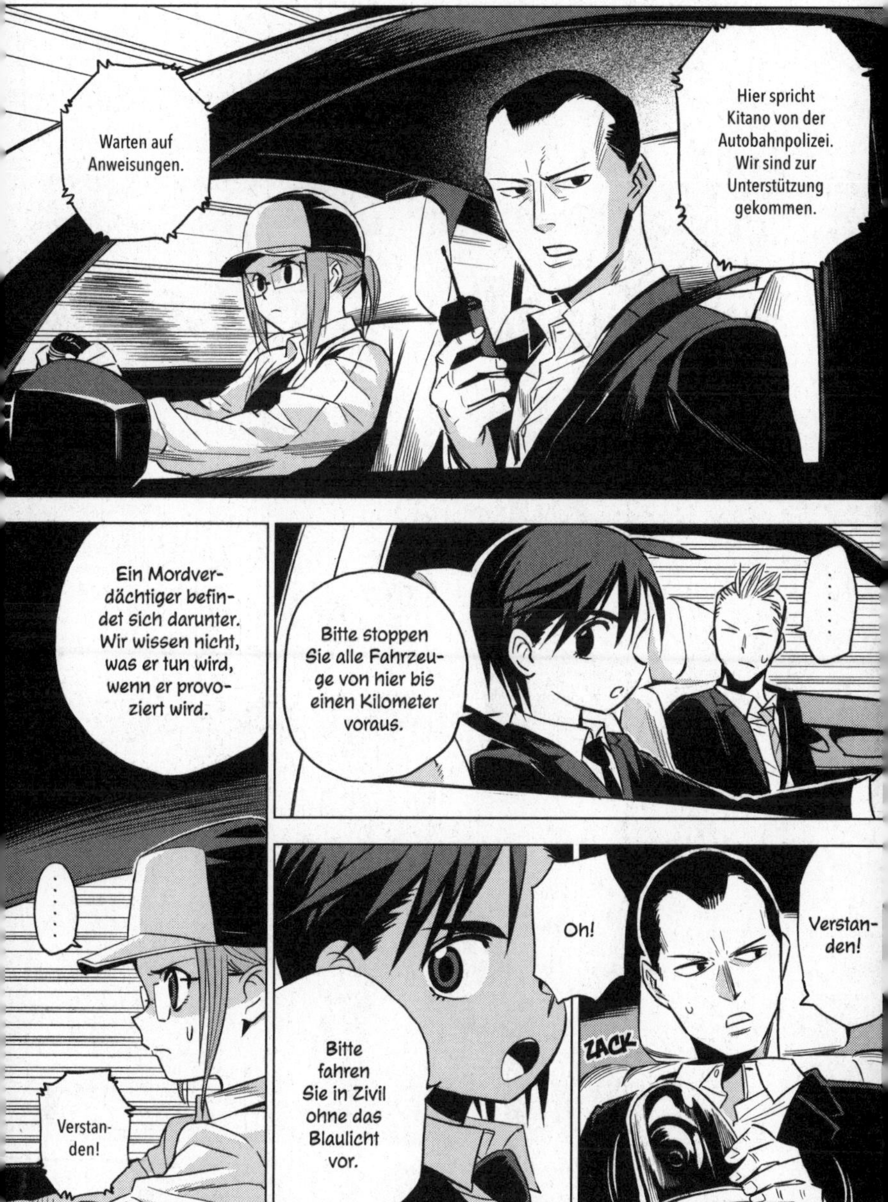
Hier spricht Kitano von der Autobahnpolizei. Wir sind zur Unterstützung gekommen.
Warten auf Anweisungen.
......
Bitte stoppen Sie alle Fahrzeuge von hier bis einen Kilometer voraus.
Ein Mordverdächtiger befindet sich darunter. Wir wissen nicht, was er tun wird, wenn er provoziert wird.
Verstanden!
Oh!
ZACK
Bitte fahren Sie in Zivil ohne das Blaulicht vor.
......
Verstanden!

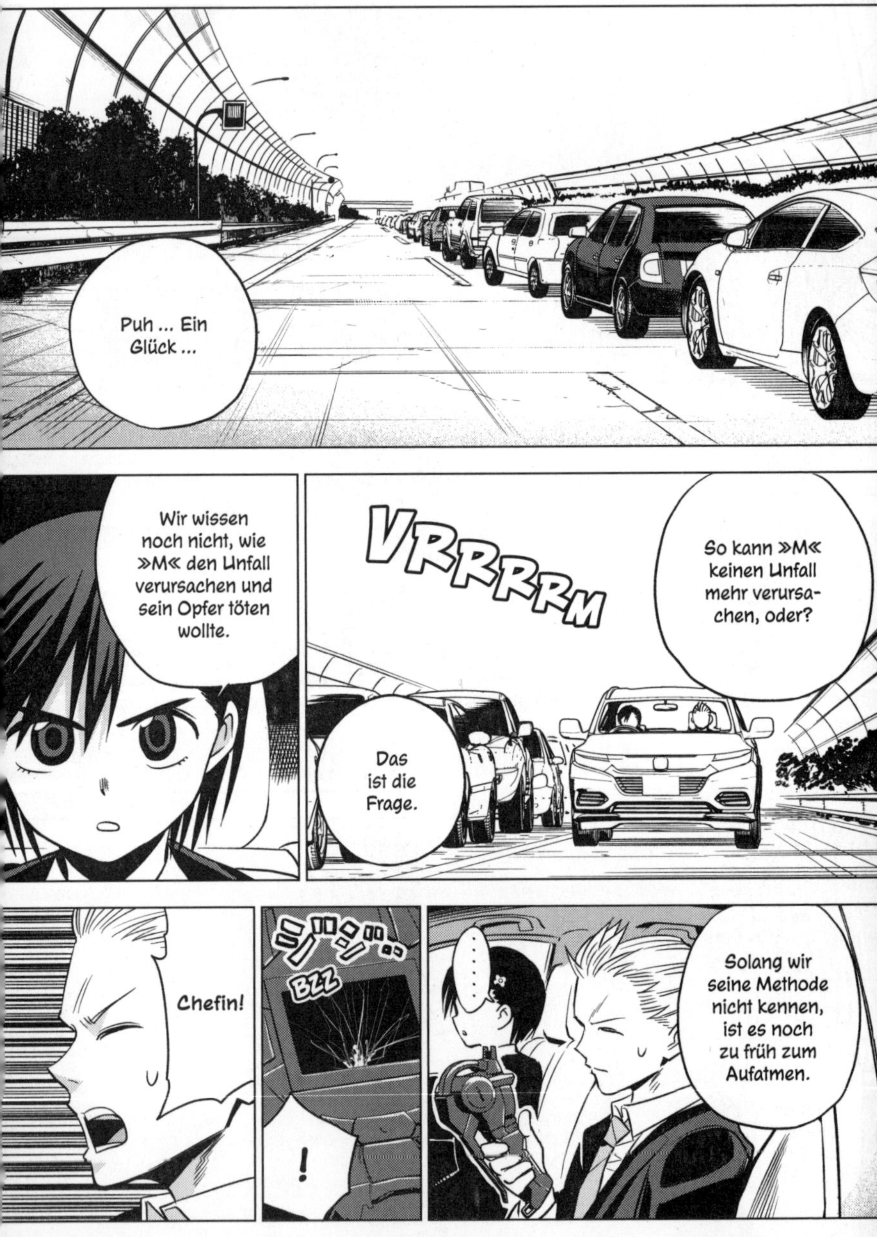
Puh ... Ein Glück ...
So kann »M« keinen Unfall mehr verursachen, oder?
VRRRRM
Das ist die Frage.
Wir wissen noch nicht, wie »M« den Unfall verursachen und sein Opfer töten wollte.
...
Solang wir seine Methode nicht kennen, ist es noch zu früh zum Aufatmen.
BZZ
!
Chefin!

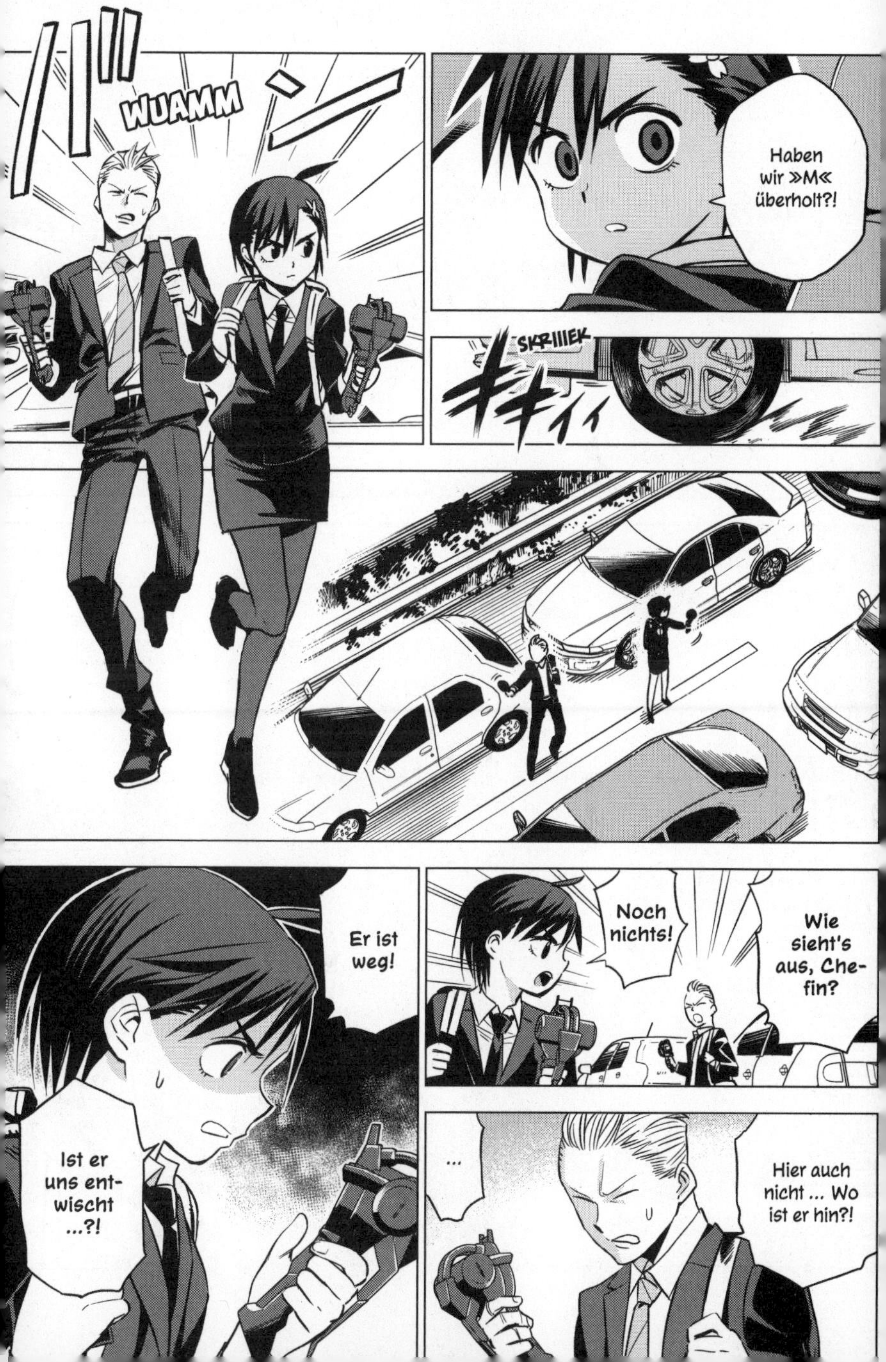

Haben wir »M« überholt?!
SKRIIIEK
WUAMM
Wie sieht's aus, Chefin?
Noch nichts!
Er ist weg!
Hier auch nicht ... Wo ist er hin?!
...
Ist er uns entwischt ...?!

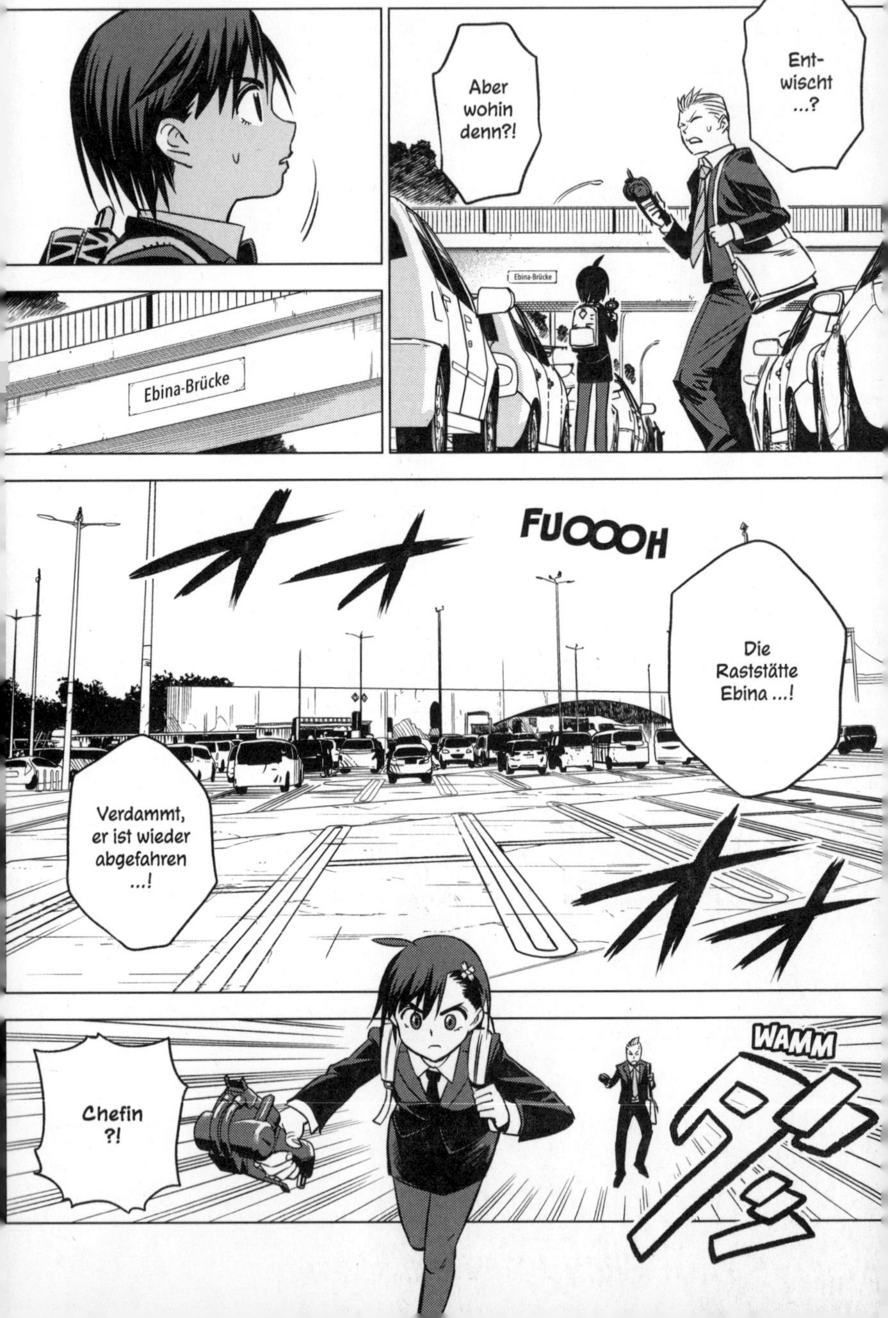
Ent-
wischt
...?
Aber
wohin
denn?!
Ebina-Brücke
Ebina-Brücke
FUOOOH
Die
Raststätte
Ebina ...!
Verdammt,
er ist wieder
abgefahren
...!
WAMM
Chefin
?!

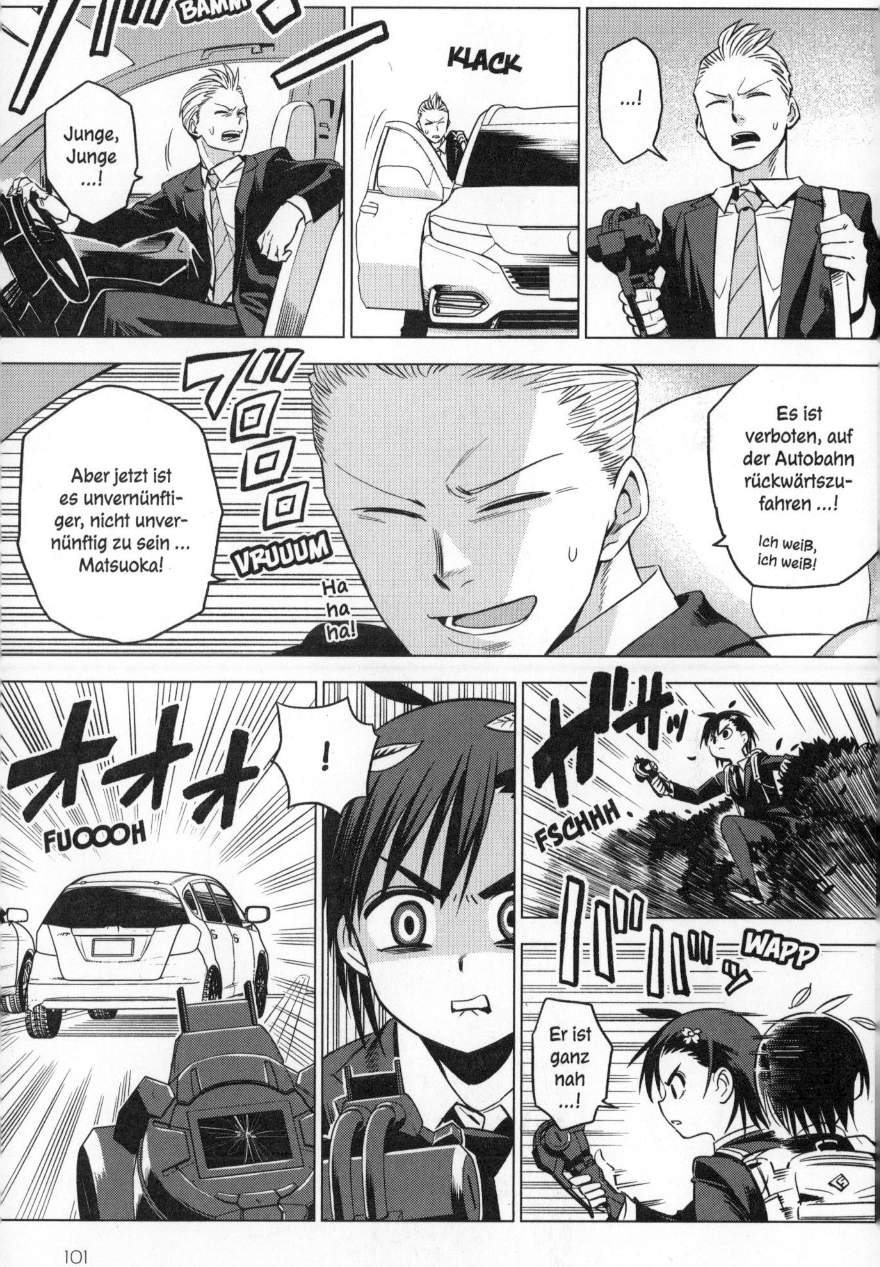
BAMM
Junge, Junge ...!
KLACK
...!
VRUUUM
Es ist verboten, auf der Autobahn rückwärtszufahren ...!
Ich weiß, ich weiß!
Aber jetzt ist es unvernünftiger, nicht unvernünftig zu sein ... Matsuoka!
Ha ha ha!
FUOOOH
!
FSCHHH
WAPP
Er ist ganz nah ...!

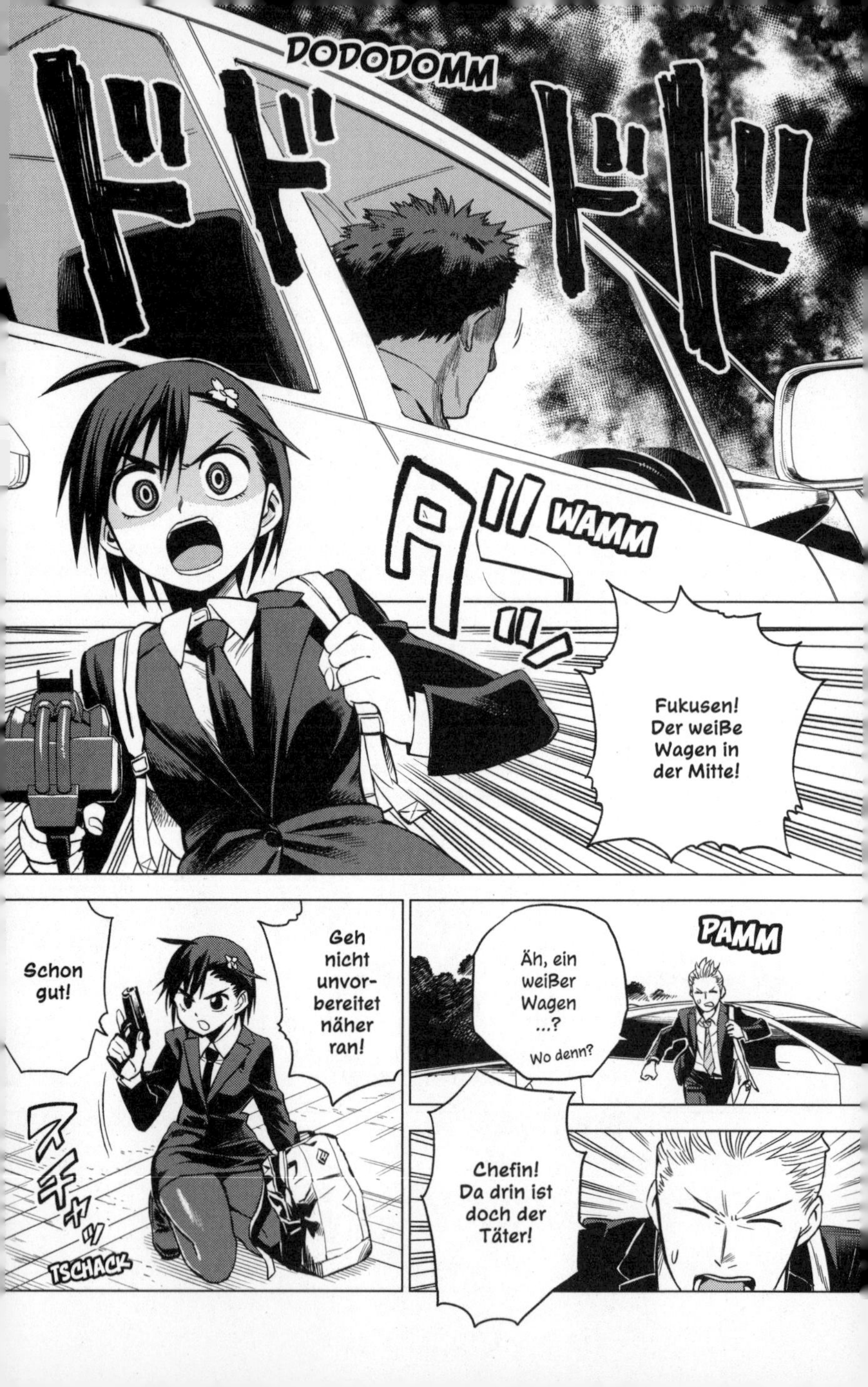
DODODOMM
WAMM
Fukusen! Der weiße Wagen in der Mitte!
Äh, ein weißer Wagen ...?
Wo denn?
PAMM
Chefin! Da drin ist doch der Täter!
Geh nicht unvorbereitet näher ran!
Schon gut!
TSCHACK

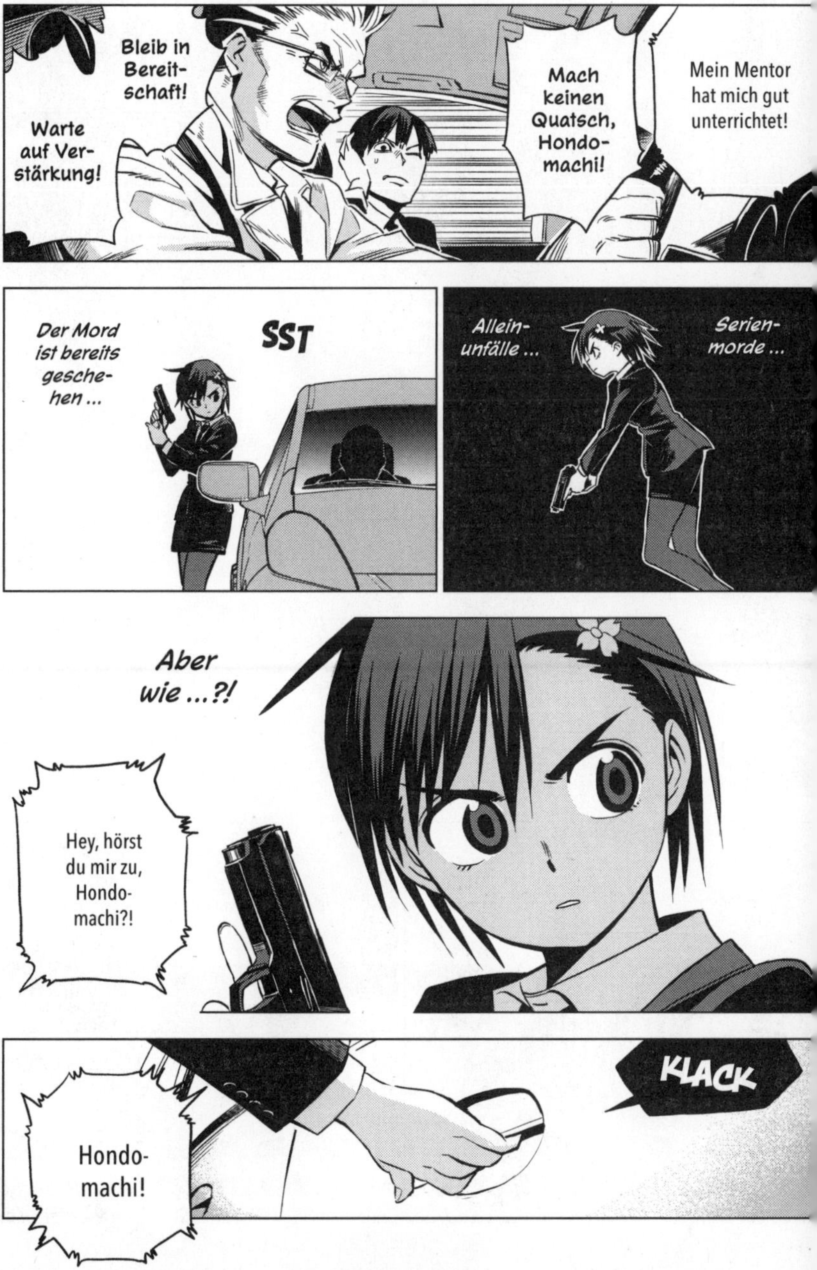
Mein Mentor hat mich gut unterrichtet!
Mach keinen Quatsch, Hondo-machi!
Bleib in Bereit-schaft!
Warte auf Ver-stärkung!
Serien-morde ...
Allein-unfälle ...
SST
Der Mord ist bereits gesche-hen ...
Aber wie ...?!
Hey, hörst du mir zu, Hondo-machi?!
KLACK
Hondo-machi!

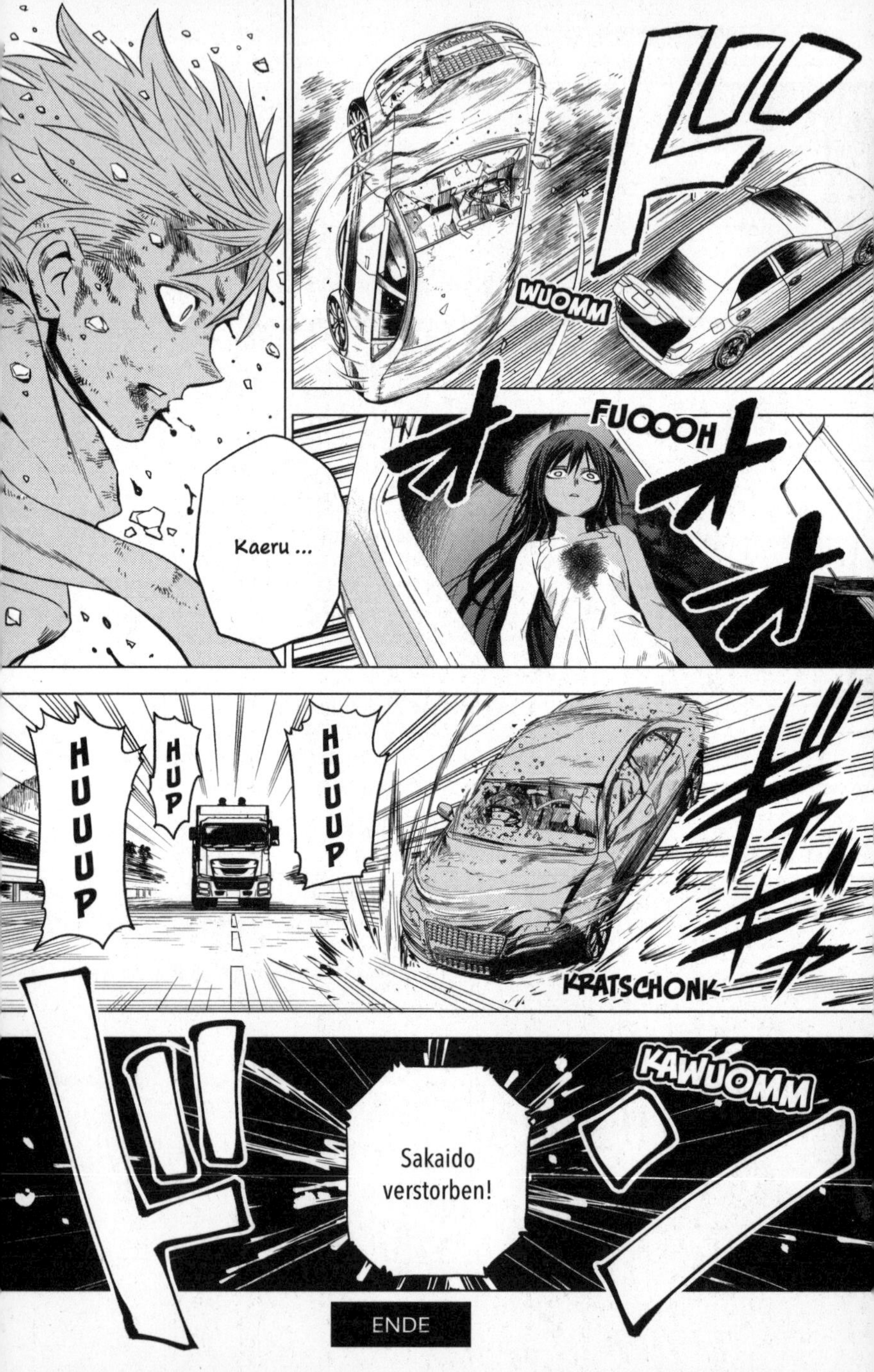
WUOMM
FUOOOH
Kaeru ...
KRATSCHONK
HUUUP
HUP
HUUUUP
KAWUOMM
Sakaido verstorben!
ENDE

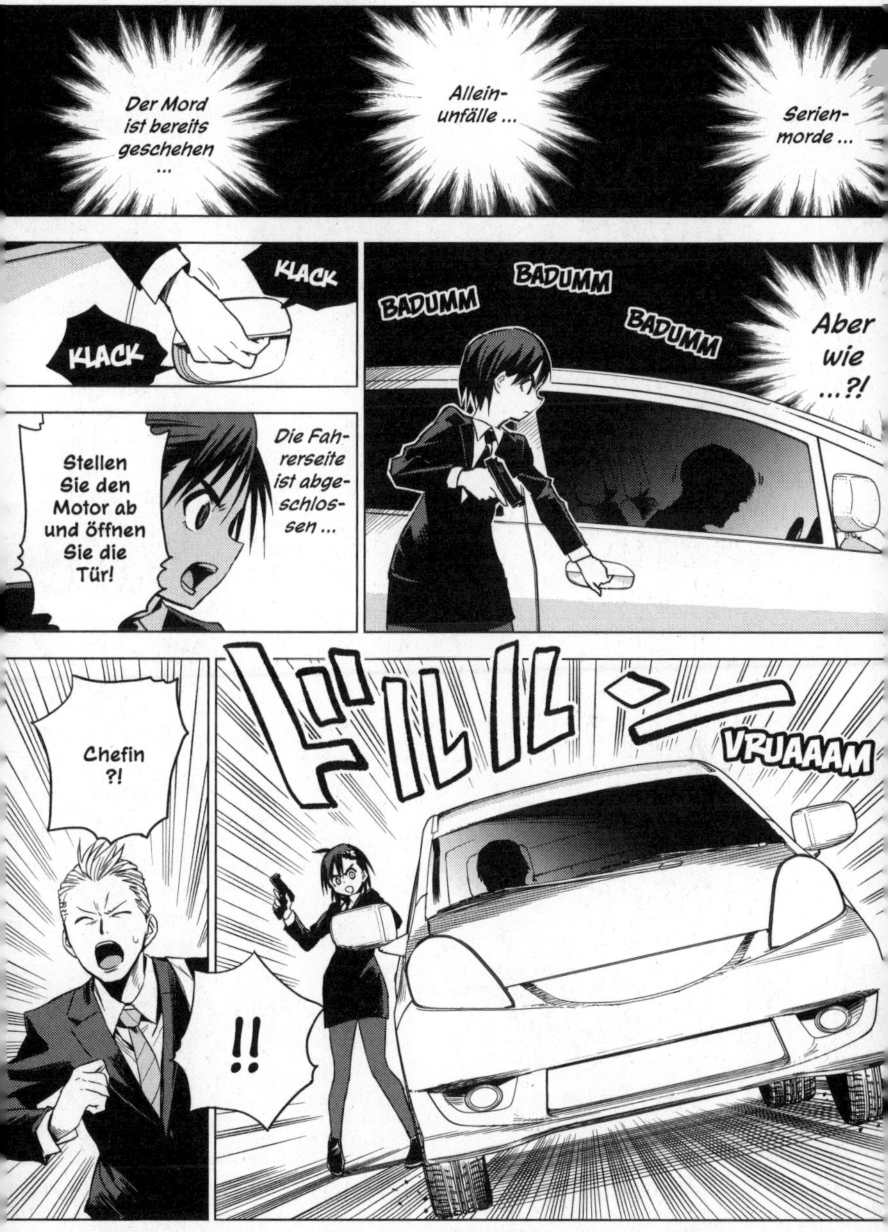
Serien-
morde ...
Allein-
unfälle ...
Der Mord
ist bereits
geschehen
...
BADUMM
BADUMM
BADUMM
Aber
wie
...?!
KLACK
KLACK
Die Fah-
rerseite
ist abge-
schlos-
sen ...
Stellen
Sie den
Motor ab
und öffnen
Sie die
Tür!
VRUAAAM
!!
Chefin
?!

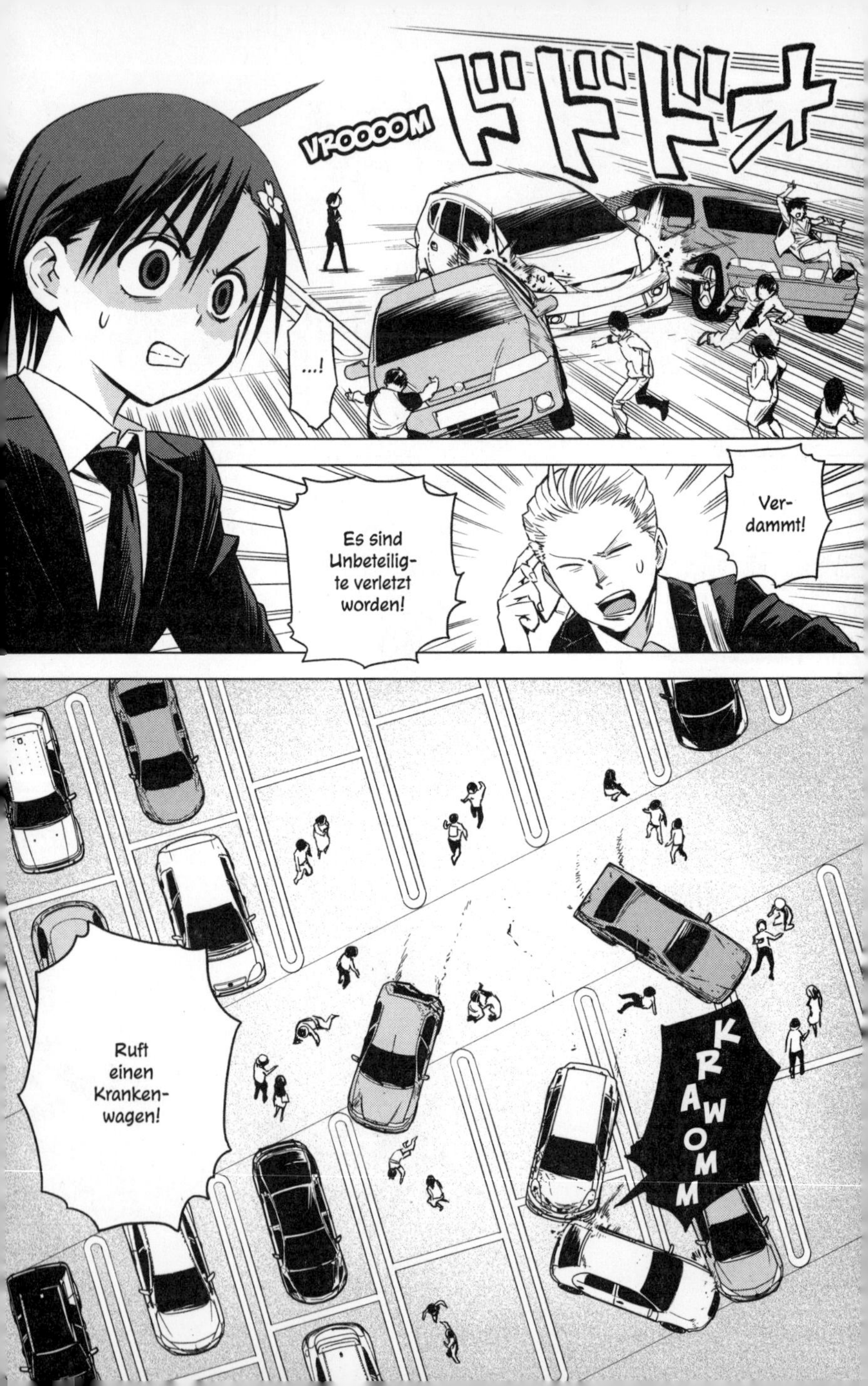
ドドドオ
VROOOOM
...!
Verdammt!
Es sind Unbeteiligte verletzt worden!
KRAWOMM
Ruft einen Krankenwagen!

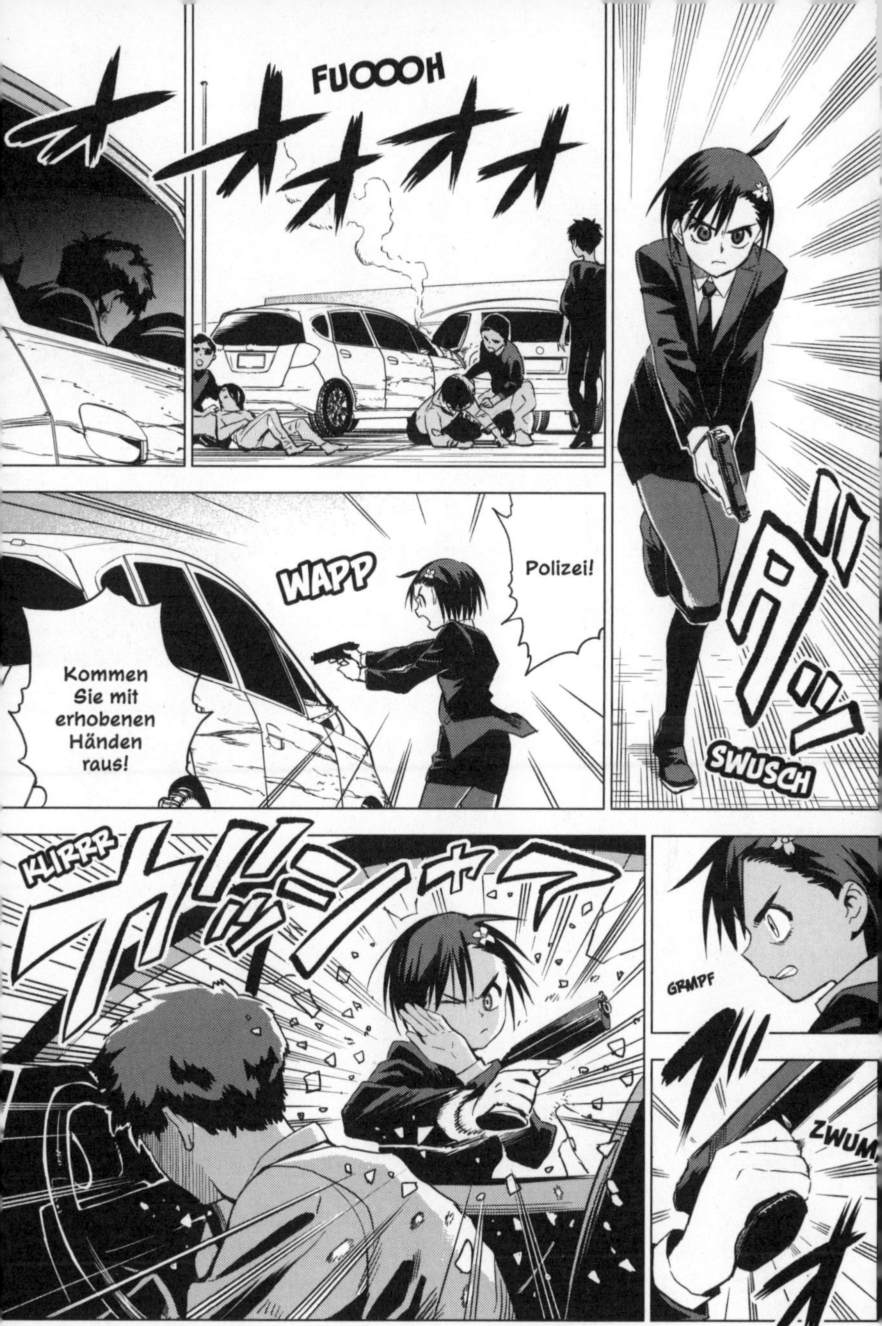
FUOOOH
SWUSCH
Polizei!
WAPP
Kommen Sie mit erhobenen Händen raus!
GRMPF
ZWUM
KLIRRR

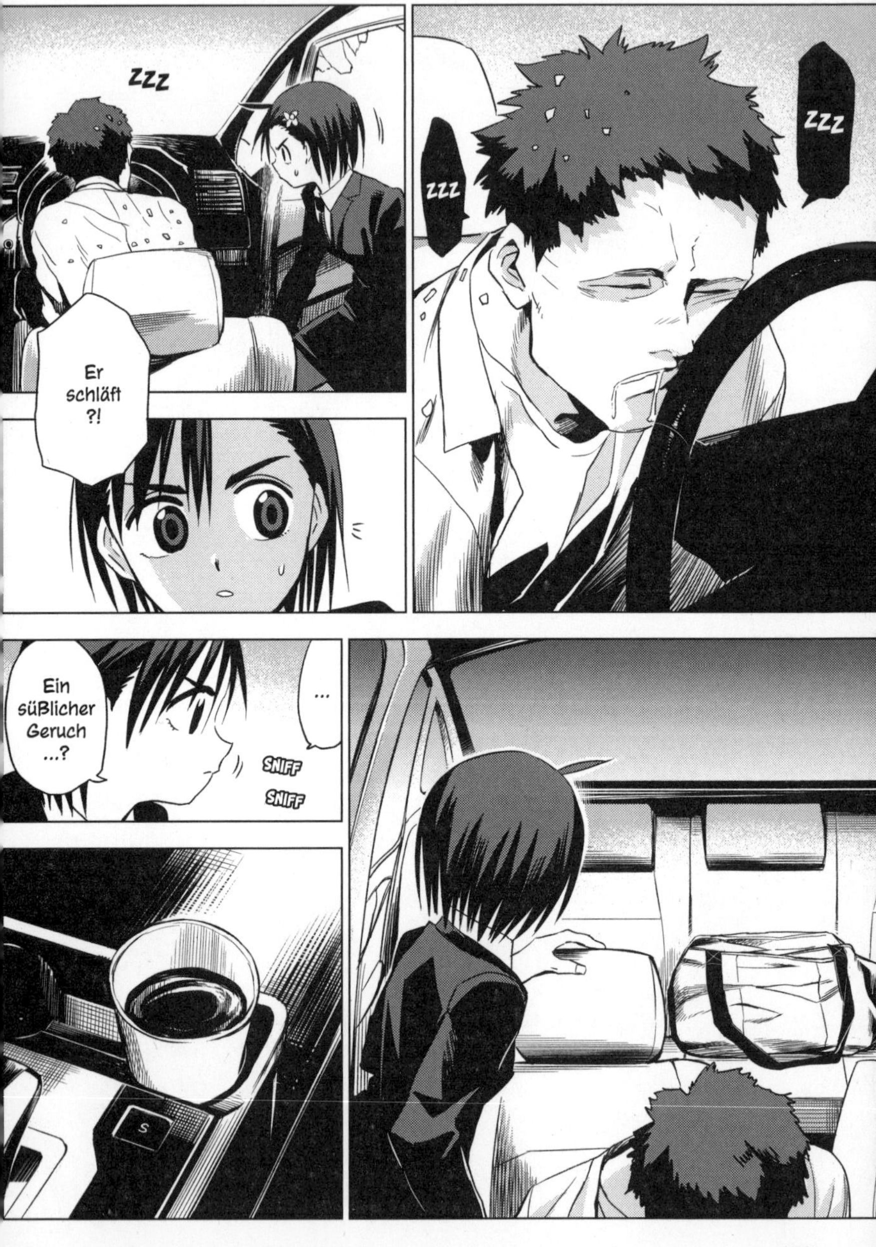
ZZZ
ZZZ
ZZZ
Er schläft ?!
...
Ein süßlicher Geruch ...?
SNIFF
SNIFF

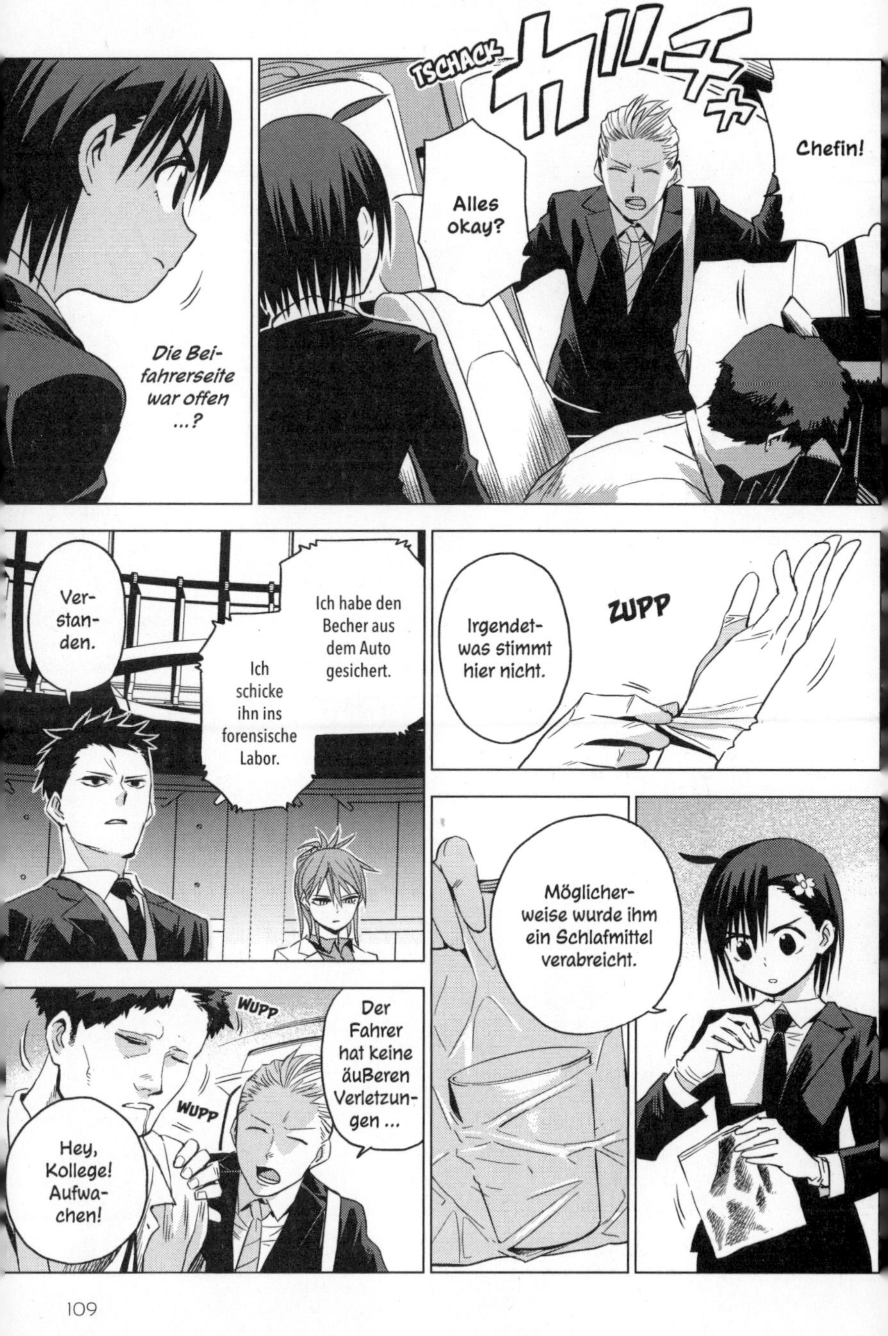
TSCHACK
Chefin!
Alles okay?
Die Beifahrerseite war offen …?
ZUPP
Irgendetwas stimmt hier nicht.
Ich habe den Becher aus dem Auto gesichert.
Ich schicke ihn ins forensische Labor.
Verstanden.
Möglicherweise wurde ihm ein Schlafmittel verabreicht.
Der Fahrer hat keine äußeren Verletzungen …
WUPP
WUPP
Hey, Kollege! Aufwachen!

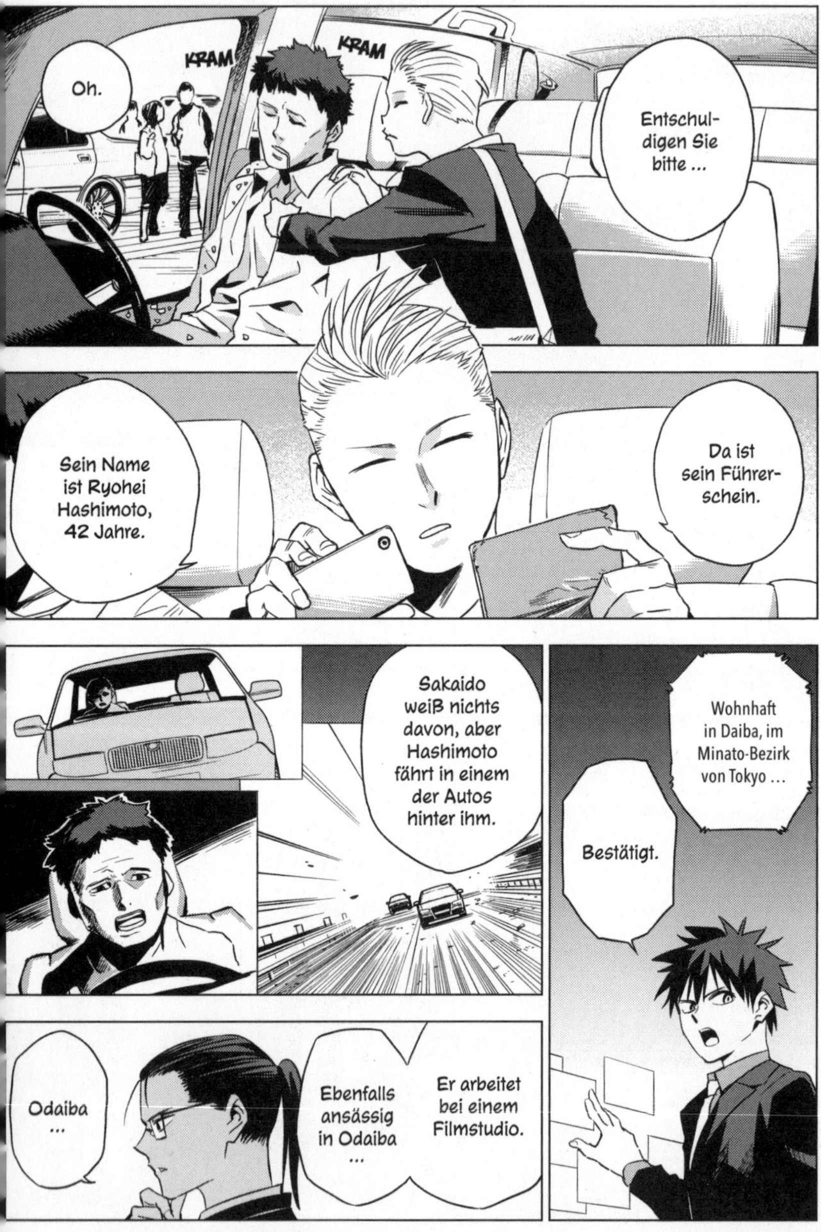

KRAM
KRAM
Oh.
Entschul-digen Sie bitte ...
Sein Name ist Ryohei Hashimoto, 42 Jahre.
Da ist sein Führer-schein.
Sakaido weiß nichts davon, aber Hashimoto fährt in einem der Autos hinter ihm.
Wohnhaft in Daiba, im Minato-Bezirk von Tokyo …
Bestätigt.
Odaiba ...
Ebenfalls ansässig in Odaiba ...
Er arbeitet bei einem Filmstudio.

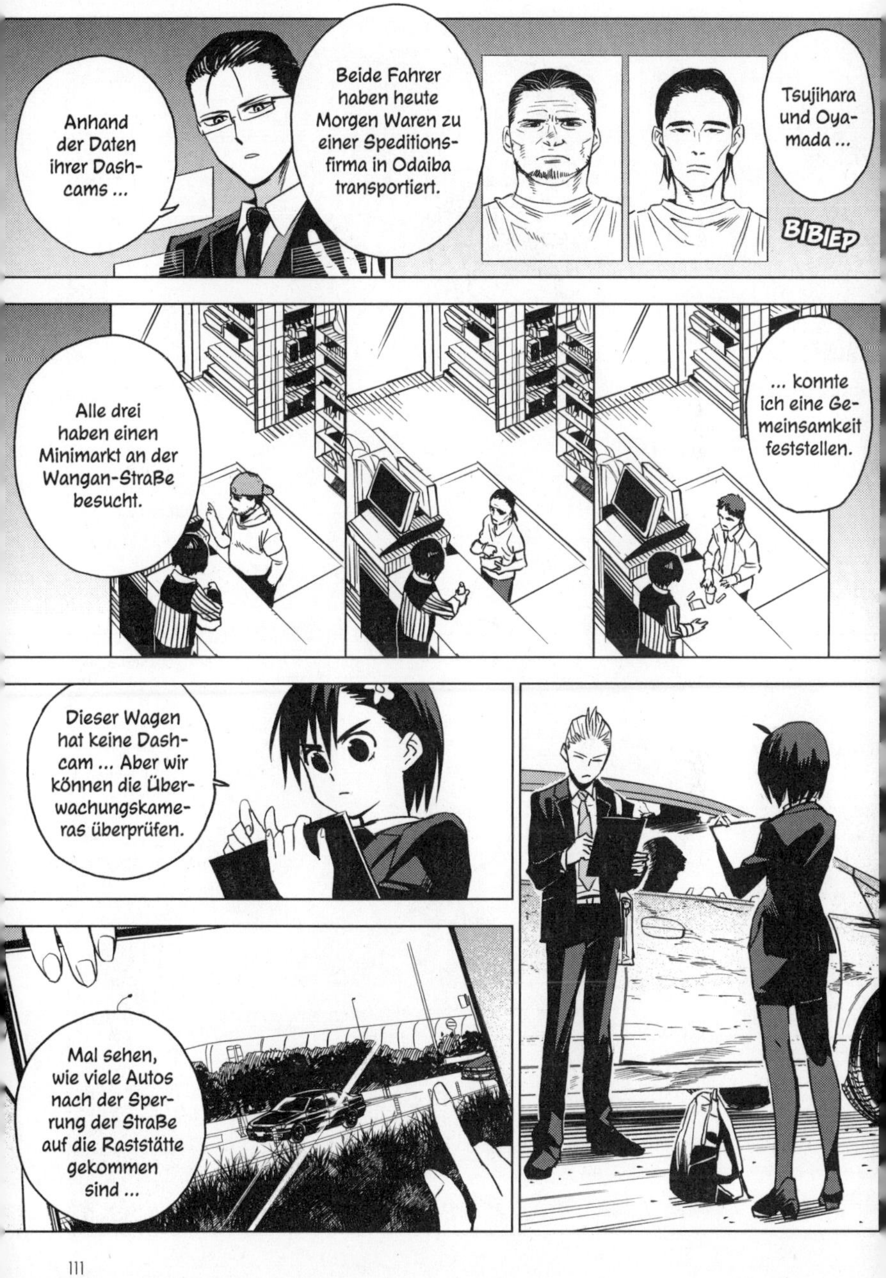
Anhand der Daten ihrer Dashcams ...
Beide Fahrer haben heute Morgen Waren zu einer Speditionsfirma in Odaiba transportiert.
Tsujihara und Oyamada ...
BIBIEP
Alle drei haben einen Minimarkt an der Wangan-Straße besucht.
... konnte ich eine Gemeinsamkeit feststellen.
Dieser Wagen hat keine Dashcam ... Aber wir können die Überwachungskameras überprüfen.
Mal sehen, wie viele Autos nach der Sperrung der Straße auf die Raststätte gekommen sind ...

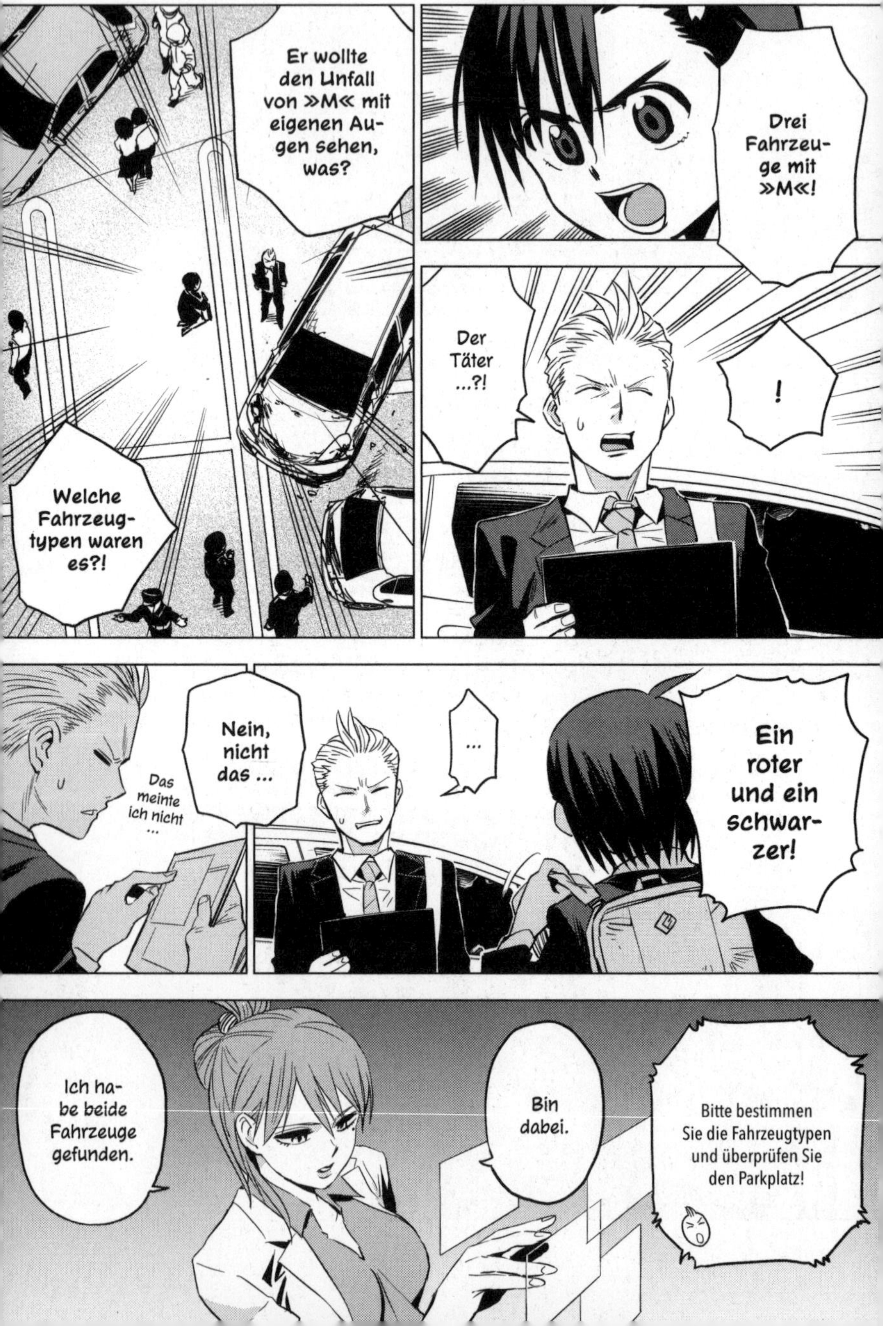
Drei Fahrzeuge mit »M«!
!
Der Täter ...?!
Er wollte den Unfall von »M« mit eigenen Augen sehen, was?
Welche Fahrzeugtypen waren es?!
Ein roter und ein schwarzer!
...
Nein, nicht das ...
Das meinte ich nicht ...
Bitte bestimmen Sie die Fahrzeugtypen und überprüfen Sie den Parkplatz!
Bin dabei.
Ich habe beide Fahrzeuge gefunden.

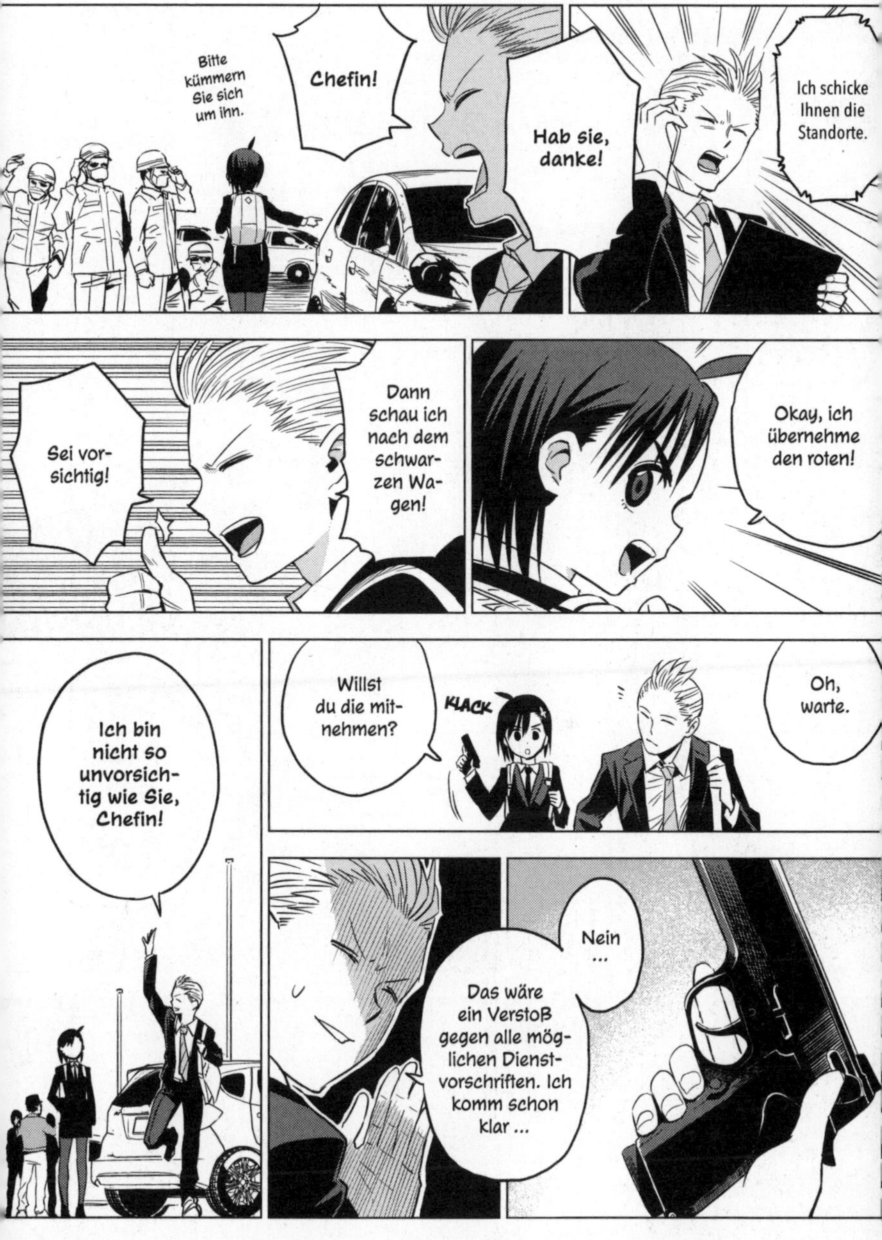
Ich schicke Ihnen die Standorte.
Hab sie, danke!
Chefin!
Bitte kümmern Sie sich um ihn.
Okay, ich übernehme den roten!
Dann schau ich nach dem schwarzen Wagen!
Sei vorsichtig!
Oh, warte.
KLACK
Willst du die mitnehmen?
Nein ...
Das wäre ein Verstoß gegen alle möglichen Dienstvorschriften. Ich komm schon klar ...
Ich bin nicht so unvorsichtig wie Sie, Chefin!

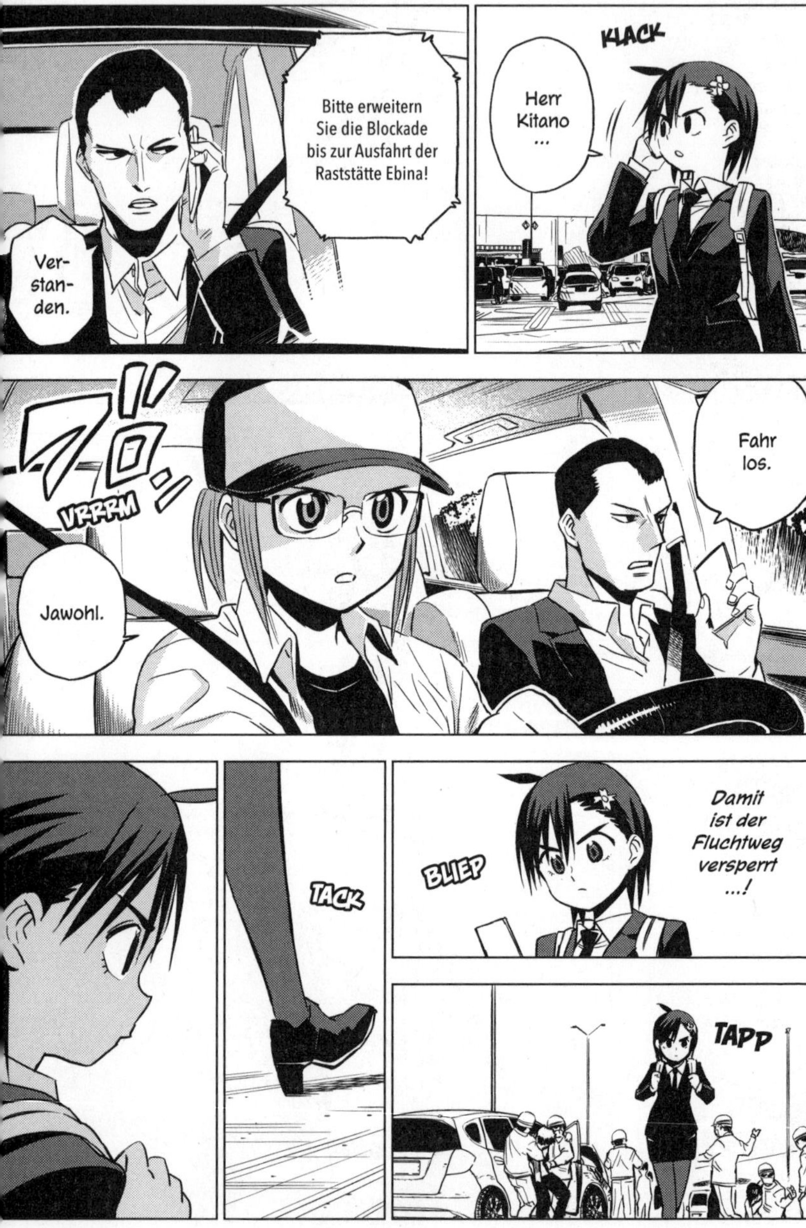
KLACK
Herr Kitano ...
Bitte erweitern Sie die Blockade bis zur Ausfahrt der Raststätte Ebina!
Ver-stan-den.
Fahr los.
VRRRM
Jawohl.
Damit ist der Fluchtweg versperrt ...!
BLIEP
TAPP
TACK

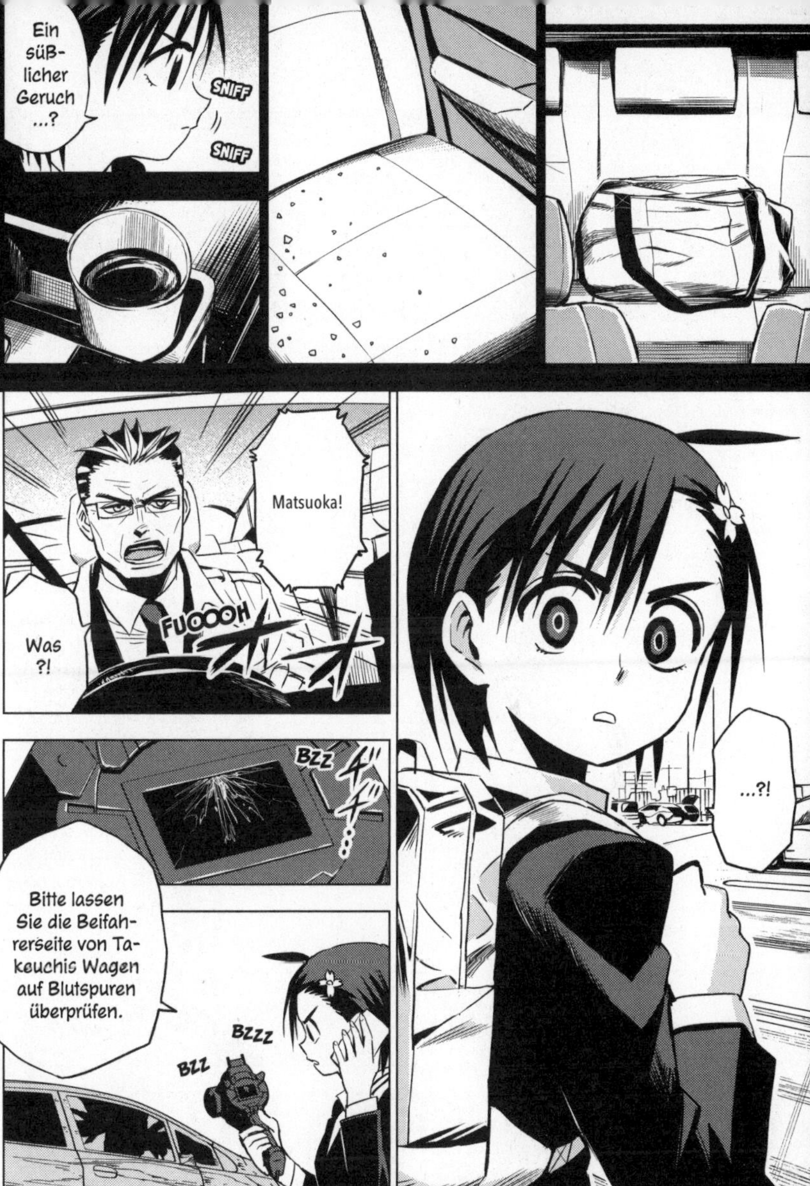
Ein süßlicher Geruch ...?
SNIFF
SNIFF
...?!
Matsuoka!
Was ?!
FUOOOH
BZZ
Bitte lassen Sie die Beifahrerseite von Takeuchis Wagen auf Blutspuren überprüfen.
BZZZ
BZZ

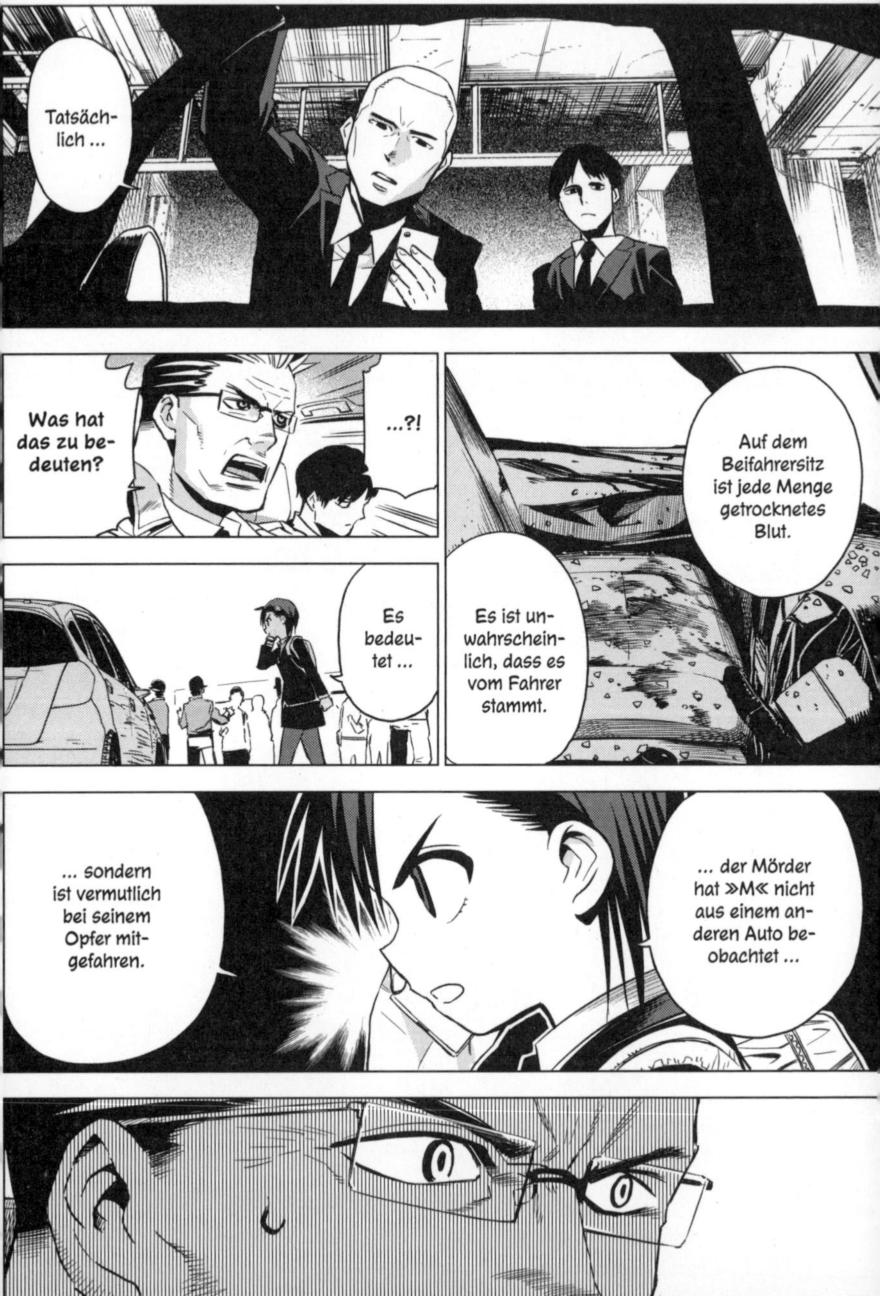

Tatsächlich ...
Auf dem Beifahrersitz ist jede Menge getrocknetes Blut.
Es ist unwahrscheinlich, dass es vom Fahrer stammt.
...?!
Was hat das zu bedeuten?
Es bedeutet ...
... der Mörder hat »M« nicht aus einem anderen Auto beobachtet ...
... sondern ist vermutlich bei seinem Opfer mitgefahren.

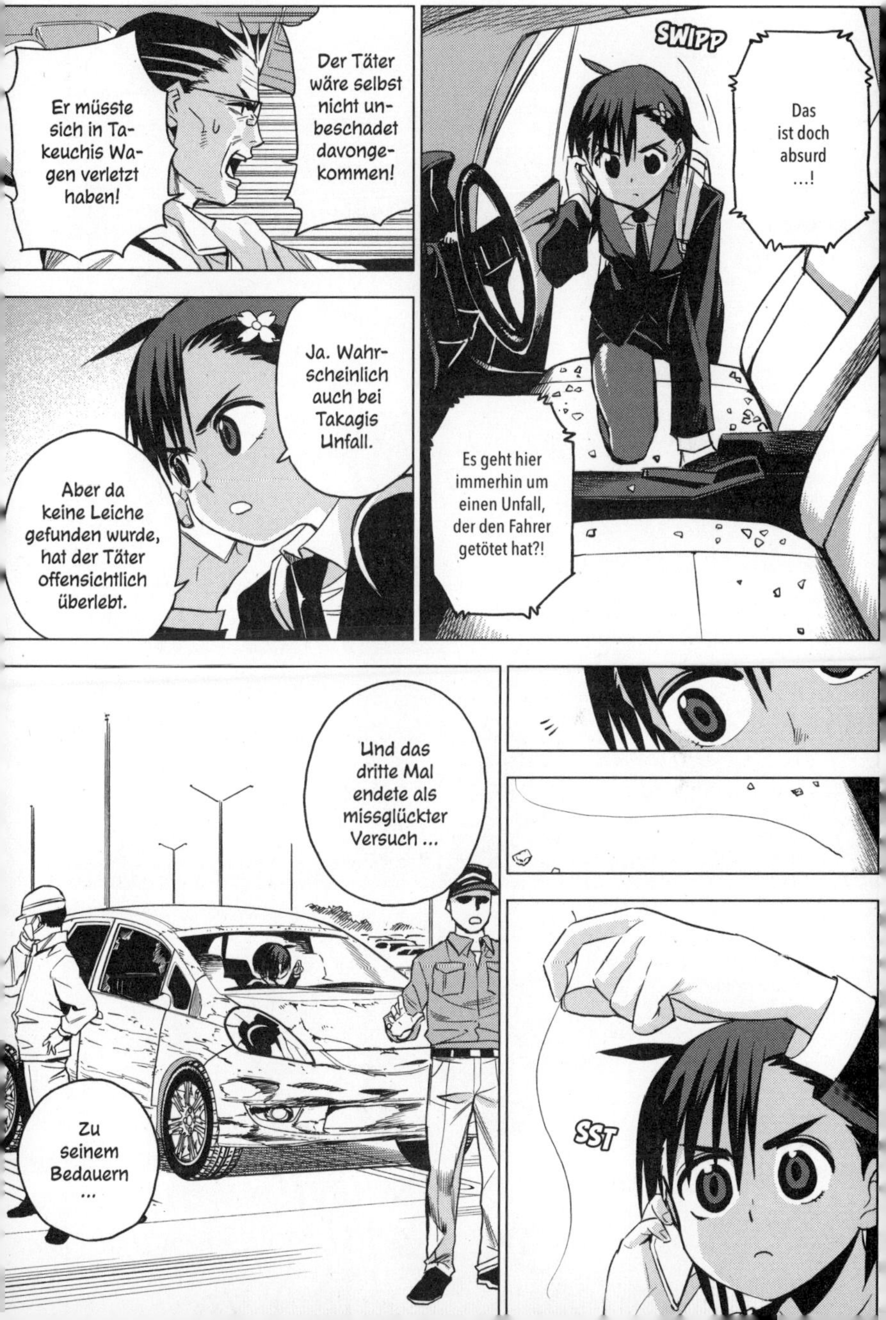
SWIPP
Das ist doch absurd …!
Es geht hier immerhin um einen Unfall, der den Fahrer getötet hat?!
Der Täter wäre selbst nicht unbeschadet davongekommen!
Er müsste sich in Takeuchis Wagen verletzt haben!
Ja. Wahrscheinlich auch bei Takagis Unfall.
Aber da keine Leiche gefunden wurde, hat der Täter offensichtlich überlebt.
Und das dritte Mal endete als missglückter Versuch ...
Zu seinem Bedauern ...
SST

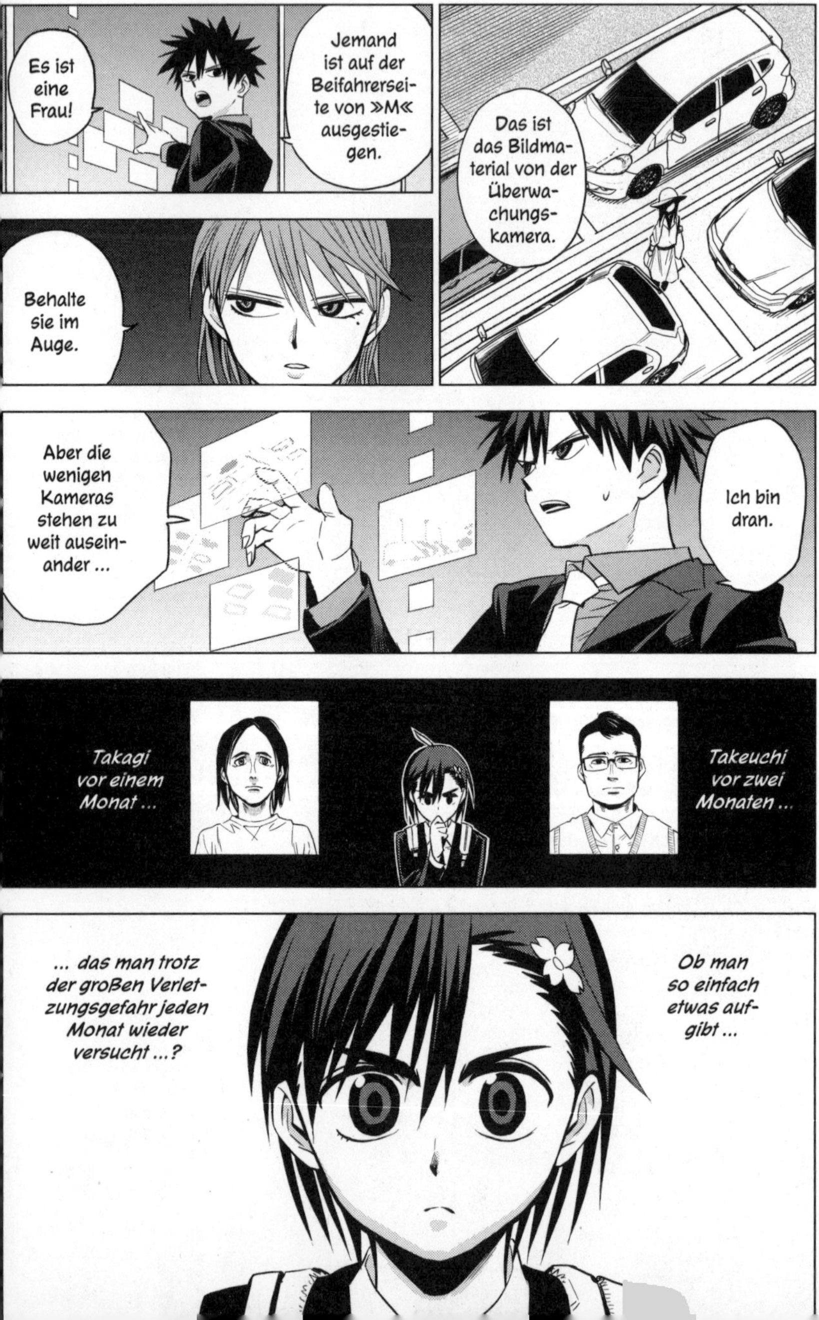
Das ist das Bildmaterial von der Überwachungskamera.
Jemand ist auf der Beifahrerseite von »M« ausgestiegen.
Es ist eine Frau!
Behalte sie im Auge.
Ich bin dran.
Aber die wenigen Kameras stehen zu weit auseinander ...
Takeuchi vor zwei Monaten ...
Takagi vor einem Monat ...
Ob man so einfach etwas aufgibt ...
... das man trotz der großen Verletzungsgefahr jeden Monat wieder versucht ...?

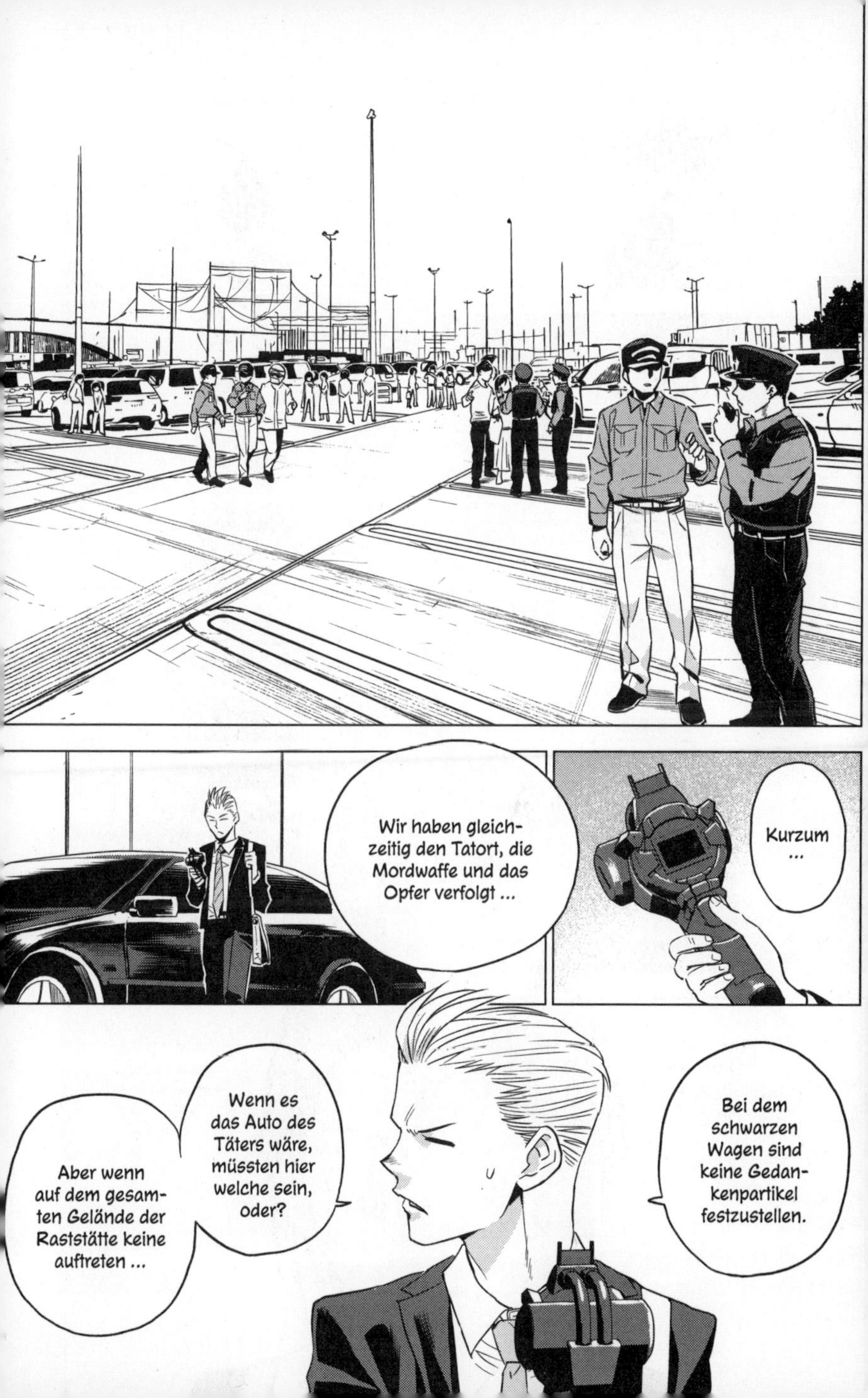
Kurzum ...
Wir haben gleichzeitig den Tatort, die Mordwaffe und das Opfer verfolgt ...
Bei dem schwarzen Wagen sind keine Gedankenpartikel festzustellen.
Wenn es das Auto des Täters wäre, müssten hier welche sein, oder?
Aber wenn auf dem gesamten Gelände der Raststätte keine auftreten ...

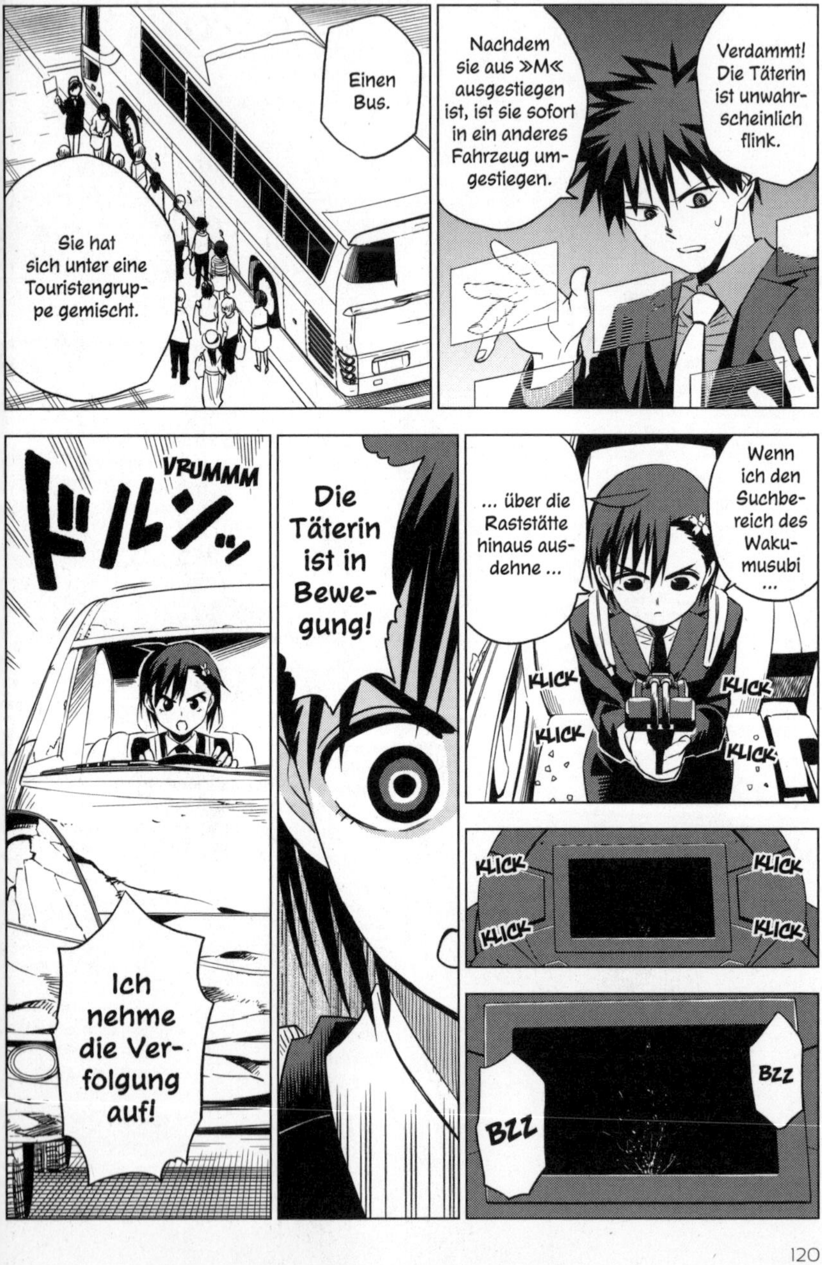
Verdammt! Die Täterin ist unwahrscheinlich flink.
Nachdem sie aus »M« ausgestiegen ist, ist sie sofort in ein anderes Fahrzeug umgestiegen.
Einen Bus.
Sie hat sich unter eine Touristengruppe gemischt.
Wenn ich den Suchbereich des Wakumusubi ...
... über die Raststätte hinaus ausdehne ...
KLICK
KLICK
KLICK
KLICK
KLICK
KLICK
KLICK
KLICK
BZZ
BZZ
Die Täterin ist in Bewegung!
ドルンッ
VRUMMM
Ich nehme die Verfolgung auf!

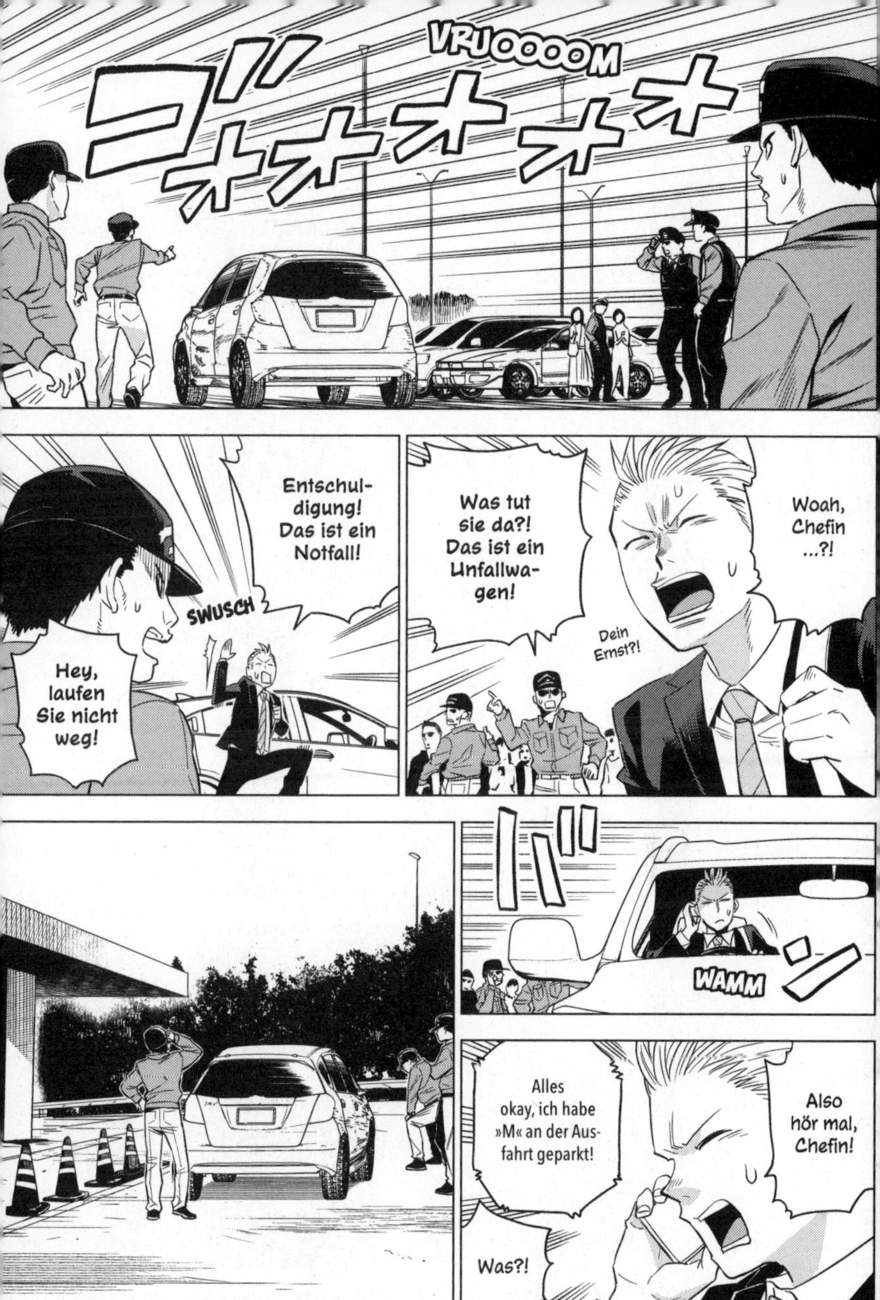

VRUOOOOM
Entschul-digung! Das ist ein Notfall!
SWUSCH
Hey, laufen Sie nicht weg!
Woah, Chefin ...?!
Was tut sie da?! Das ist ein Unfallwa-gen!
Dein Ernst?!
WAMM
Also hör mal, Chefin!
Alles okay, ich habe »M« an der Aus-fahrt geparkt!
Was?!

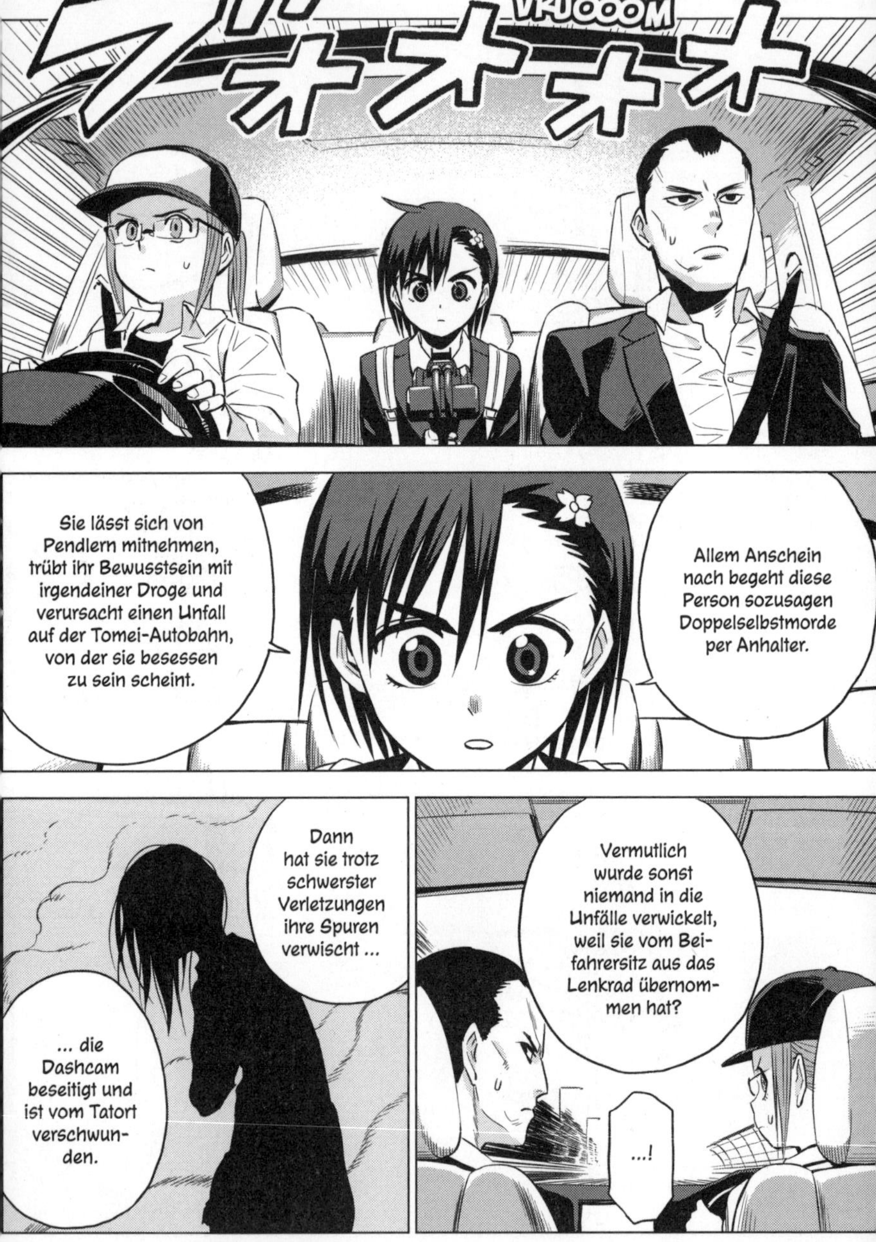
VRUOOOM
Allem Anschein nach begeht diese Person sozusagen Doppelselbstmorde per Anhalter.
Sie lässt sich von Pendlern mitnehmen, trübt ihr Bewusstsein mit irgendeiner Droge und verursacht einen Unfall auf der Tomei-Autobahn, von der sie besessen zu sein scheint.
Vermutlich wurde sonst niemand in die Unfälle verwickelt, weil sie vom Beifahrersitz aus das Lenkrad übernommen hat?
...!
Dann hat sie trotz schwerster Verletzungen ihre Spuren verwischt ...
... die Dashcam beseitigt und ist vom Tatort verschwunden.

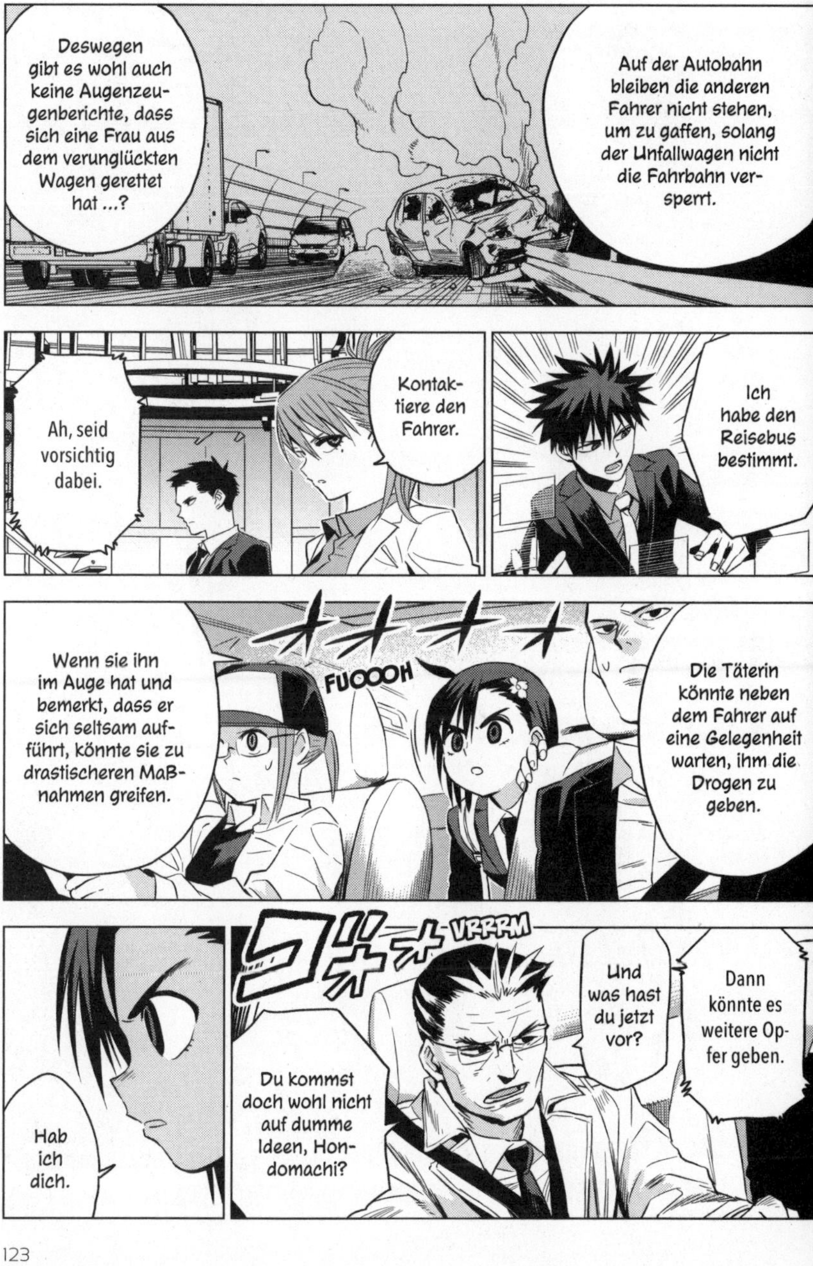

Auf der Autobahn bleiben die anderen Fahrer nicht stehen, um zu gaffen, solang der Unfallwagen nicht die Fahrbahn versperrt.
Deswegen gibt es wohl auch keine Augenzeugenberichte, dass sich eine Frau aus dem verunglückten Wagen gerettet hat ...?
Ich habe den Reisebus bestimmt.
Kontaktiere den Fahrer.
Ah, seid vorsichtig dabei.
FUOOOH
Die Täterin könnte neben dem Fahrer auf eine Gelegenheit warten, ihm die Drogen zu geben.
Wenn sie ihn im Auge hat und bemerkt, dass er sich seltsam aufführt, könnte sie zu drastischeren Maßnahmen greifen.
Dann könnte es weitere Opfer geben.
Und was hast du jetzt vor?
VRRRM
Du kommst doch wohl nicht auf dumme Ideen, Hondomachi?
Hab ich dich.

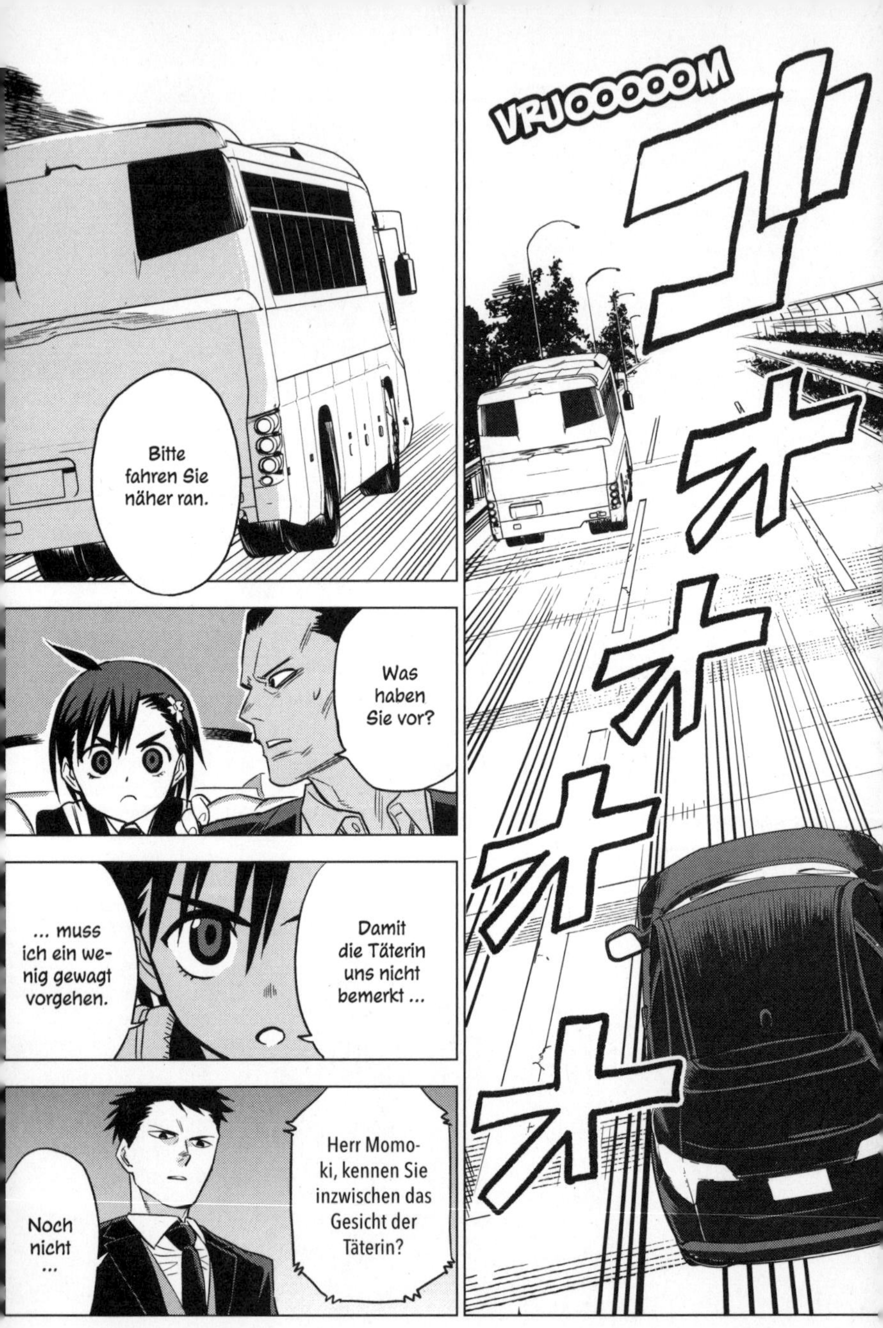
VRUOOOOOM
Bitte fahren Sie näher ran.
Was haben Sie vor?
Damit die Täterin uns nicht bemerkt ...
... muss ich ein wenig gewagt vorgehen.
Herr Momoki, kennen Sie inzwischen das Gesicht der Täterin?
Noch nicht ...

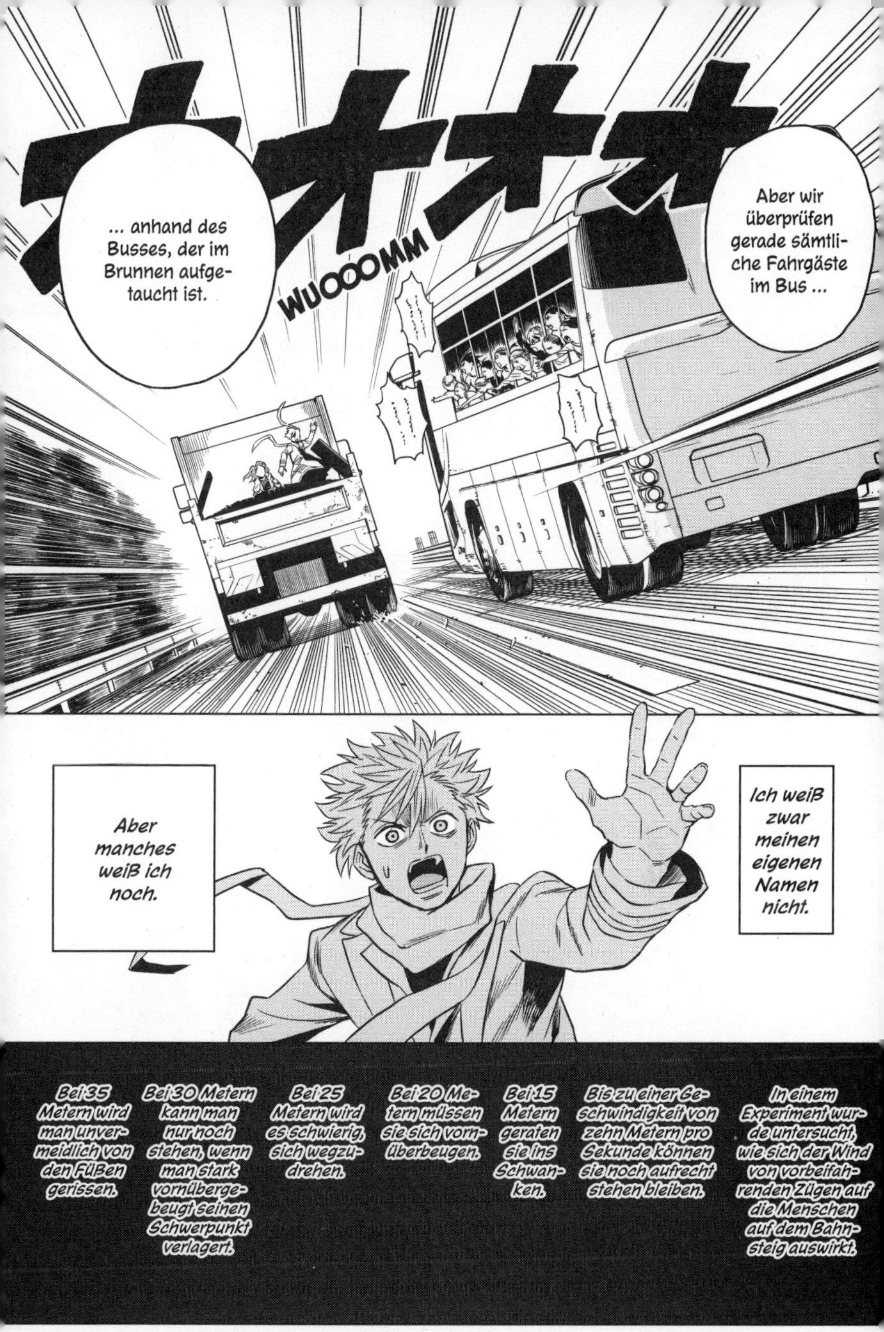
Aber wir überprüfen gerade sämtliche Fahrgäste im Bus ...
... anhand des Busses, der im Brunnen aufgetaucht ist.
WUOOOMM
Ich weiß zwar meinen eigenen Namen nicht.
Aber manches weiß ich noch.
In einem Experiment wurde untersucht, wie sich der Wind von vorbeifahrenden Zügen auf die Menschen auf dem Bahnsteig auswirkt.
Bis zu einer Geschwindigkeit von zehn Metern pro Sekunde können sie noch aufrecht stehen bleiben.
Bei 15 Metern geraten sie ins Schwanken.
Bei 20 Metern müssen sie sich vornüberbeugen.
Bei 25 Metern wird es schwierig, sich wegzudrehen.
Bei 30 Metern kann man nur noch stehen, wenn man stark vornübergebeugt seinen Schwerpunkt verlagert.
Bei 35 Metern wird man unvermeidlich von den Füßen gerissen.

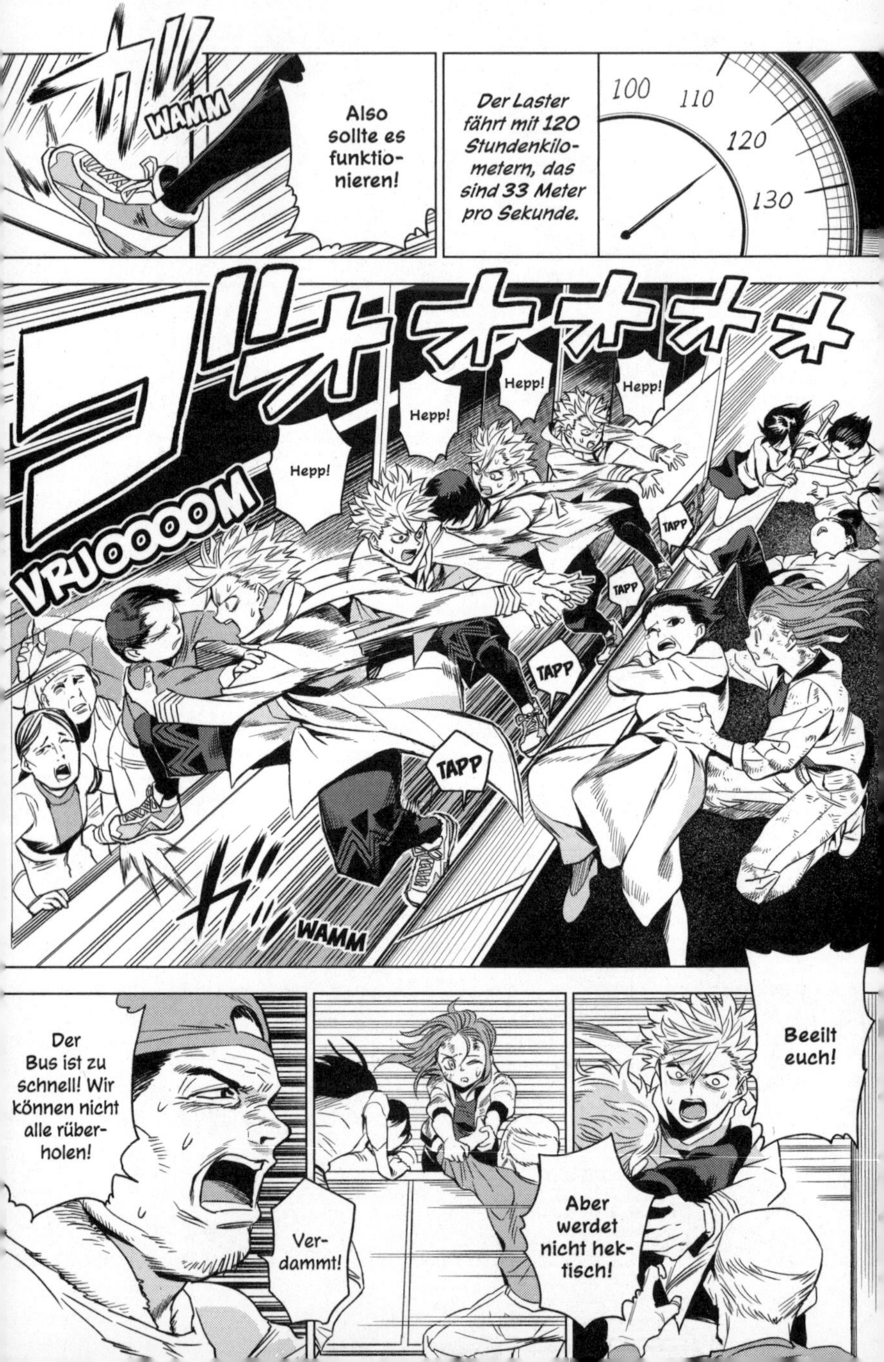
Der Laster fährt mit 120 Stundenkilometern, das sind 33 Meter pro Sekunde.
100
110
120
130
Also sollte es funktionieren!
WAMM
VRUOOOOOM
Hepp!
Hepp!
Hepp!
Hepp!
TAPP
TAPP
TAPP
TAPP
WAMM
Beeilt euch!
Aber werdet nicht hektisch!
Verdammt!
Der Bus ist zu schnell! Wir können nicht alle rüberholen!

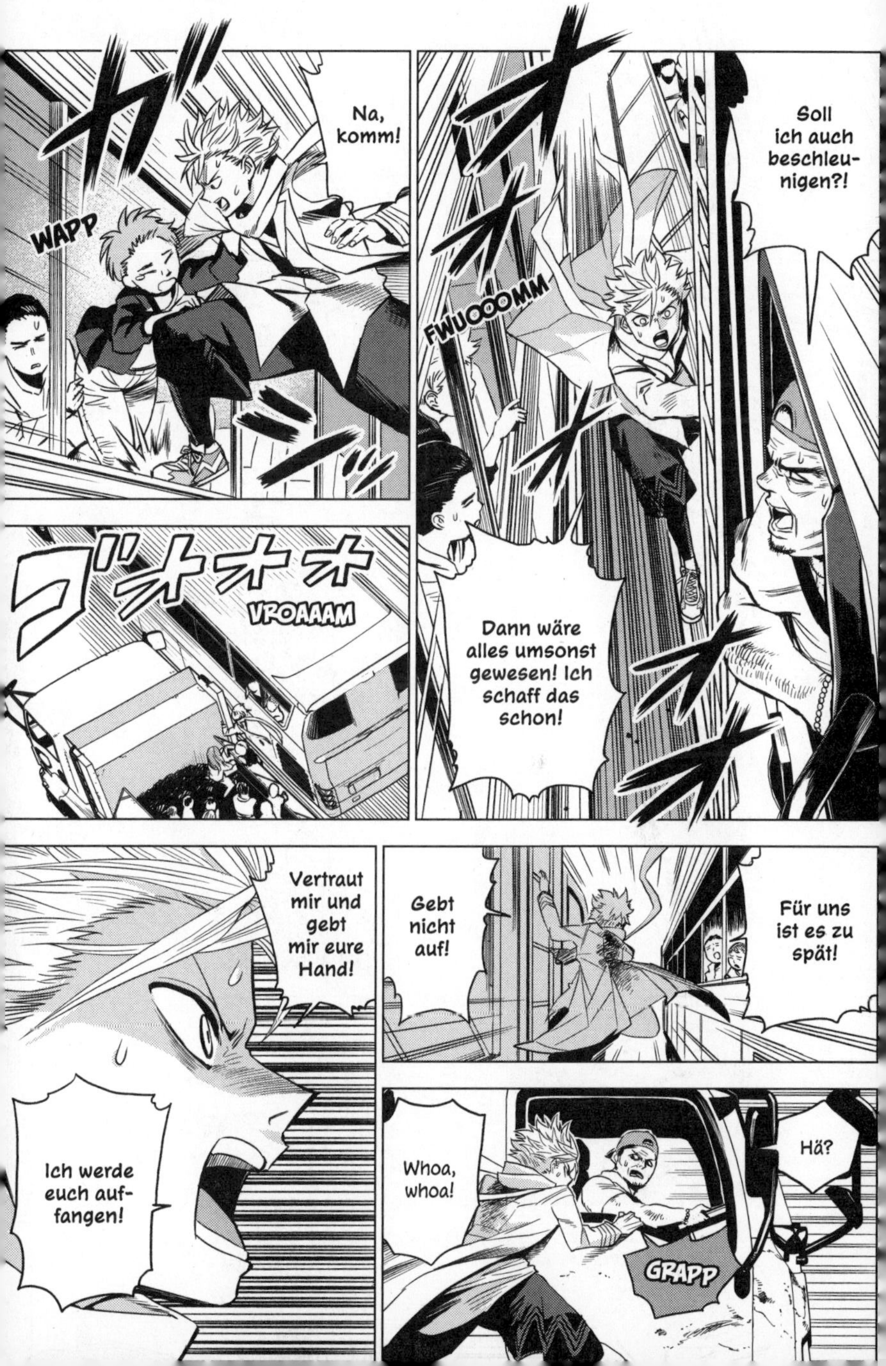
Soll ich auch beschleunigen?!
FWUOOOMM
Dann wäre alles umsonst gewesen! Ich schaff das schon!
Na, komm!
WAPP
VROAAAM
Für uns ist es zu spät!
Gebt nicht auf!
Vertraut mir und gebt mir eure Hand!
Ich werde euch auffangen!
Hä?
Whoa, whoa!
GRAPP

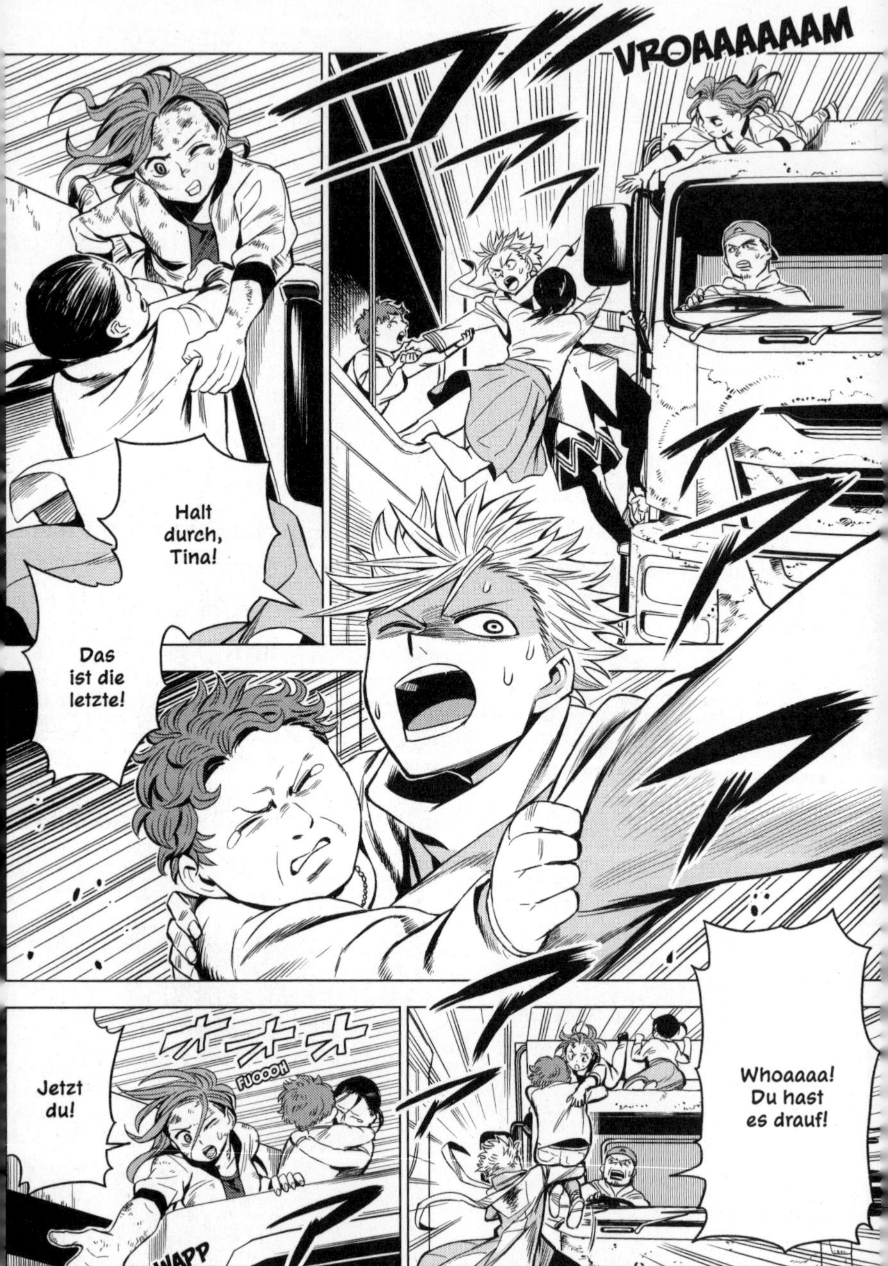
VROAAAAAAM
Halt durch, Tina!
Das ist die letzte!
Whoaaaa! Du hast es drauf!
Jetzt du!
FUOOOH
WAPP

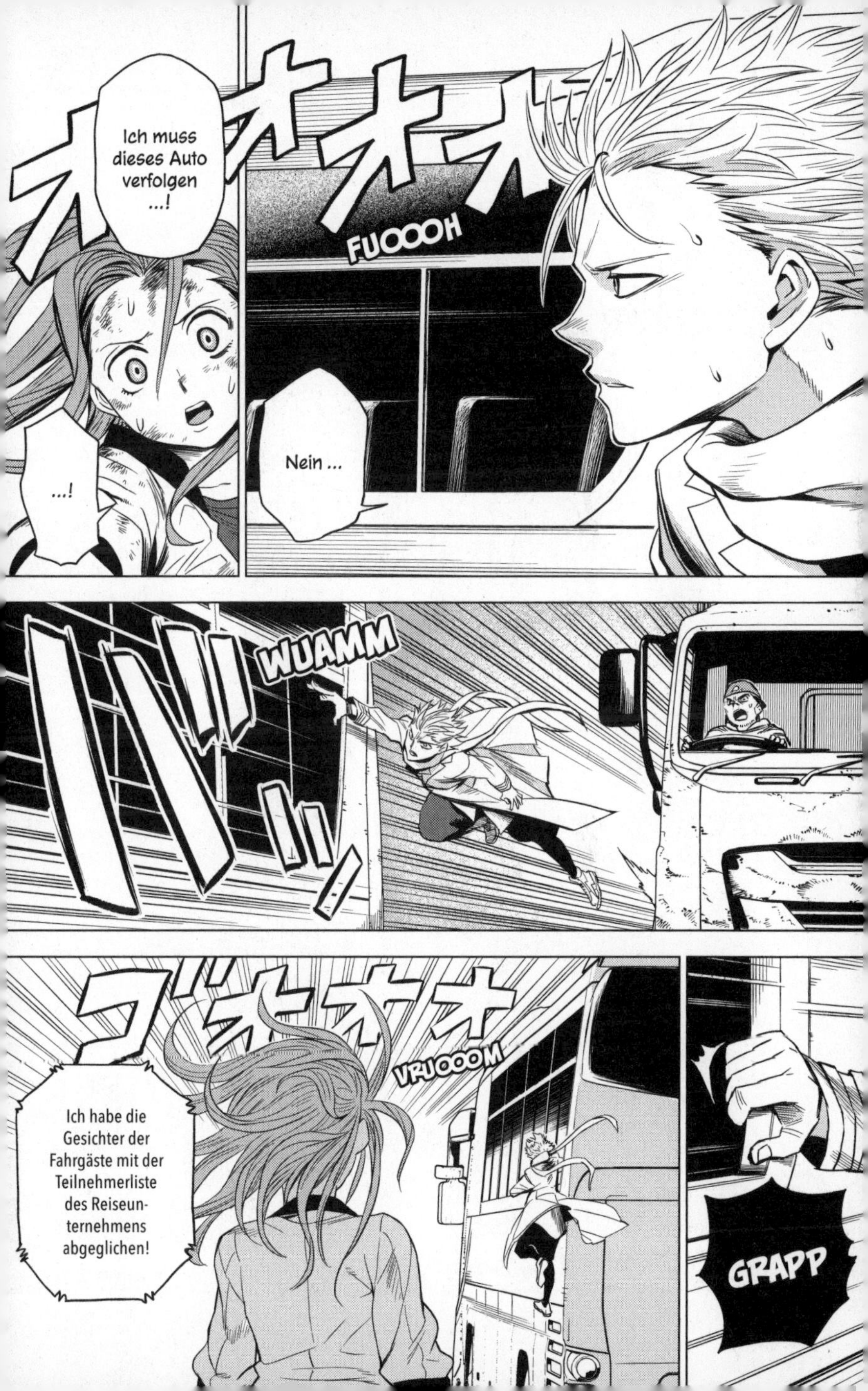
Ich muss dieses Auto verfolgen ...!
FUOOOH
Nein ...
...!
WUAMM
VRUOOOM
Ich habe die Gesichter der Fahrgäste mit der Teilnehmerliste des Reiseunternehmens abgeglichen!
GRAPP

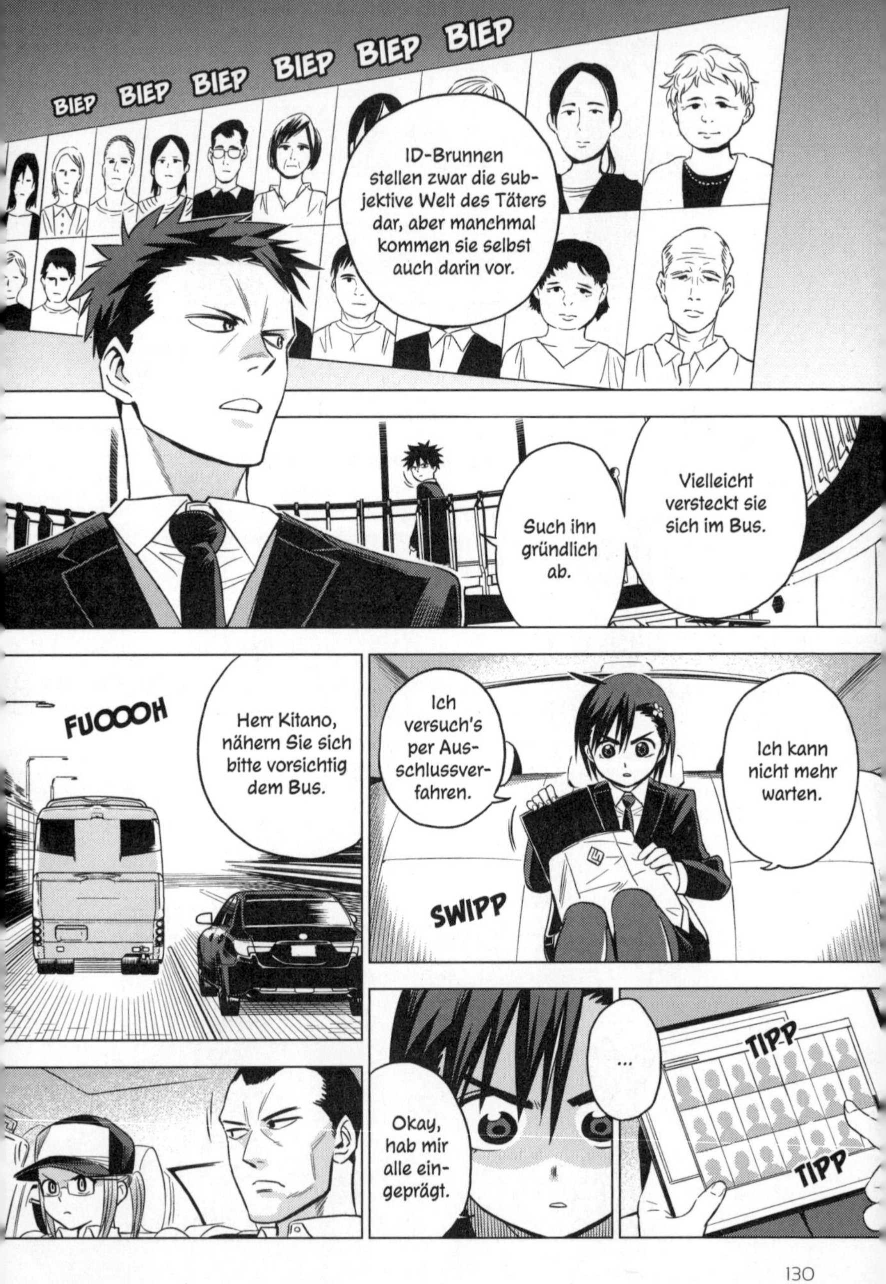
BIEP BIEP BIEP BIEP BIEP BIEP
ID-Brunnen stellen zwar die subjektive Welt des Täters dar, aber manchmal kommen sie selbst auch darin vor.
Vielleicht versteckt sie sich im Bus.
Such ihn gründlich ab.
Ich kann nicht mehr warten.
Ich versuch's per Ausschlussverfahren.
SWIPP
Herr Kitano, nähern Sie sich bitte vorsichtig dem Bus.
FUOOOH
TIPP
TIPP
...
Okay, hab mir alle eingeprägt.

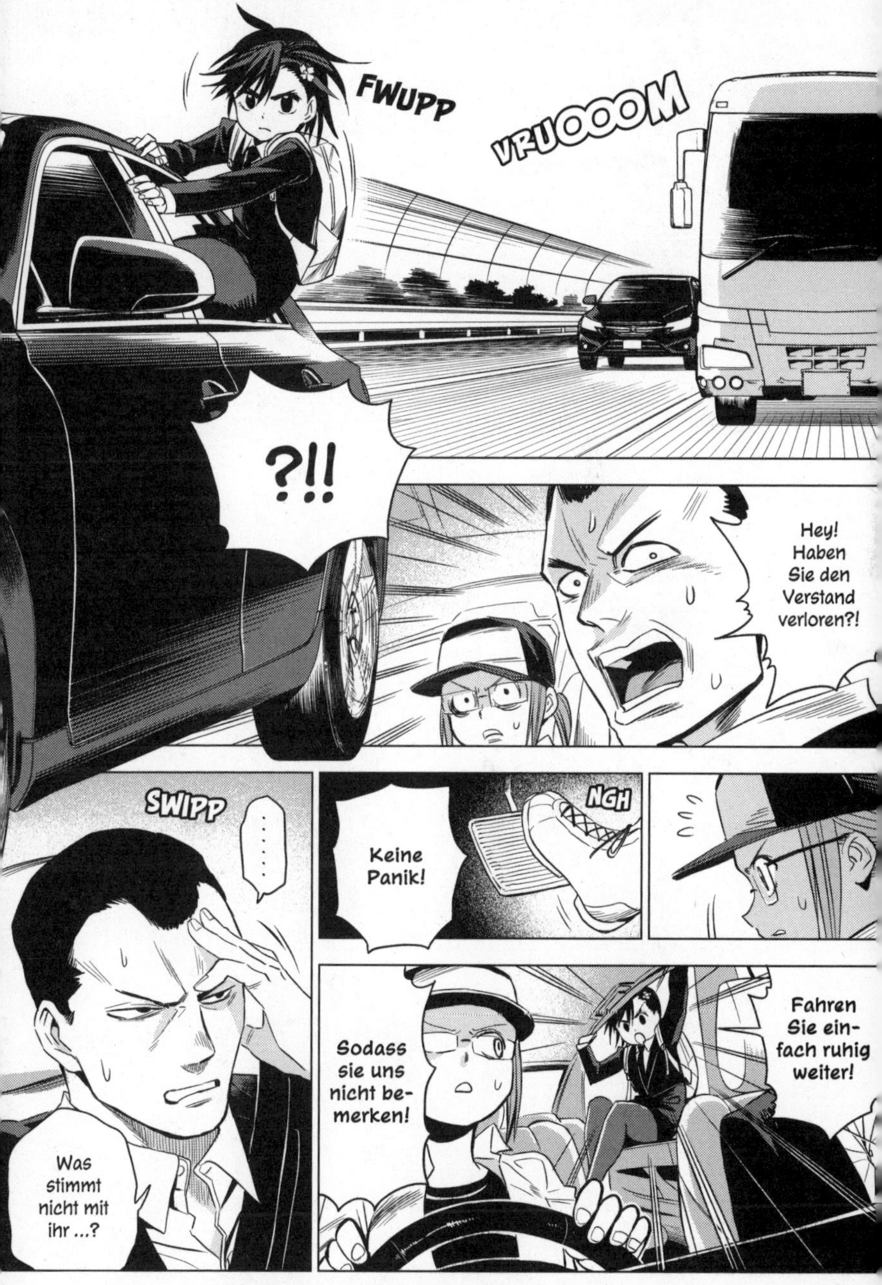
FWUPP
VRUOOOM
?!!
Hey! Haben Sie den Verstand verloren?!
NGH
Keine Panik!
SWIPP
......
Fahren Sie ein- fach ruhig weiter!
Sodass sie uns nicht be- merken!
Was stimmt nicht mit ihr ...?

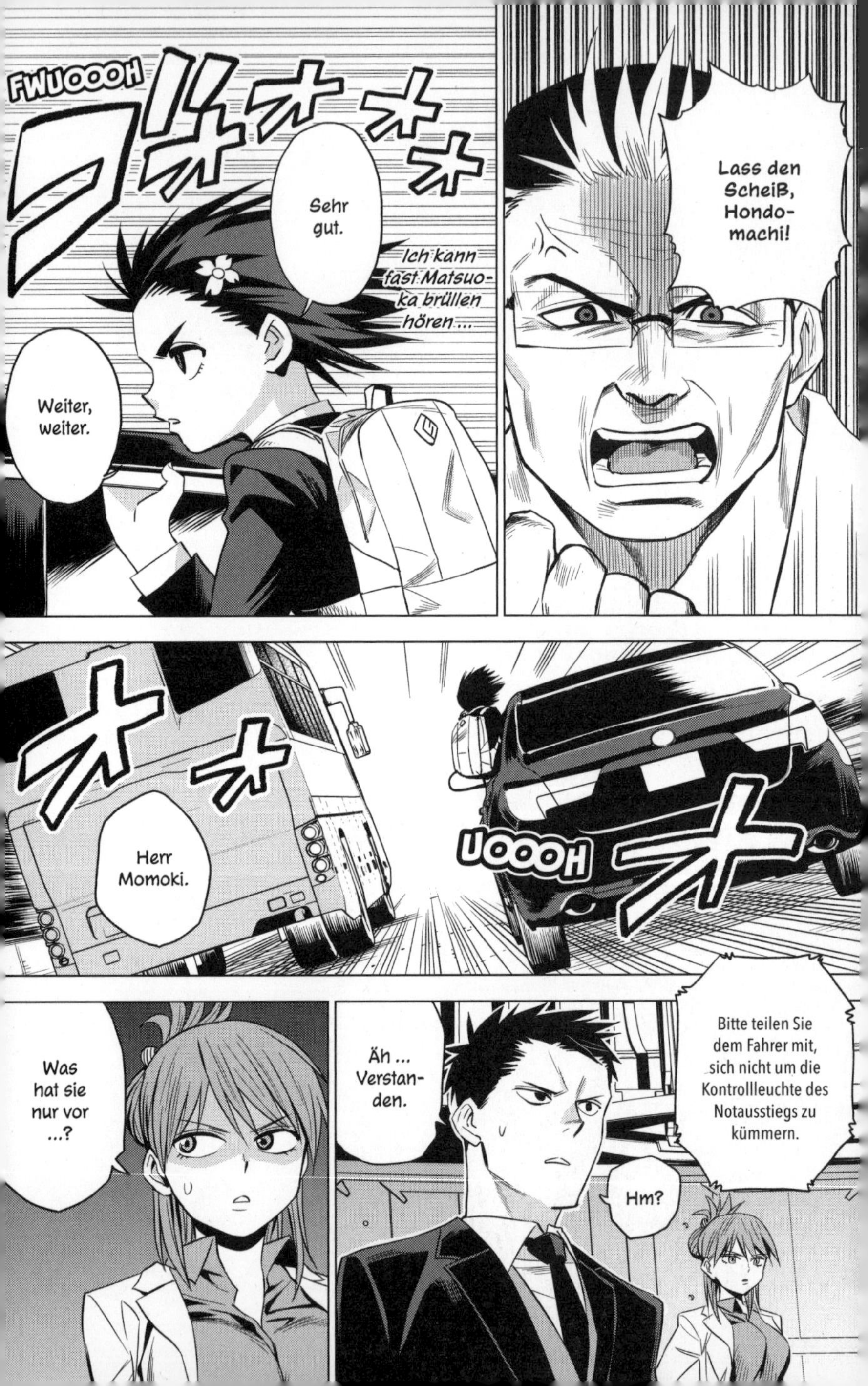
FWUOOOH
Lass den Scheiß, Hondomachi!
Sehr gut.
Ich kann fast Matsuoka brüllen hören ...
Weiter, weiter.
UOOOH
Herr Momoki.
Bitte teilen Sie dem Fahrer mit, sich nicht um die Kontrollleuchte des Notausstiegs zu kümmern.
Hm?
Äh ... Verstanden.
Was hat sie nur vor ...?

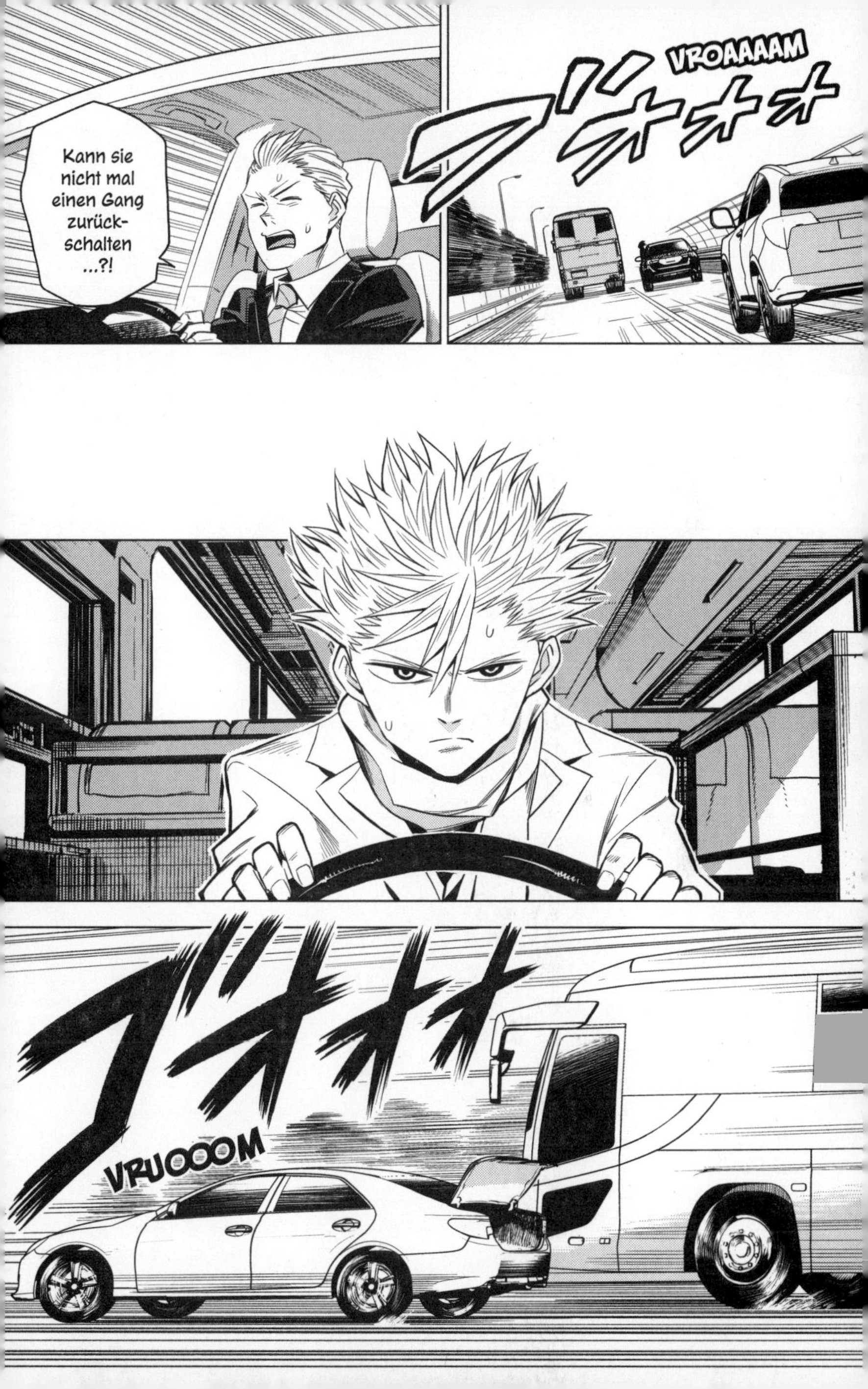
VROAAAAM
Kann sie nicht mal einen Gang zurückschalten ...?!
VRUOOOM

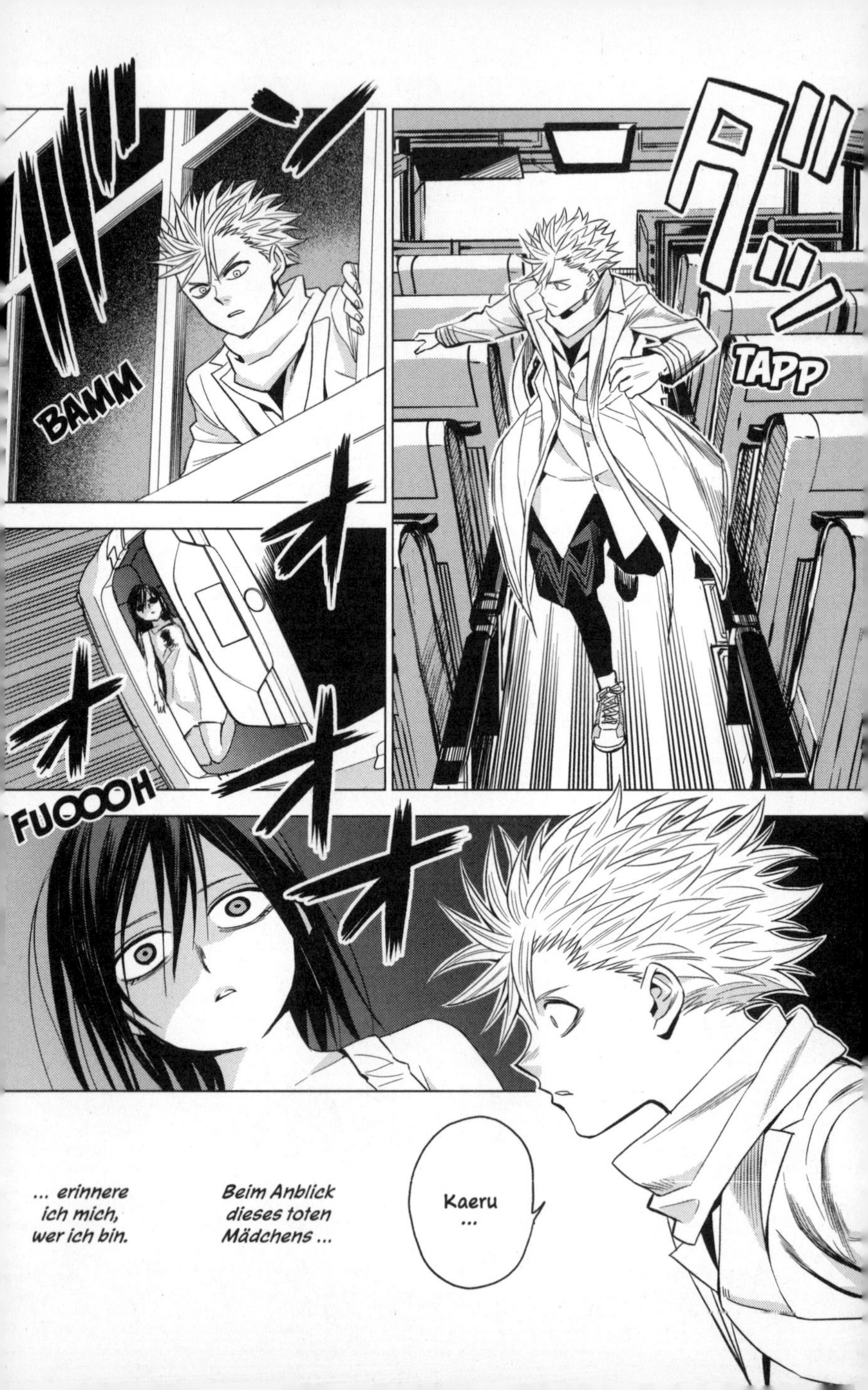
TAPP
BAMM
FUOOOH
Kaeru ...
Beim Anblick dieses toten Mädchens ...
... erinnere ich mich, wer ich bin.

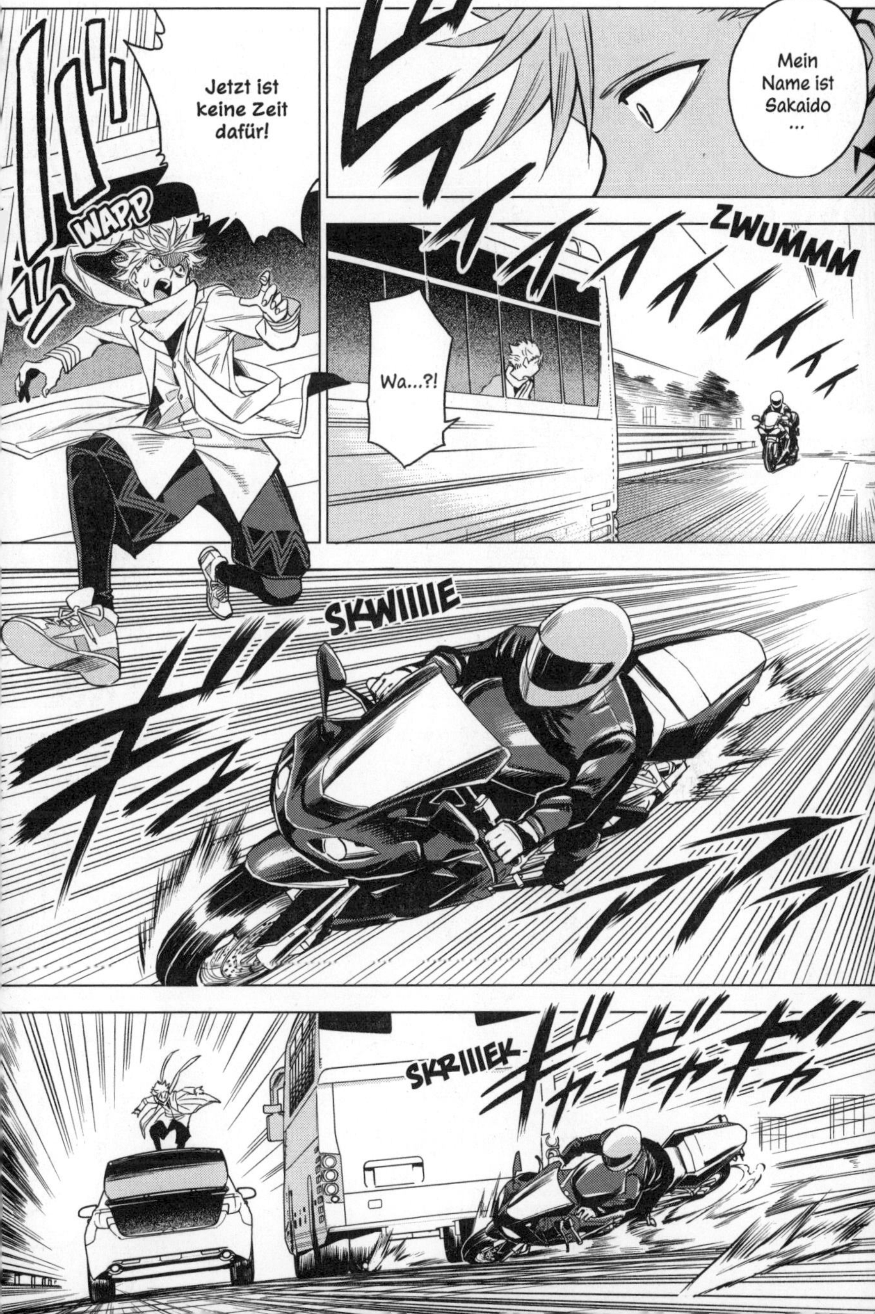
Mein Name ist Sakaido ...
Wa...?!
ZWUMMM
Jetzt ist keine Zeit dafür!
WAPP
SKWIIIIE
SKRIIIEK

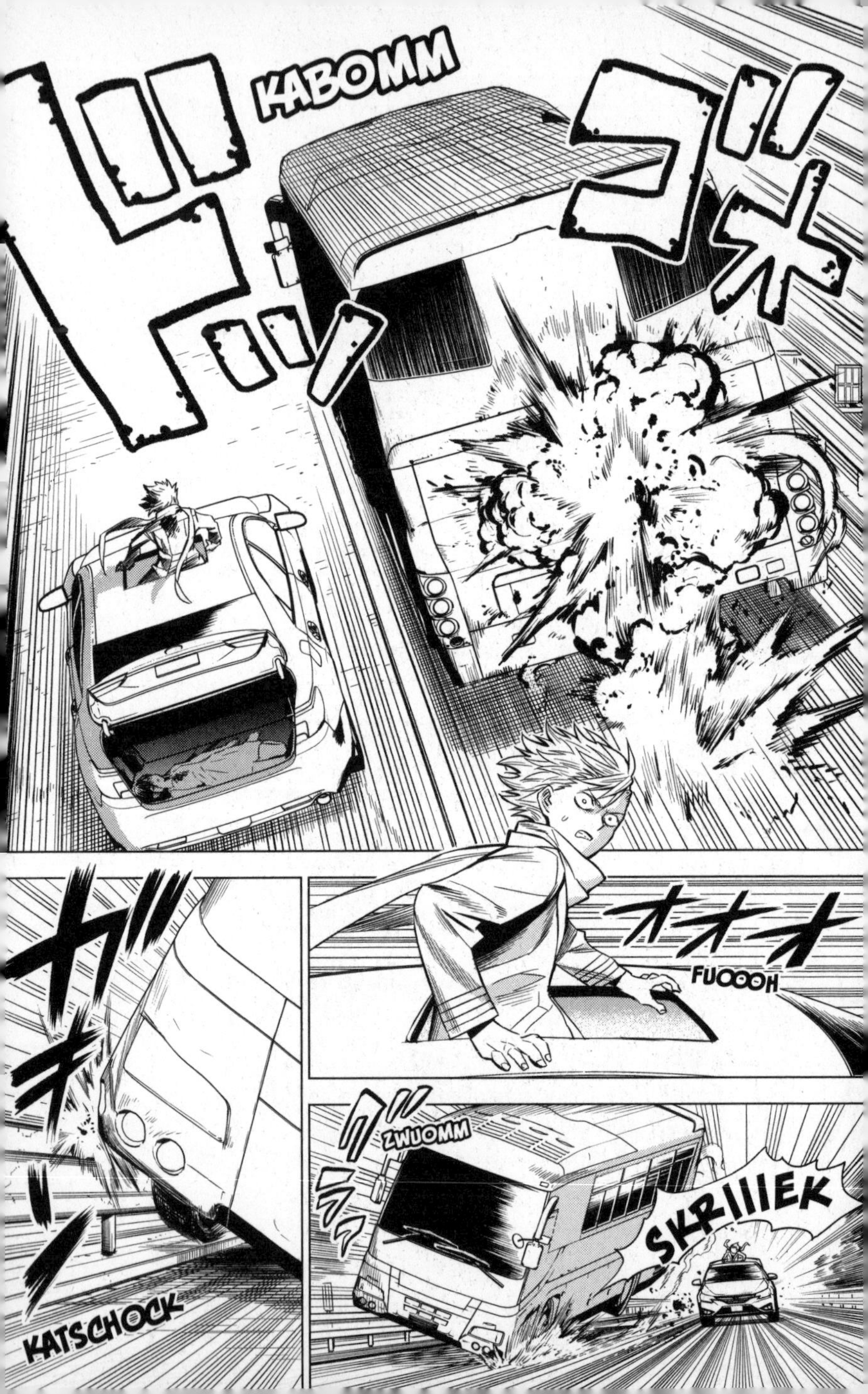
KABOMM
FUOOOH
ZWUOMM
SKRIIIEK
KATSCHOCK

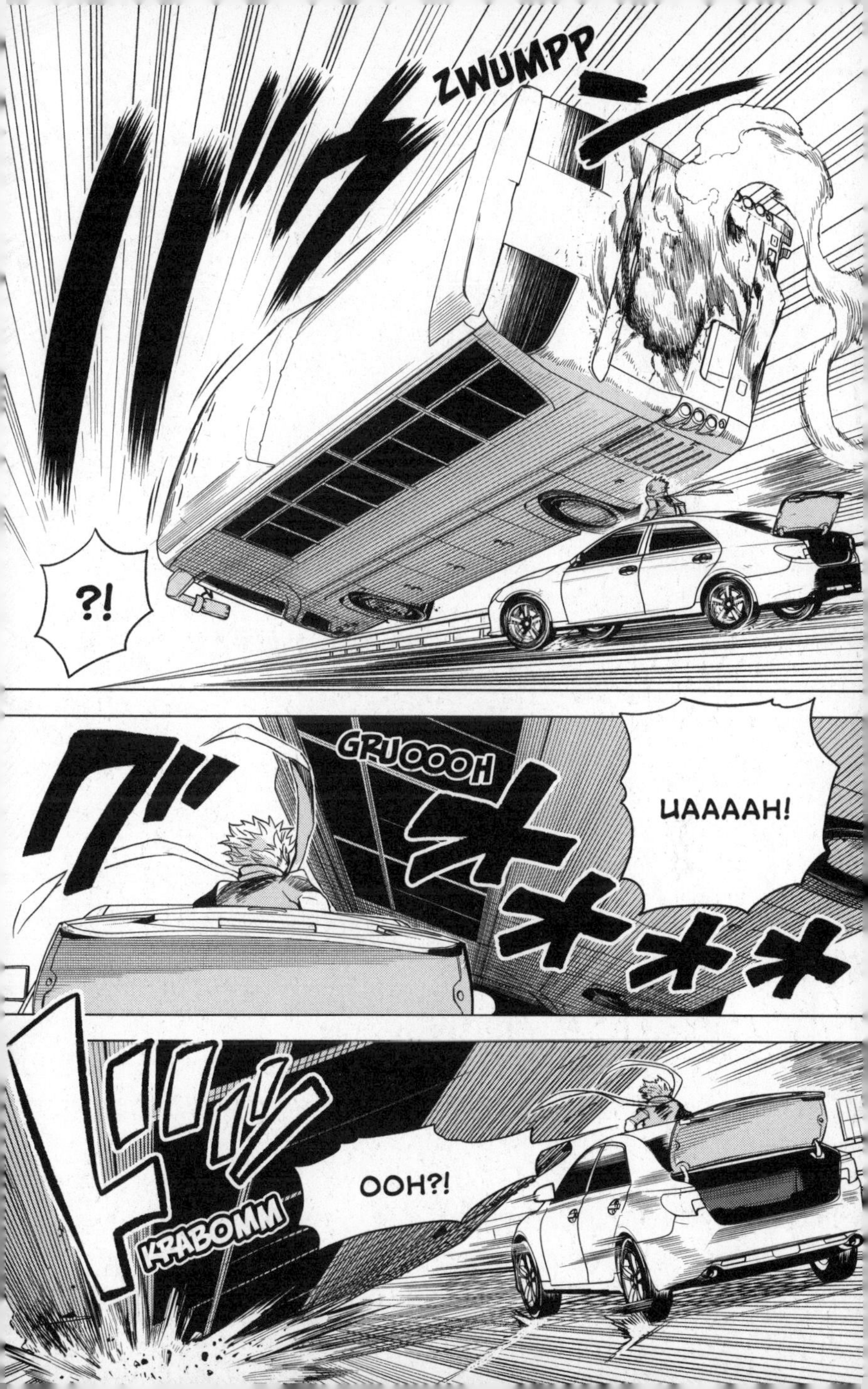
ZWUMPP
?!
GRUOOOH
UAAAAH!
OOH?!
KRABOMM

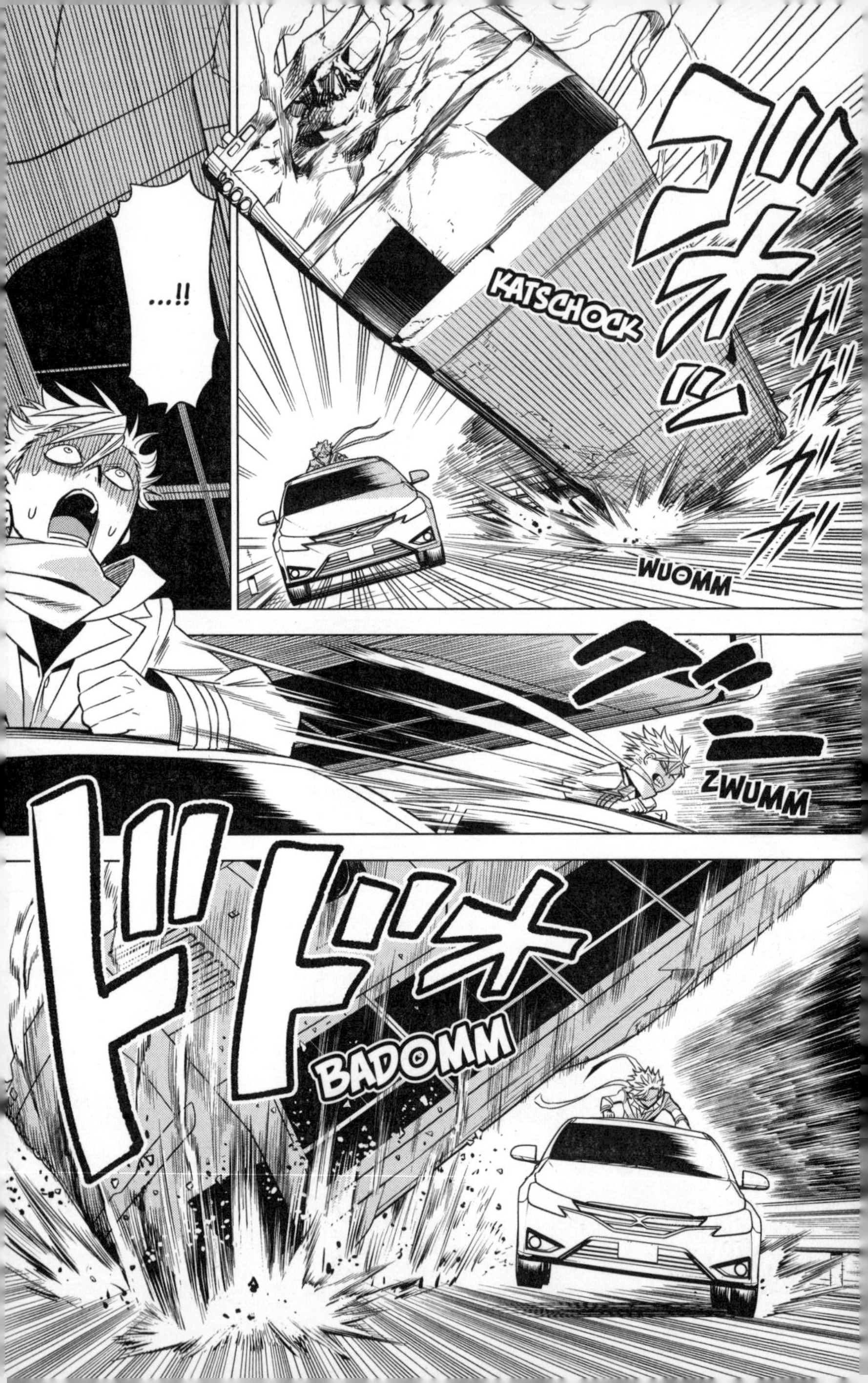
KATSCHOCK
WUOMM
...!!
ZWUMM
BADOMM

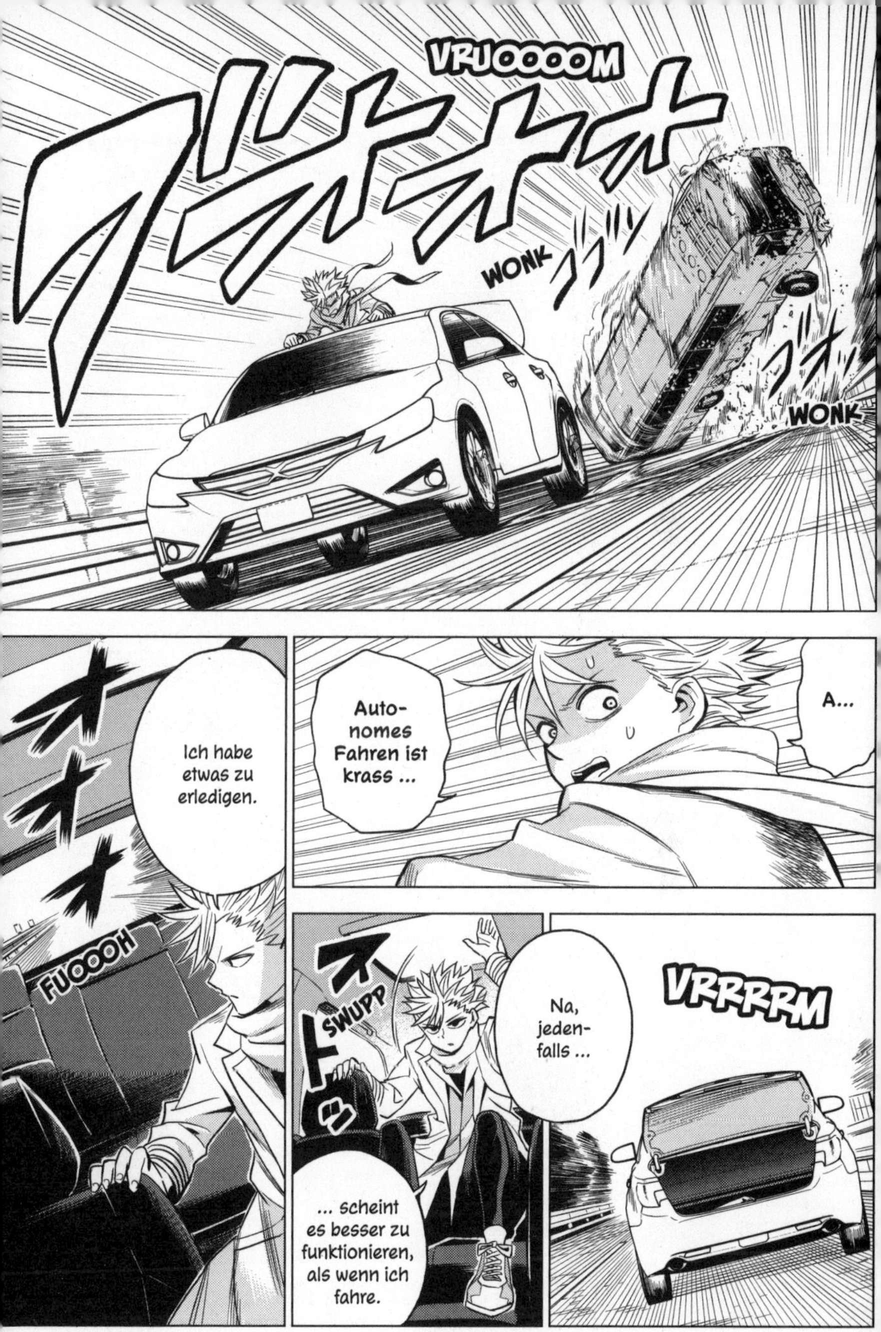
VRUOOOOM
WONK
WONK
A...
Autonomes Fahren ist krass ...
Ich habe etwas zu erledigen.
FUOOOH
VRRRRM
Na, jedenfalls ...
SWUPP
... scheint es besser zu funktionieren, als wenn ich fahre.

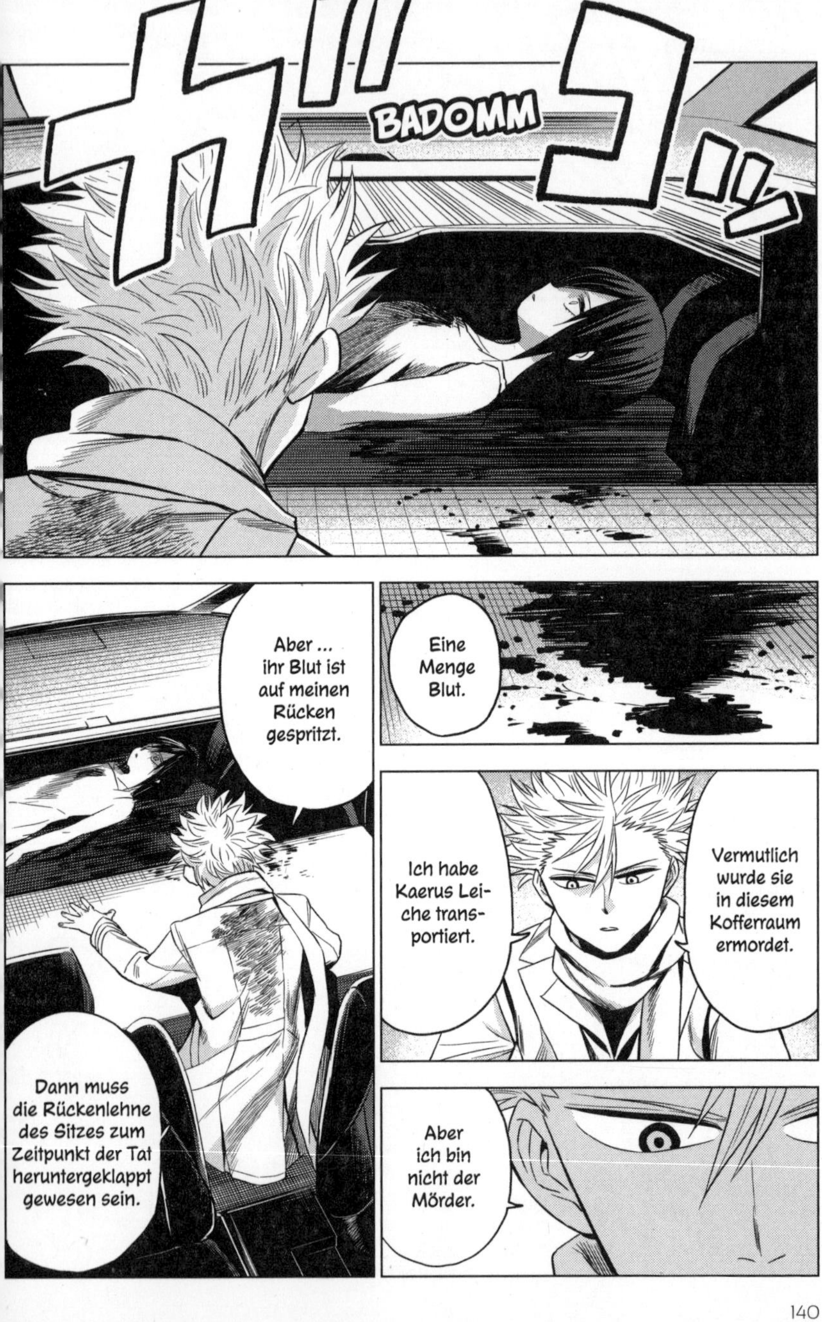
ガゴッ
BADOMM
Eine Menge Blut.
Aber ... ihr Blut ist auf meinen Rücken gespritzt.
Vermutlich wurde sie in diesem Kofferraum ermordet.
Ich habe Kaerus Leiche transportiert.
Dann muss die Rückenlehne des Sitzes zum Zeitpunkt der Tat heruntergeklappt gewesen sein.
Aber ich bin nicht der Mörder.

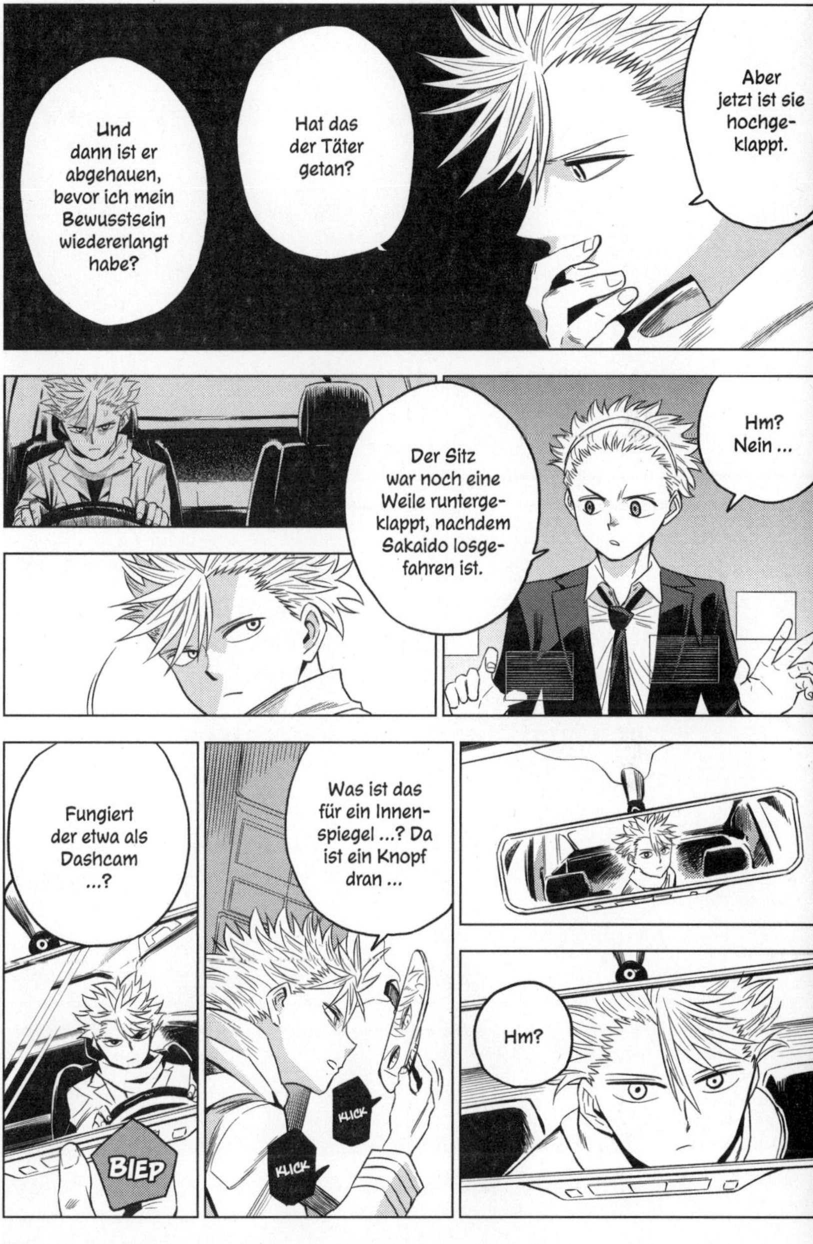

Aber jetzt ist sie hochgeklappt.
Hat das der Täter getan?
Und dann ist er abgehauen, bevor ich mein Bewusstsein wiedererlangt habe?
Hm? Nein ...
Der Sitz war noch eine Weile runtergeklappt, nachdem Sakaido losgefahren ist.
Hm?
Was ist das für ein Innenspiegel ...? Da ist ein Knopf dran ...
KLICK
KLICK
Fungiert der etwa als Dashcam ...?
BIEP

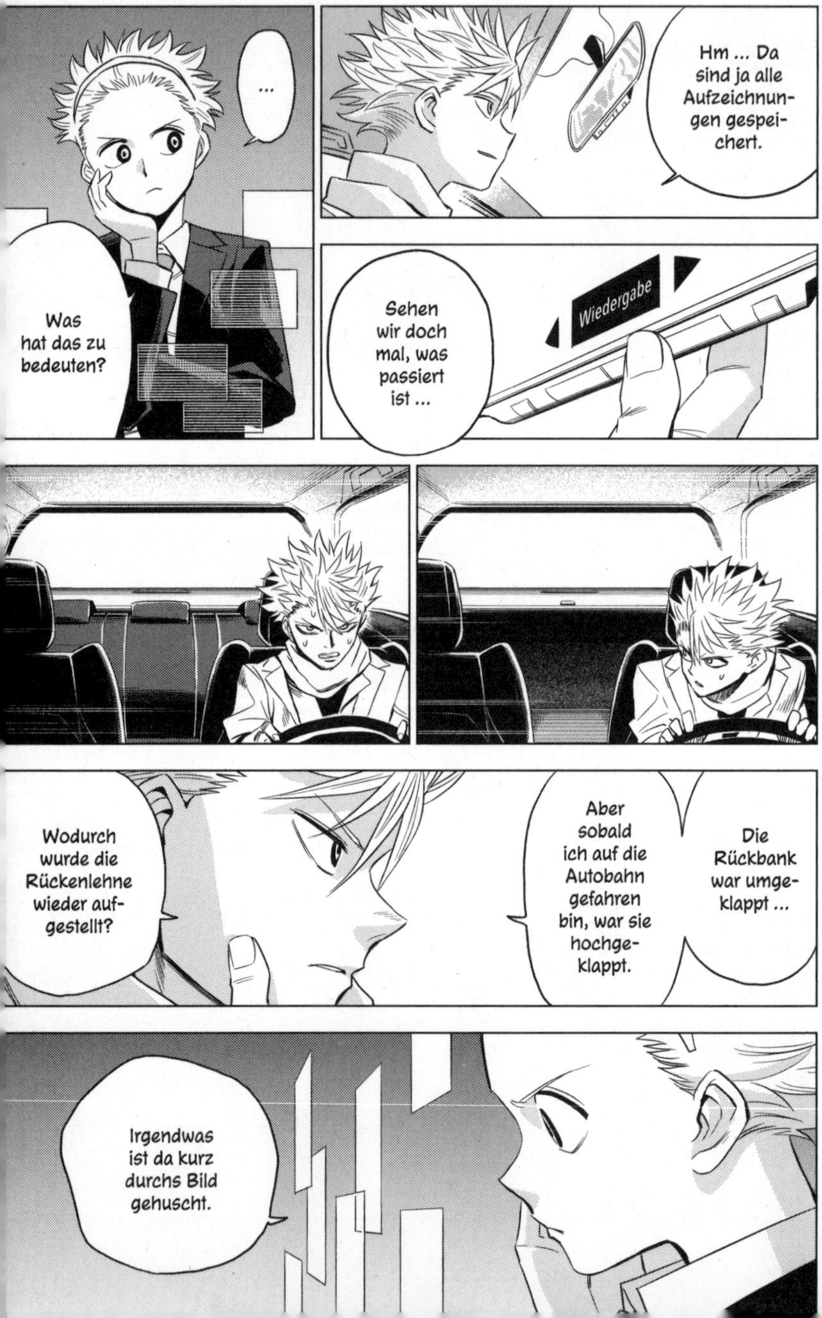
Hm ... Da sind ja alle Aufzeichnungen gespeichert.
...
Was hat das zu bedeuten?
Wiedergabe
Sehen wir doch mal, was passiert ist ...
Die Rückbank war umgeklappt ...
Aber sobald ich auf die Autobahn gefahren bin, war sie hochgeklappt.
Wodurch wurde die Rückenlehne wieder aufgestellt?
Irgendwas ist da kurz durchs Bild gehuscht.

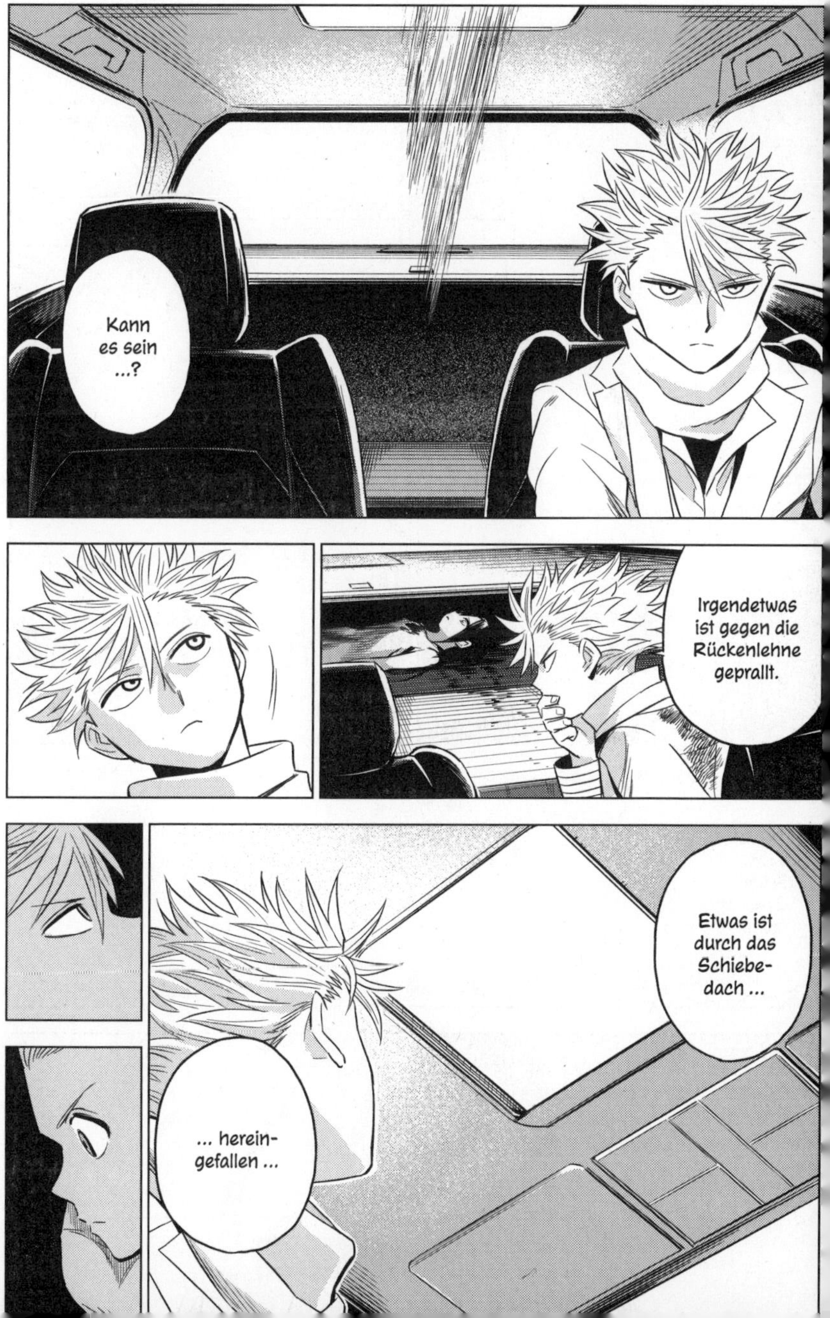

Kann es sein ...?
Irgendetwas ist gegen die Rückenlehne geprallt.
Etwas ist durch das Schiebe-dach ...
... herein-gefallen ...

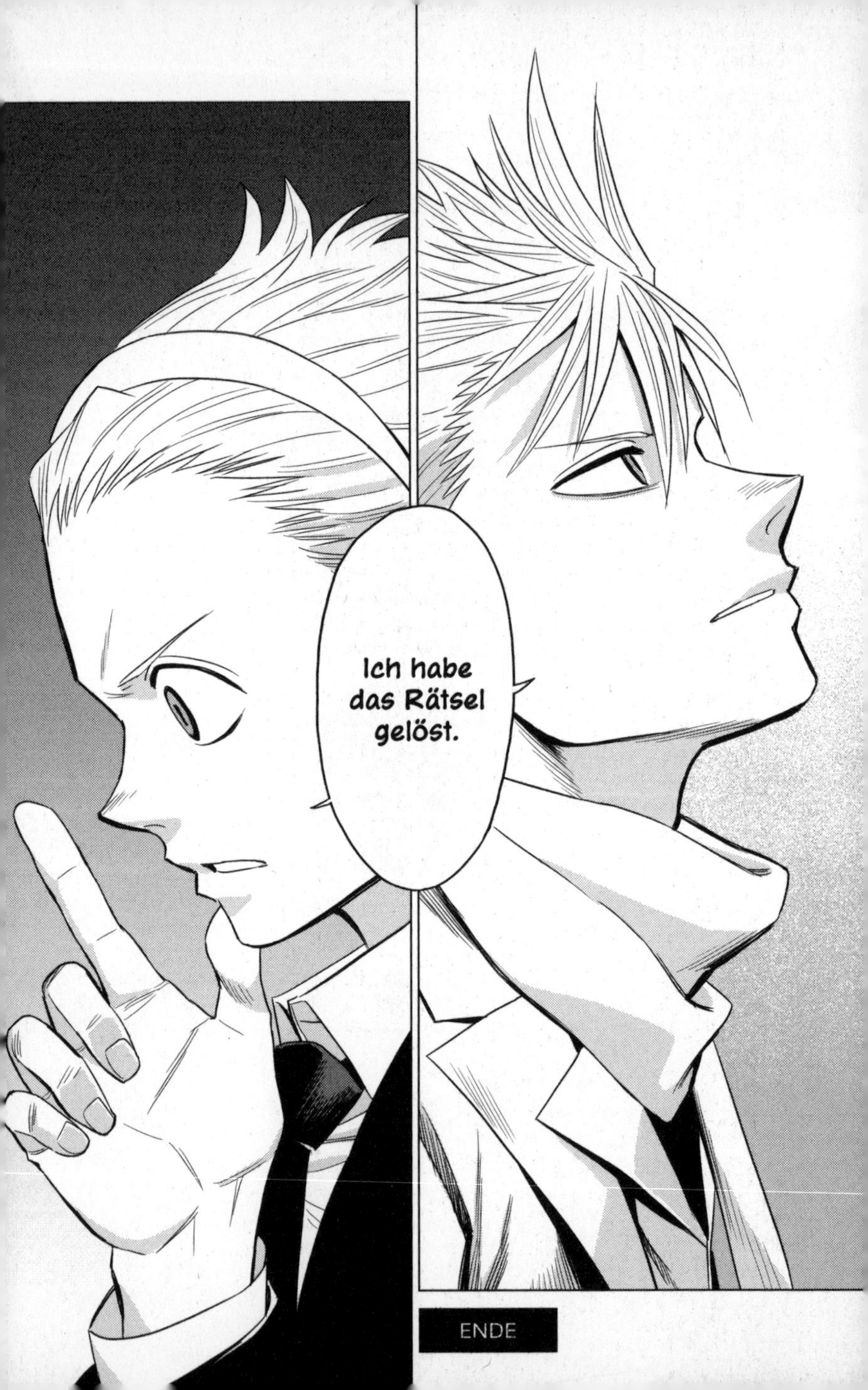
Ich habe das Rätsel gelöst.
ENDE

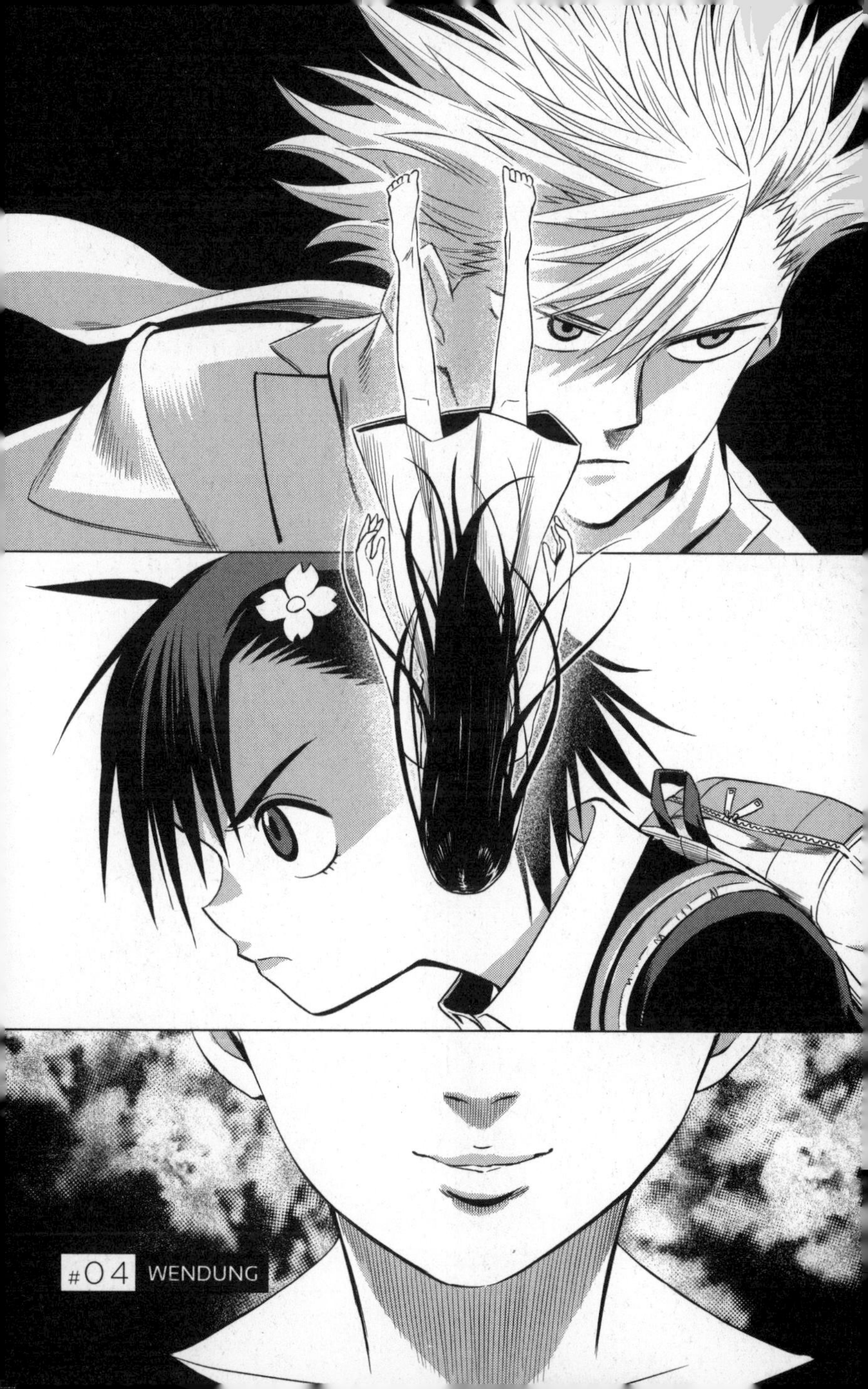
#04 WENDUNG

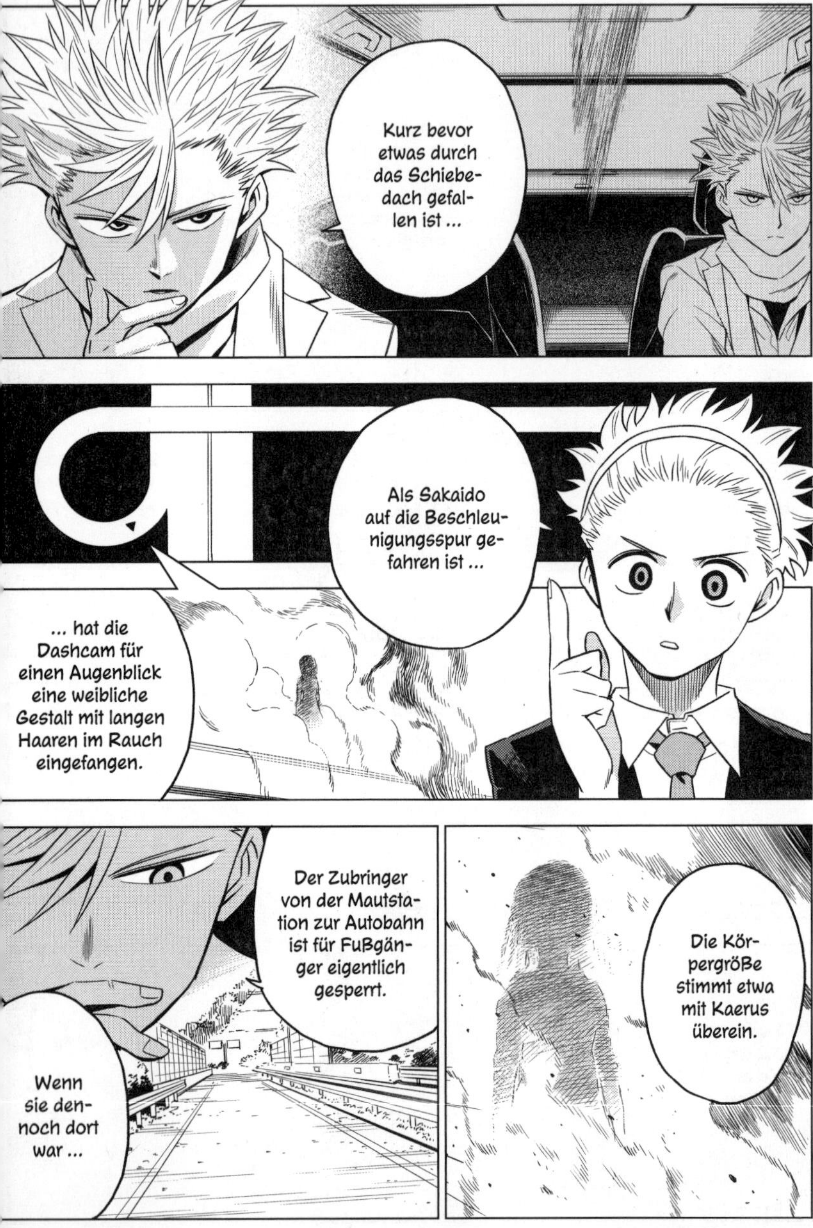

Kurz bevor etwas durch das Schiebe-dach gefal-len ist ...
Als Sakaido auf die Beschleu-nigungsspur ge-fahren ist ...
... hat die Dashcam für einen Augenblick eine weibliche Gestalt mit langen Haaren im Rauch eingefangen.
Die Kör-pergröße stimmt etwa mit Kaerus überein.
Der Zubringer von der Mautsta-tion zur Autobahn ist für Fußgän-ger eigentlich gesperrt.
Wenn sie den-noch dort war ...

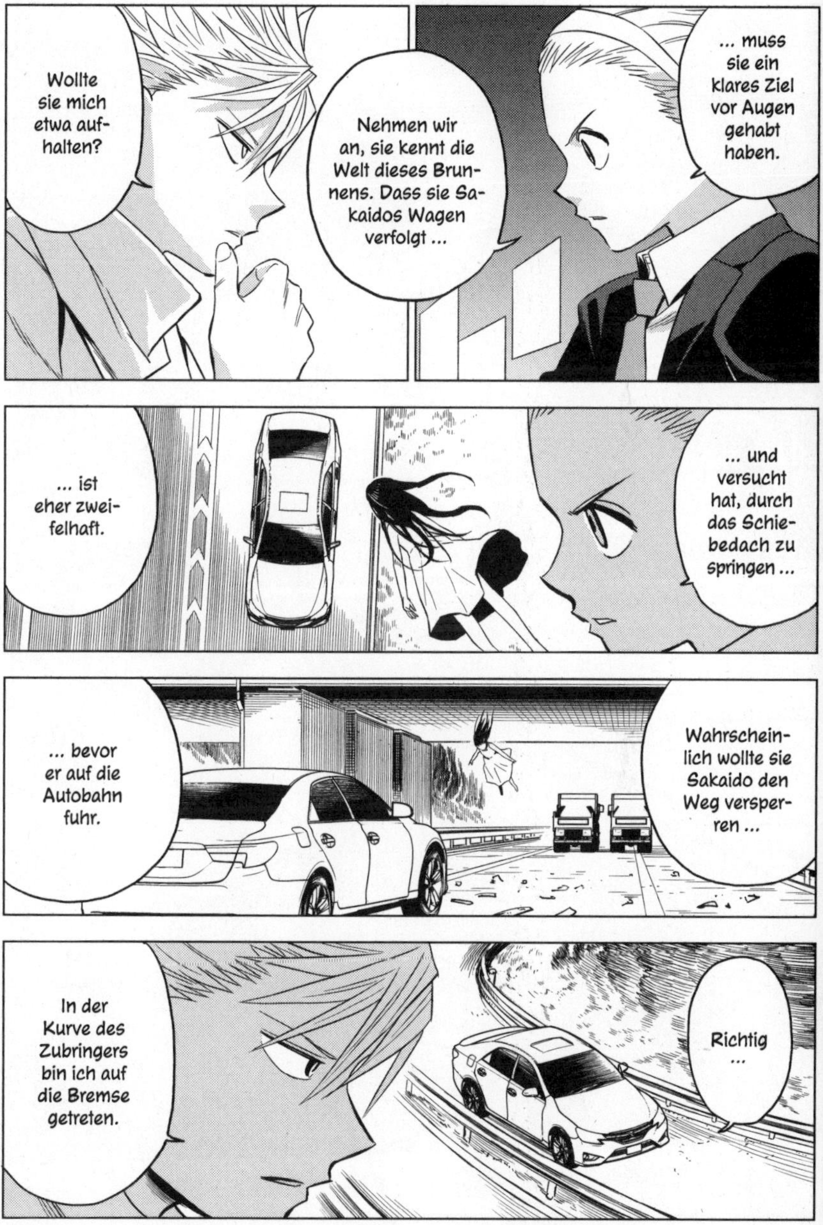
... muss sie ein klares Ziel vor Augen gehabt haben.
Nehmen wir an, sie kennt die Welt dieses Brunnens. Dass sie Sakaidos Wagen verfolgt ...
Wollte sie mich etwa aufhalten?
... und versucht hat, durch das Schiebedach zu springen ...
... ist eher zweifelhaft.
Wahrscheinlich wollte sie Sakaido den Weg versperren ...
... bevor er auf die Autobahn fuhr.
Richtig ...
In der Kurve des Zubringers bin ich auf die Bremse getreten.

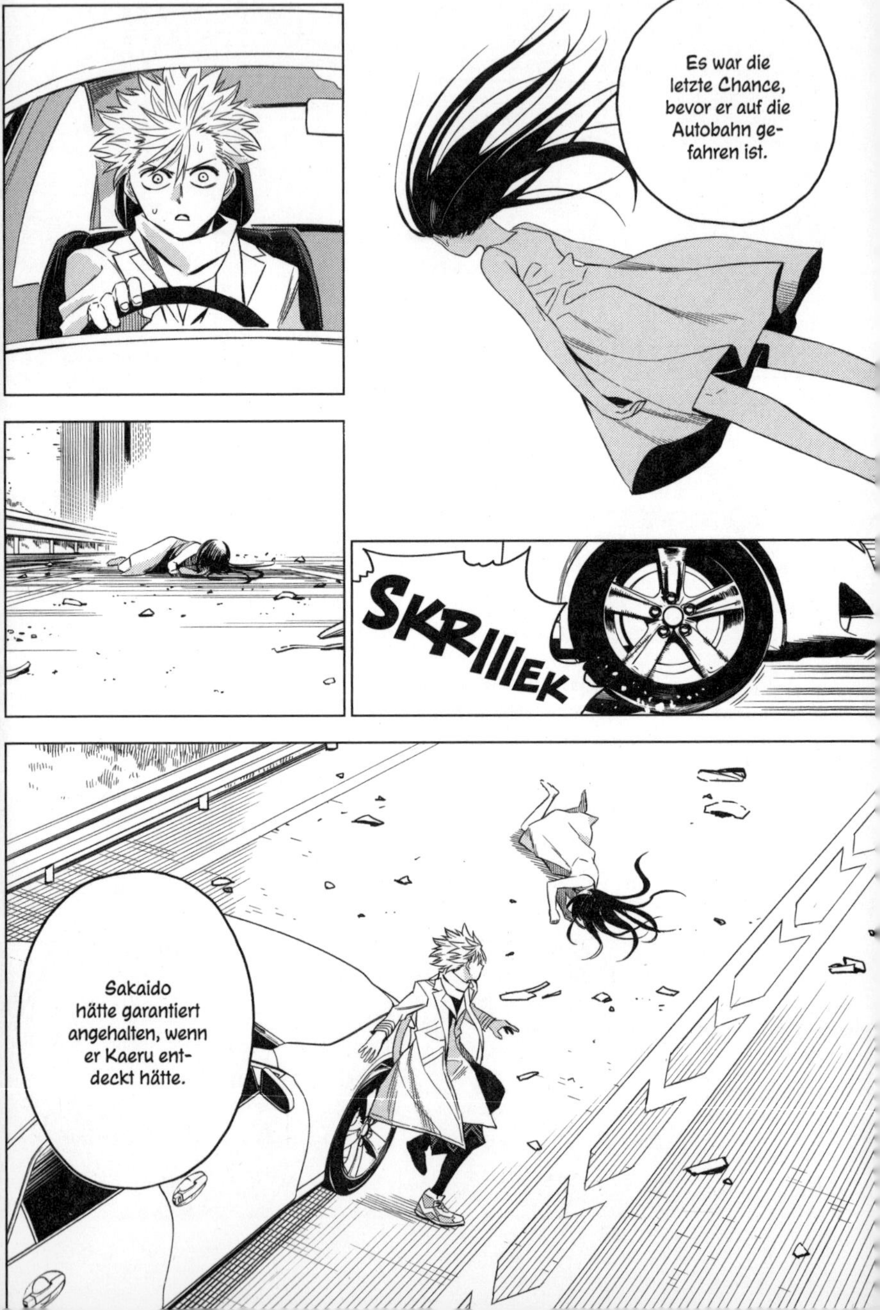
Es war die letzte Chance, bevor er auf die Autobahn gefahren ist.
SKRIIIEK
Sakaido hätte garantiert angehalten, wenn er Kaeru entdeckt hätte.

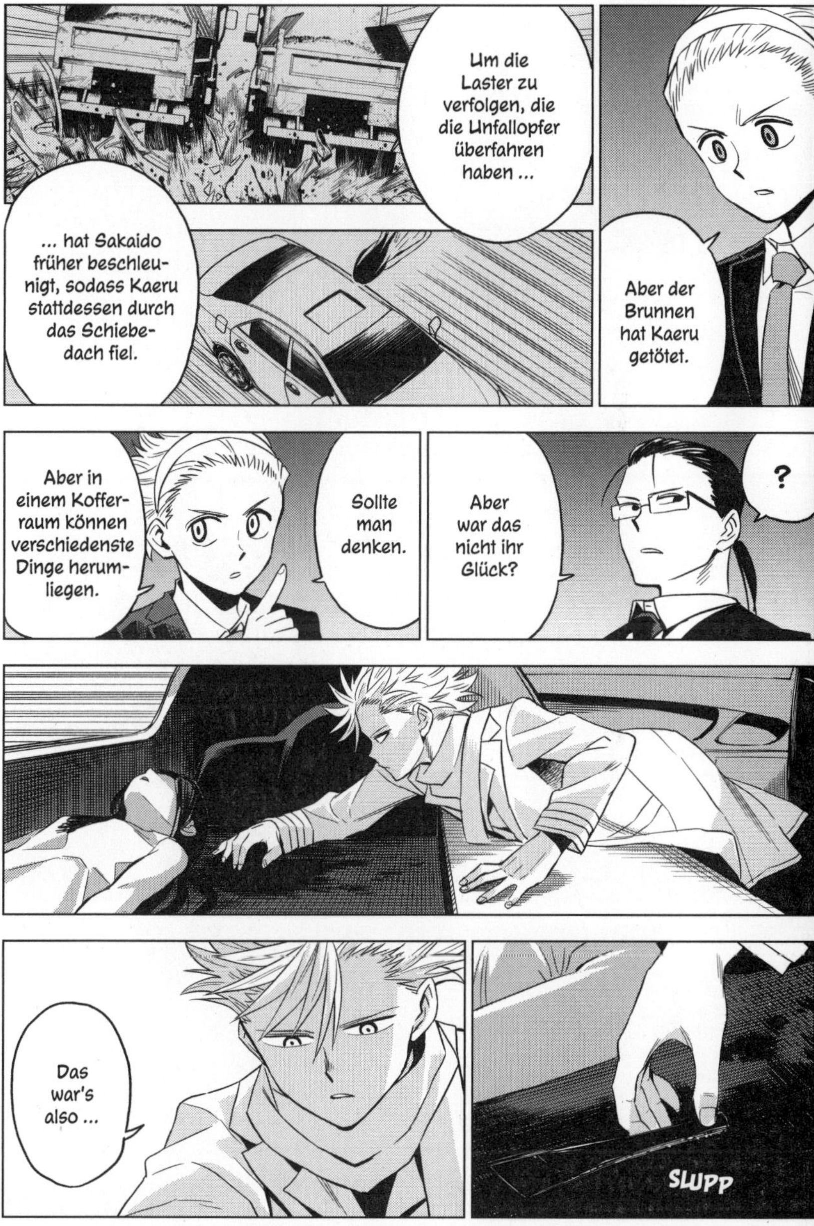
Aber der Brunnen hat Kaeru getötet.
Um die Laster zu verfolgen, die die Unfallopfer überfahren haben ...
... hat Sakaido früher beschleunigt, sodass Kaeru stattdessen durch das Schiebedach fiel.
?
Aber war das nicht ihr Glück?
Sollte man denken.
Aber in einem Kofferraum können verschiedenste Dinge herumliegen.
SLUPP
Das war's also ...

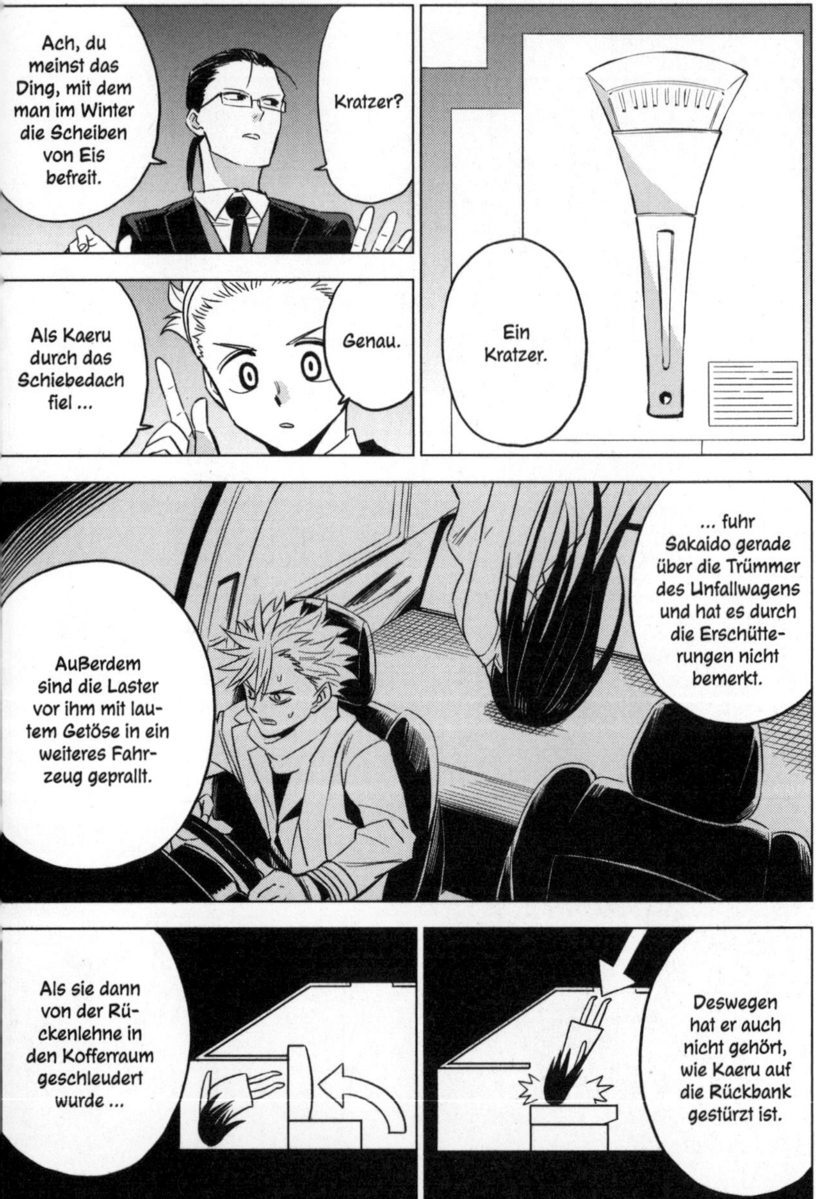

Kratzer?
Ach, du meinst das Ding, mit dem man im Winter die Scheiben von Eis befreit.
Ein Kratzer.
Genau.
Als Kaeru durch das Schiebedach fiel ...
... fuhr Sakaido gerade über die Trümmer des Unfallwagens und hat es durch die Erschütterungen nicht bemerkt.
Außerdem sind die Laster vor ihm mit lautem Getöse in ein weiteres Fahrzeug geprallt.
Deswegen hat er auch nicht gehört, wie Kaeru auf die Rückbank gestürzt ist.
Als sie dann von der Rückenlehne in den Kofferraum geschleudert wurde ...

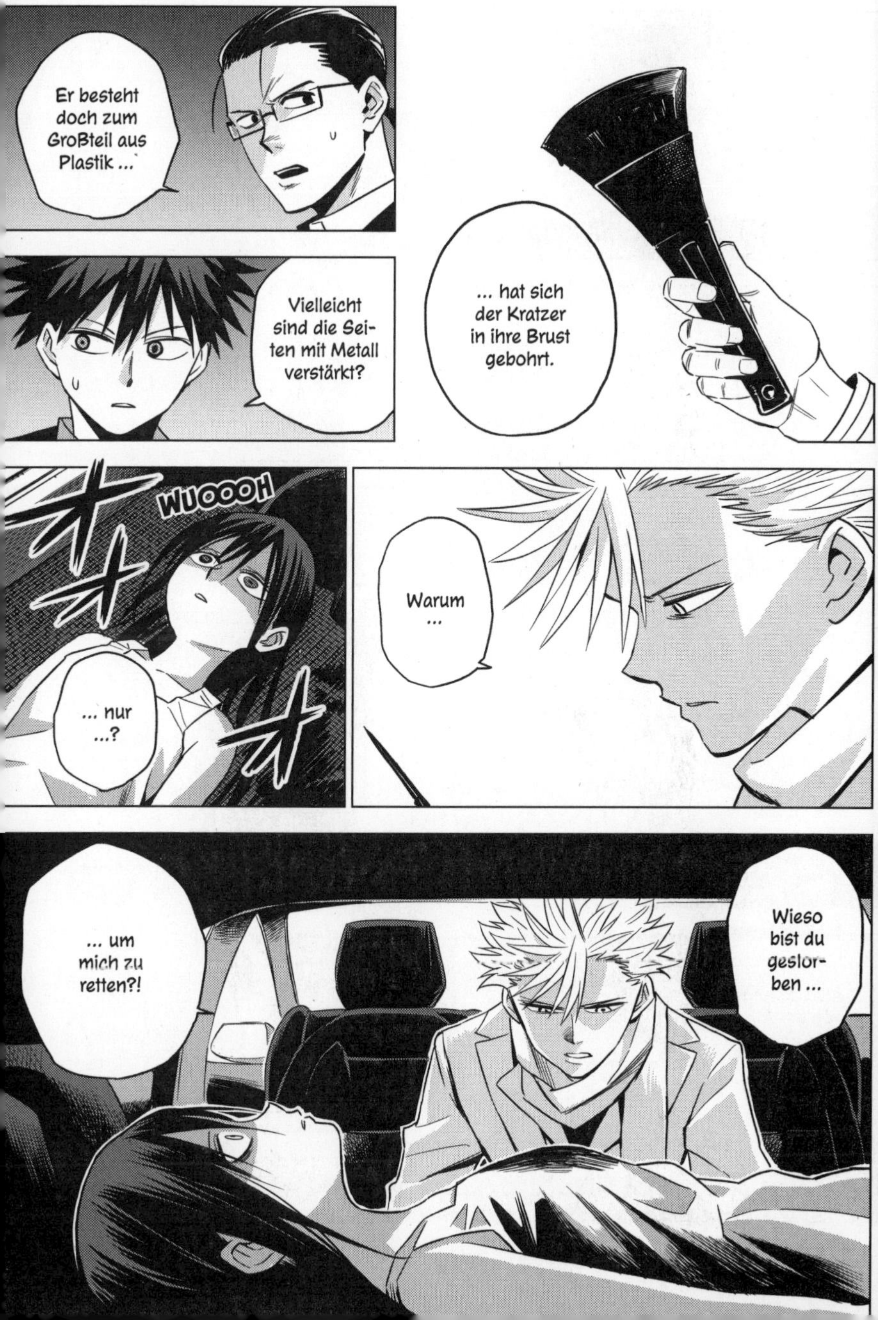
... hat sich der Kratzer in ihre Brust gebohrt.
Er besteht doch zum Großteil aus Plastik ...
Vielleicht sind die Seiten mit Metall verstärkt?
Warum ...
WUOOOH
... nur ...?
Wieso bist du geslorben ...
... um mich zu retten?!

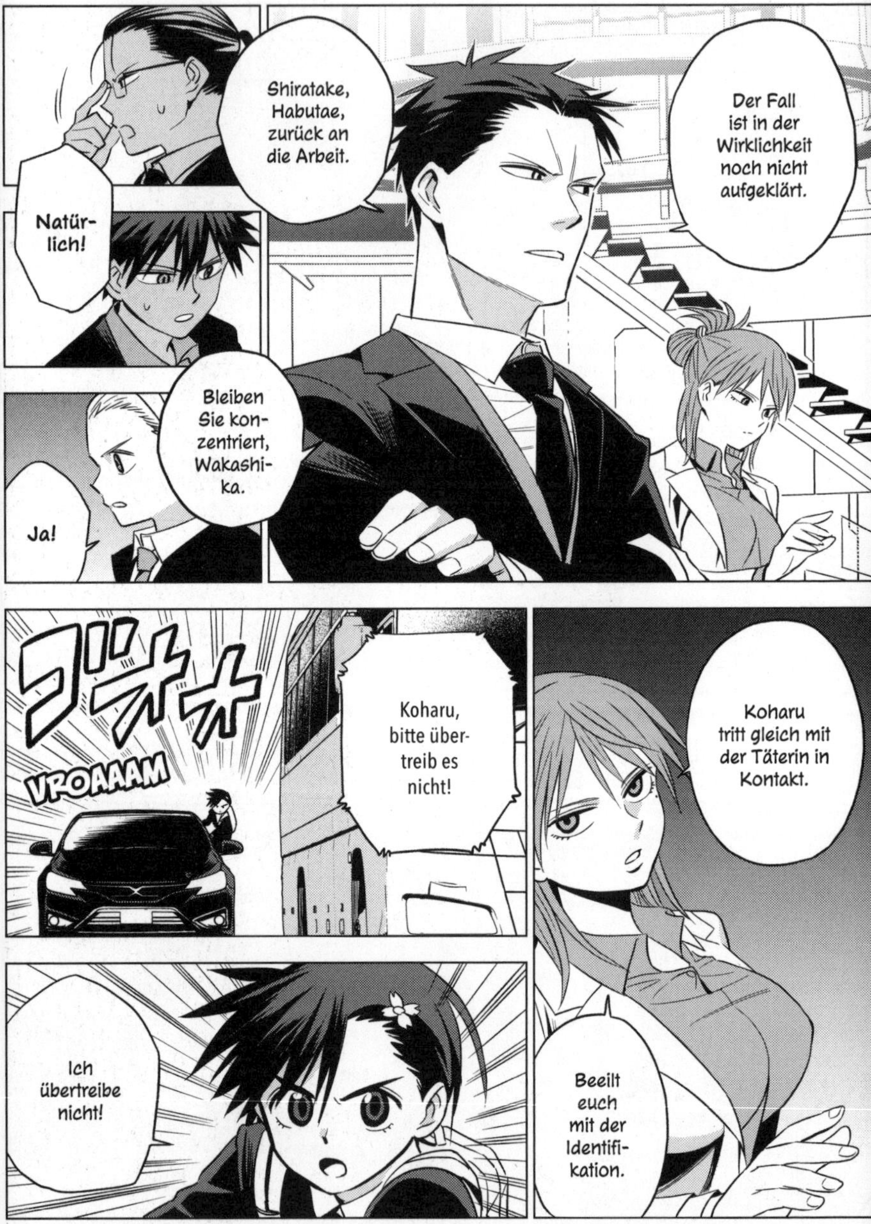
Der Fall ist in der Wirklichkeit noch nicht aufgeklärt.
Shiratake, Habutae, zurück an die Arbeit.
Natürlich!
Bleiben Sie konzentriert, Wakashika.
Ja!
Koharu tritt gleich mit der Täterin in Kontakt.
Beeilt euch mit der Identifikation.
Koharu, bitte übertreib es nicht!
VROAAAM
Ich übertreibe nicht!

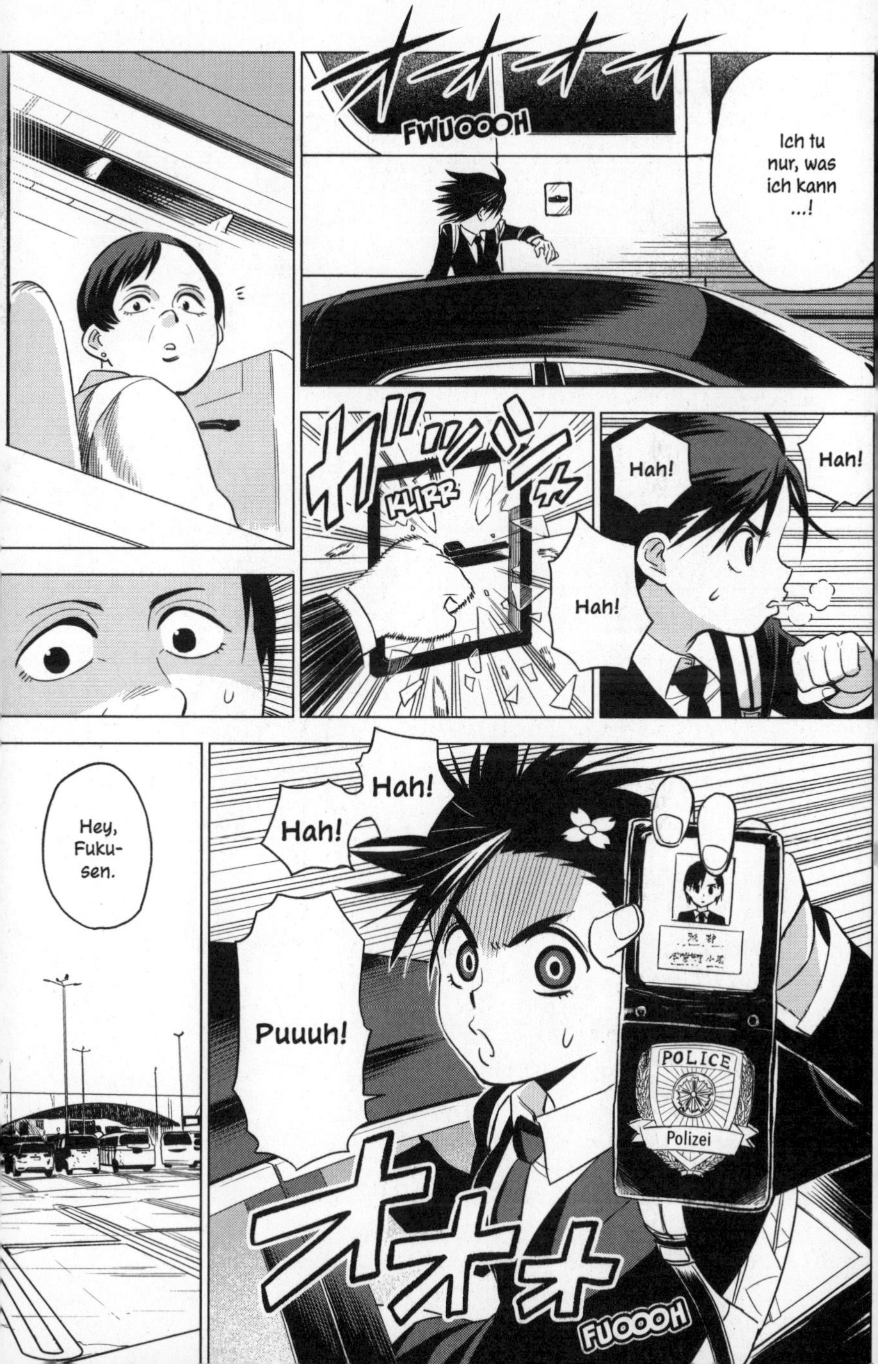
FWUOOOH
Ich tu nur, was ich kann ...!
Hah!
Hah!
Hah!
KLIRR
Hah!
Hah!
Puuuh!
POLICE
Polizei
FUOOOH
Hey, Fuku-sen.

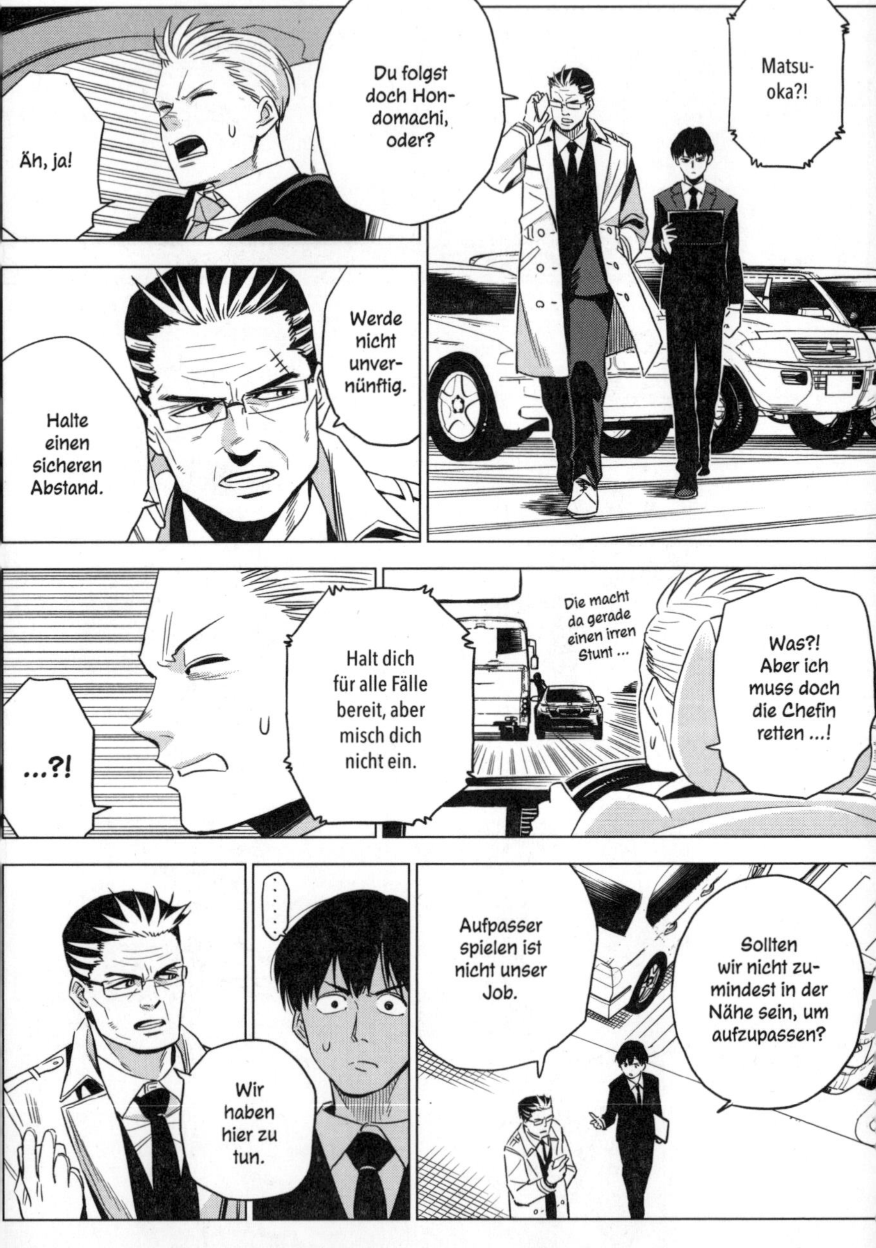
Matsu-oka?!
Du folgst doch Hon-domachi, oder?
Äh, ja!
Werde nicht unver-nünftig.
Halte einen sicheren Abstand.
Was?! Aber ich muss doch die Chefin retten ...!
Die macht da gerade einen irren Stunt ...
Halt dich für alle Fälle bereit, aber misch dich nicht ein.
...?!
Sollten wir nicht zu-mindest in der Nähe sein, um aufzupassen?
Aufpasser spielen ist nicht unser Job.
......
Wir haben hier zu tun.

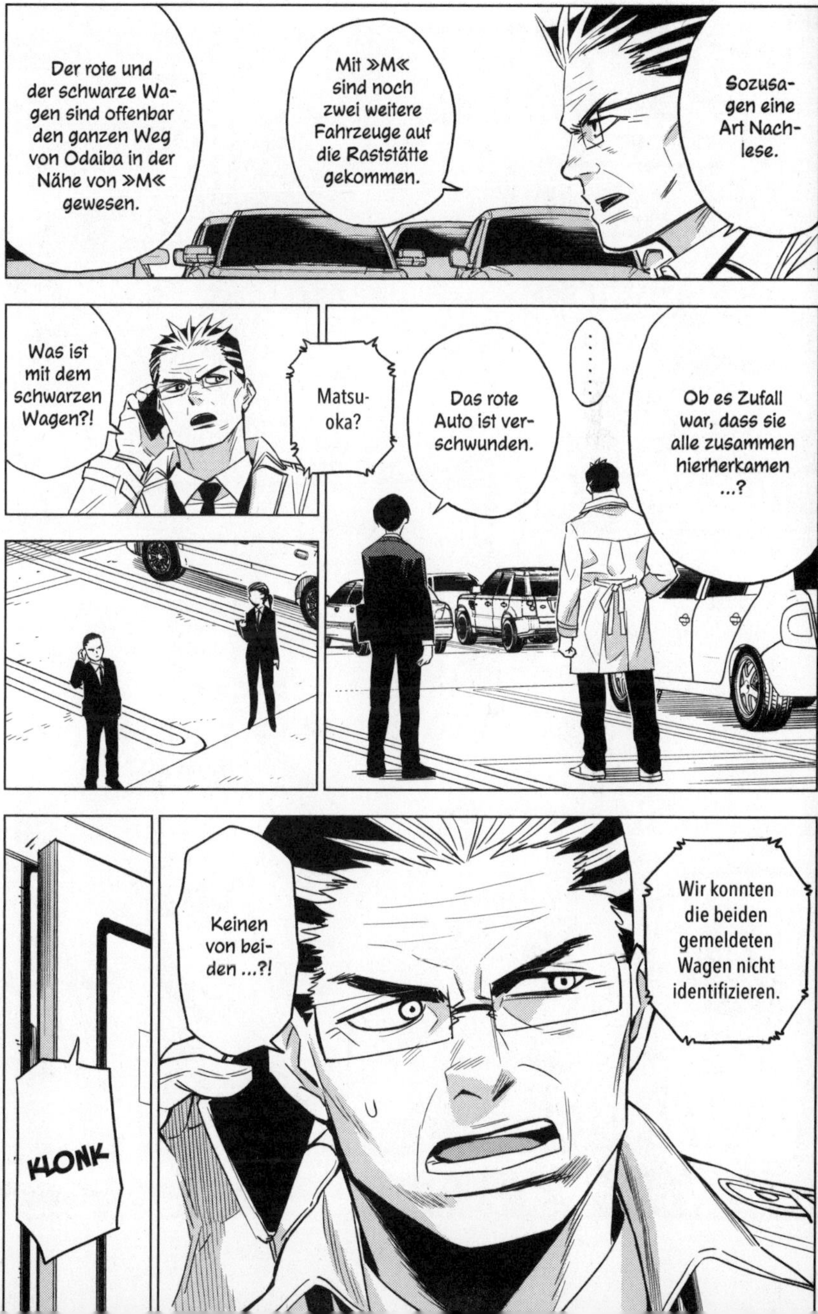
Sozusagen eine Art Nachlese.
Mit »M« sind noch zwei weitere Fahrzeuge auf die Raststätte gekommen.
Der rote und der schwarze Wagen sind offenbar den ganzen Weg von Odaiba in der Nähe von »M« gewesen.
Ob es Zufall war, dass sie alle zusammen hierherkamen ...?
......
Das rote Auto ist verschwunden.
Matsuoka?
Was ist mit dem schwarzen Wagen?!
Wir konnten die beiden gemeldeten Wagen nicht identifizieren.
Keinen von beiden ...?!
KLONK

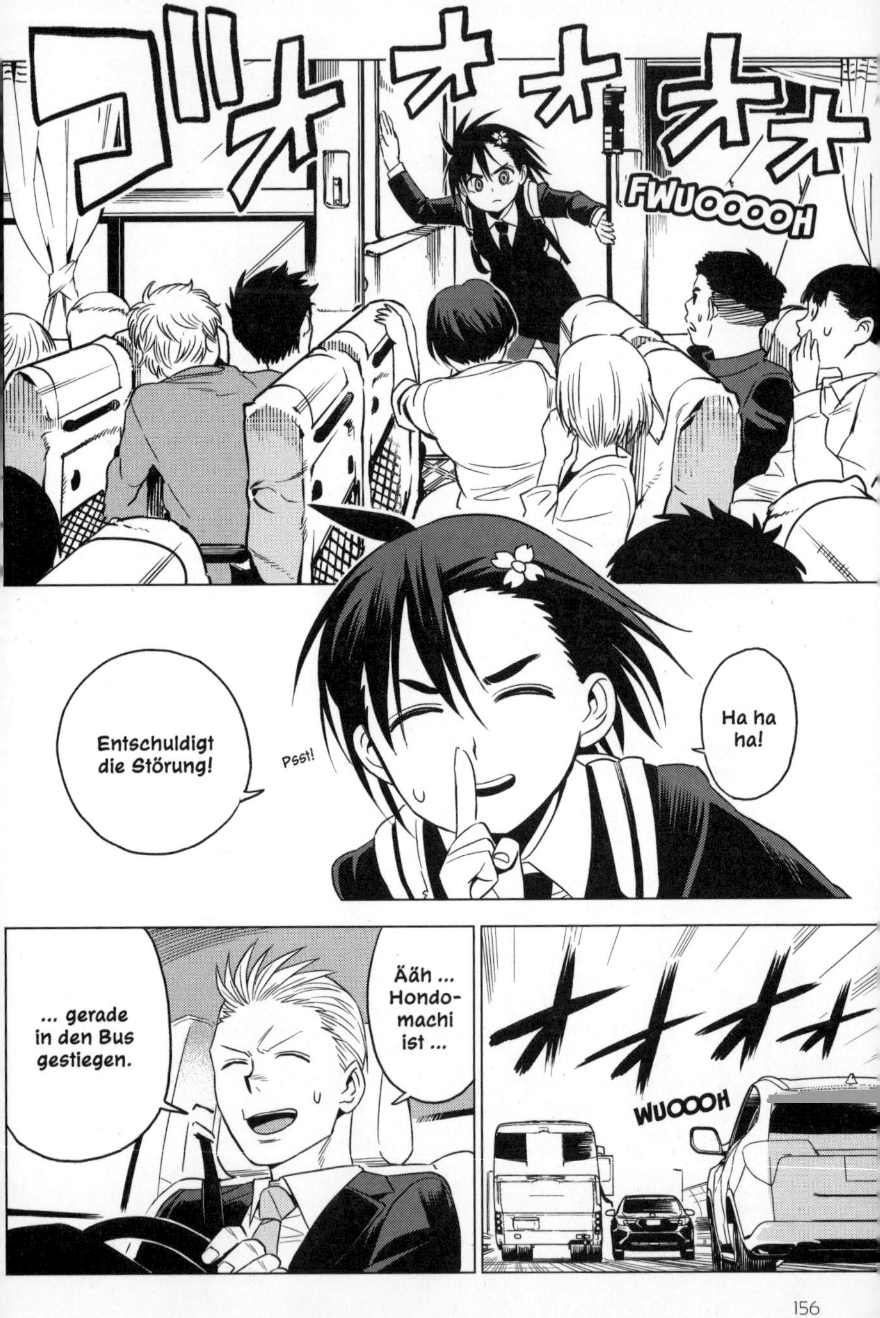

ゴォオオオ
FWUOOOOOH
Ha ha ha!
Psst!
Entschuldigt die Störung!
オオオオ
WUOOOH
Ääh ... Hondo-machi ist ...
... gerade in den Bus gestiegen.

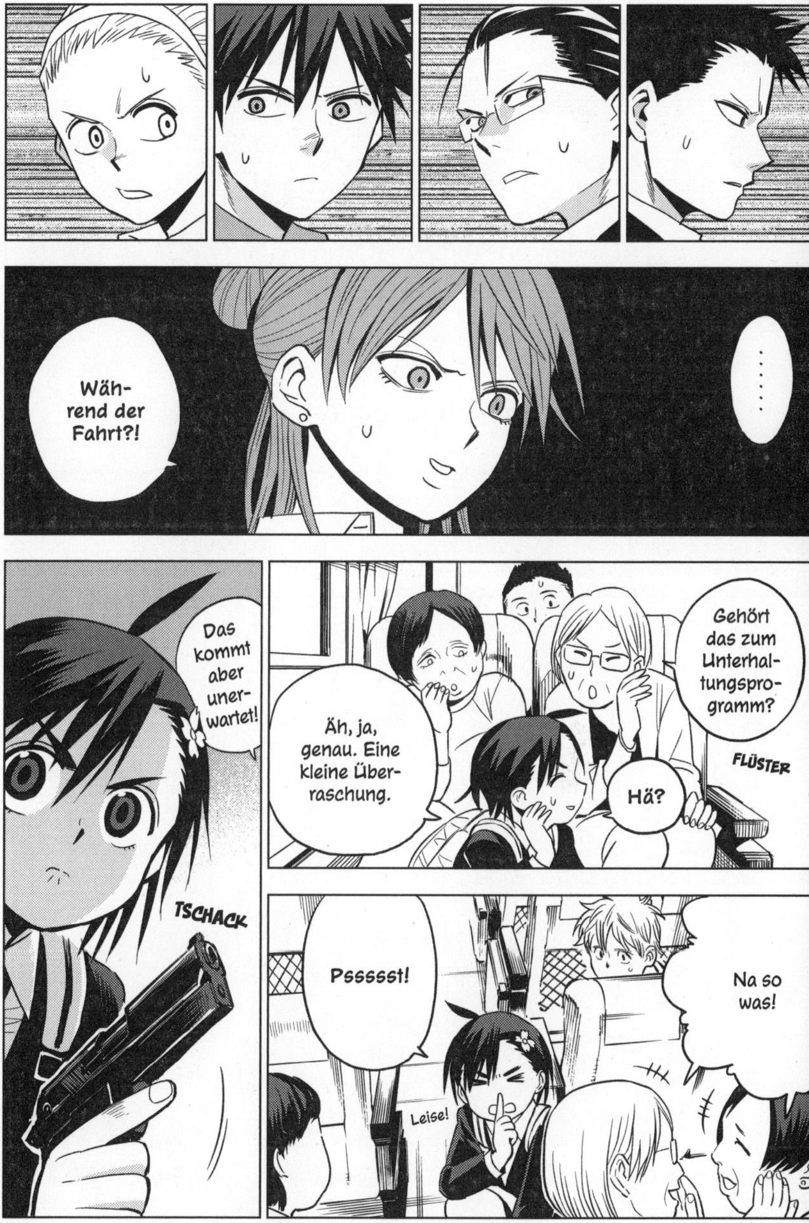
……
Wäh-
rend der
Fahrt?!
Gehört das zum Unterhaltungsprogramm?
FLÜSTER
Hä?
Äh, ja, genau. Eine kleine Überraschung.
Das kommt aber unerwartet!
TSCHACK
Na so was!
Pssssst!
Leise!

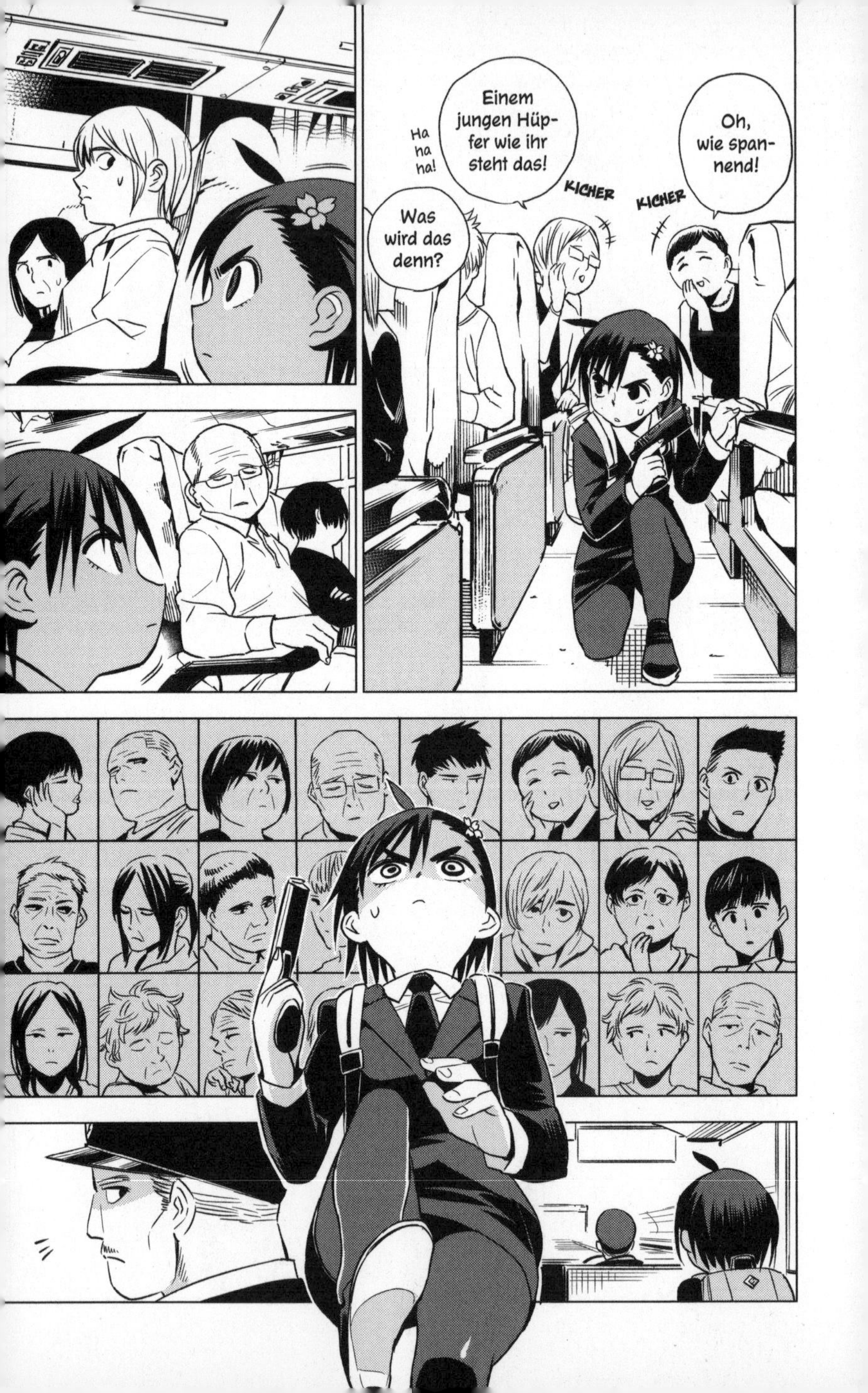
Oh, wie spannend!
KICHER
KICHER
Einem jungen Hüpfer wie ihr steht das!
Ha ha ha!
Was wird das denn?

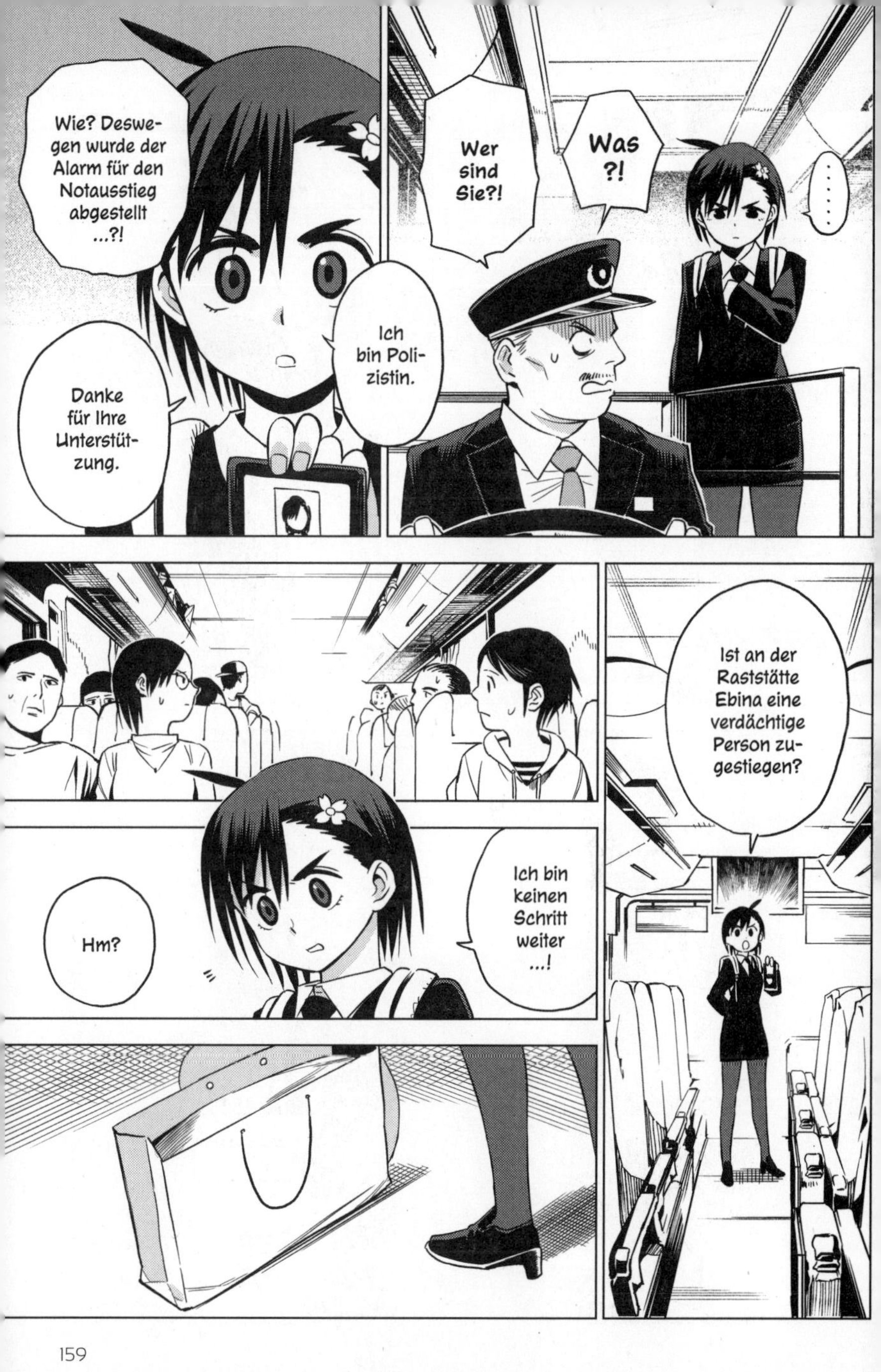
……
Was ?!
Wer sind Sie?!
Ich bin Polizistin.
Wie? Deswegen wurde der Alarm für den Notausstieg abgestellt ...?!
Danke für Ihre Unterstützung.
Ist an der Raststätte Ebina eine verdächtige Person zugestiegen?
Ich bin keinen Schritt weiter ...!
Hm?

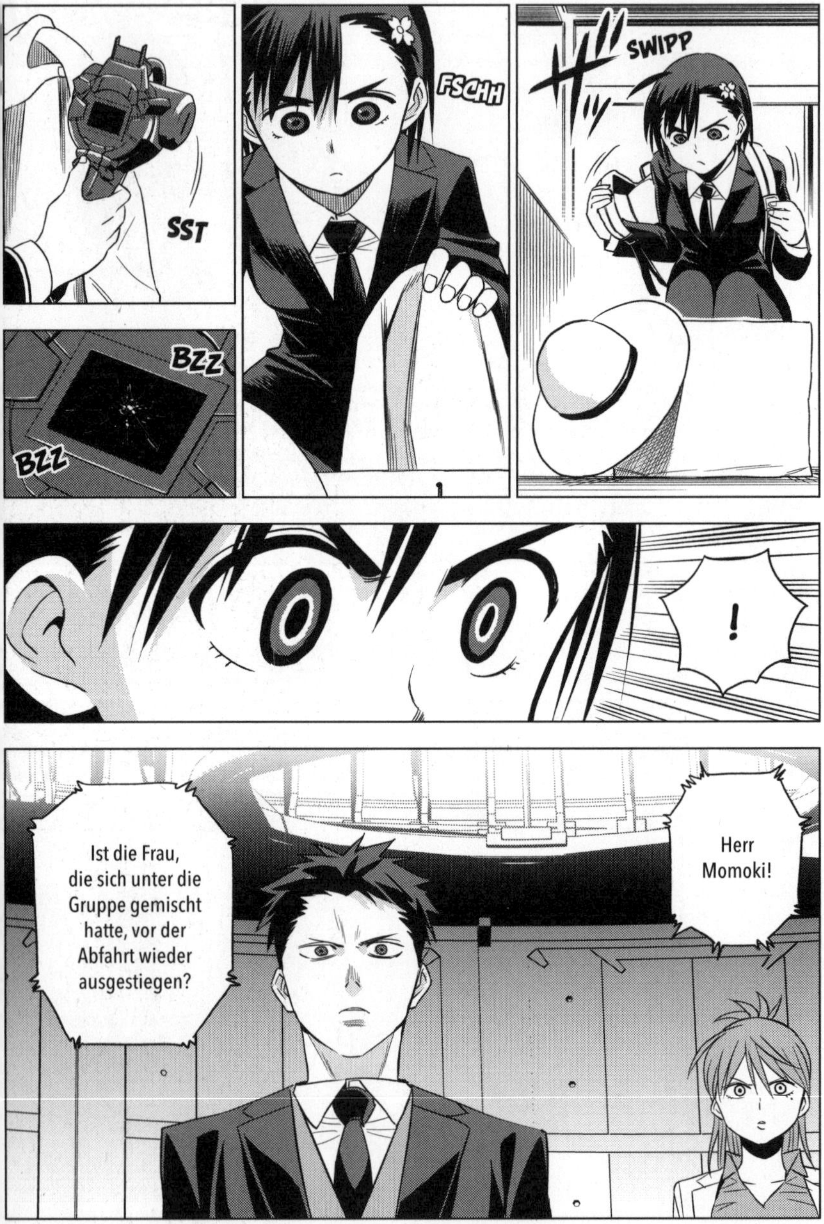
SWIPP
FSCHH
SST
BZZ
BZZ
!
Herr Momoki!
Ist die Frau, die sich unter die Gruppe gemischt hatte, vor der Abfahrt wieder ausgestiegen?

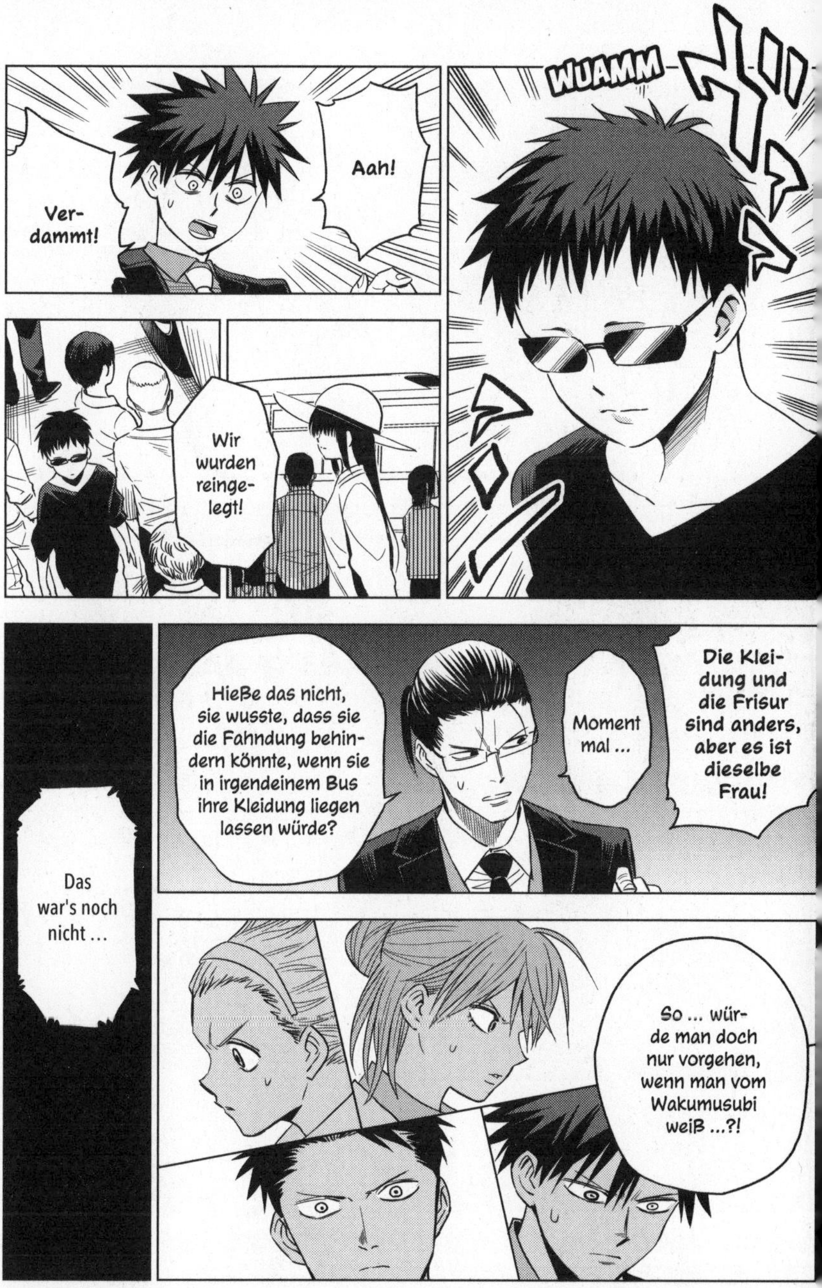

WUAMM
Aah!
Ver-
dammt!
Wir
wurden
reinge-
legt!
Die Klei-
dung und
die Frisur
sind anders,
aber es ist
dieselbe
Frau!
Moment
mal ...
Hieße das nicht,
sie wusste, dass sie
die Fahndung behin-
dern könnte, wenn sie
in irgendeinem Bus
ihre Kleidung liegen
lassen würde?
Das
war's noch
nicht ...
So ... wür-
de man doch
nur vorgehen,
wenn man vom
Wakumusubi
weiß ...?!

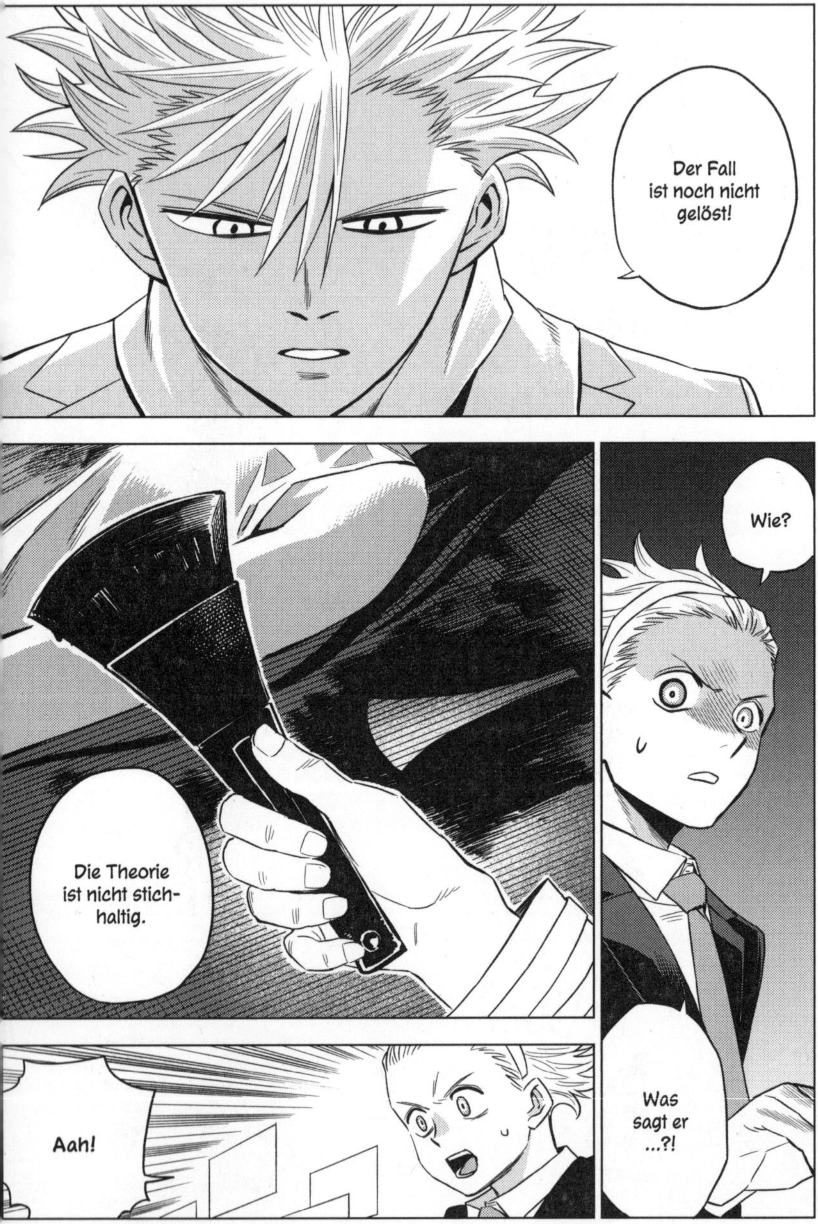
Der Fall ist noch nicht gelöst!
Wie?
Die Theorie ist nicht stich-haltig.
Was sagt er ...?!
Aah!

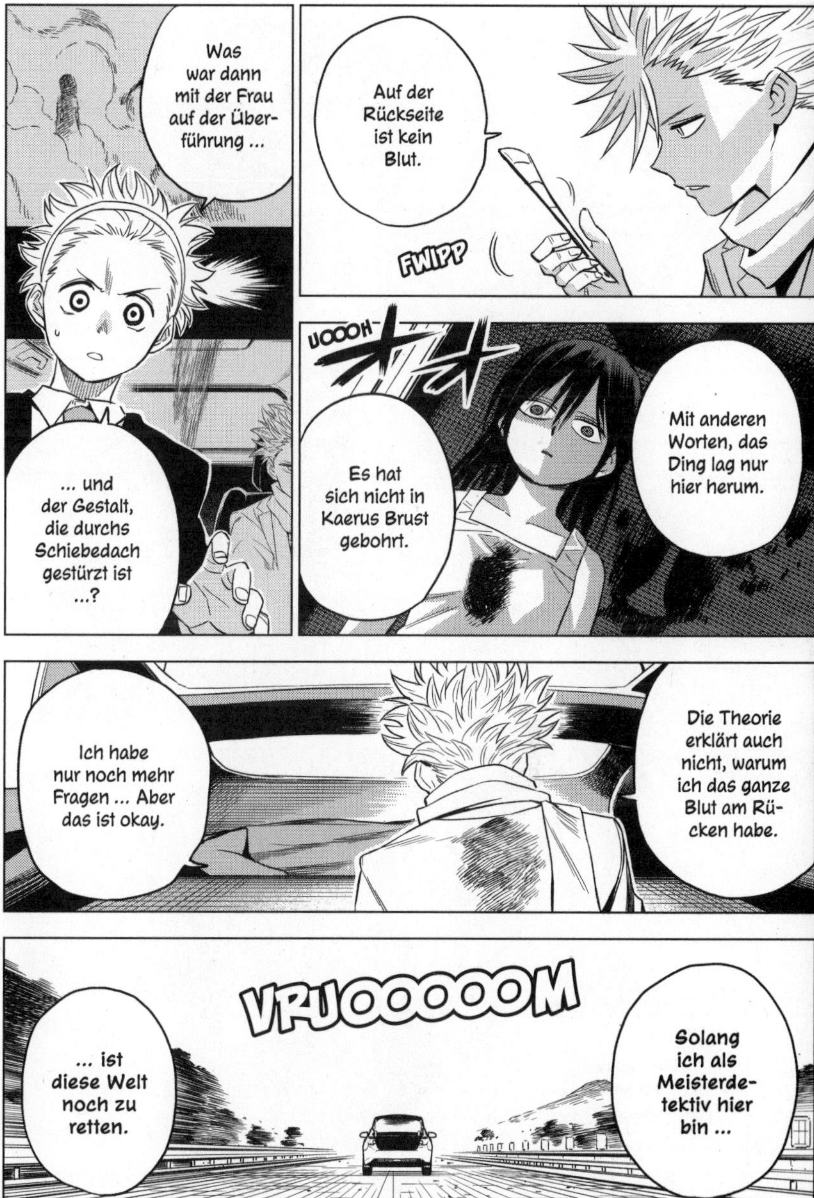
Auf der Rückseite ist kein Blut.
FWIPP
UOOOH
Mit anderen Worten, das Ding lag nur hier herum.
Es hat sich nicht in Kaerus Brust gebohrt.
Was war dann mit der Frau auf der Über-führung ...
... und der Gestalt, die durchs Schiebedach gestürzt ist ...?
Die Theorie erklärt auch nicht, warum ich das ganze Blut am Rü-cken habe.
Ich habe nur noch mehr Fragen ... Aber das ist okay.
VRUOOOOOM
Solang ich als Meisterde-tektiv hier bin ...
... ist diese Welt noch zu retten.

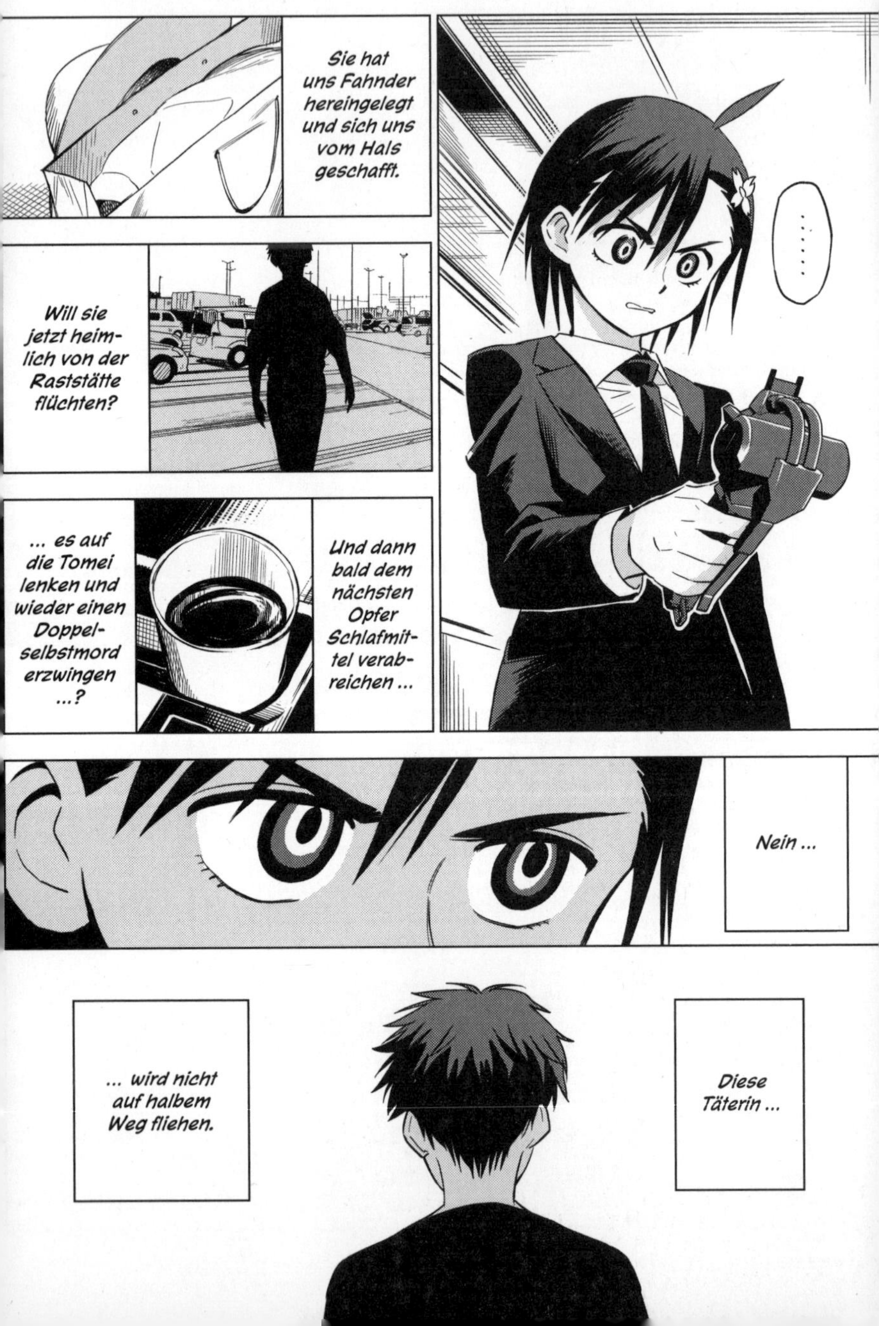
……
Sie hat uns Fahnder hereingelegt und sich uns vom Hals geschafft.
Will sie jetzt heimlich von der Raststätte flüchten?
Und dann bald dem nächsten Opfer Schlafmittel verabreichen …
… es auf die Tomei lenken und wieder einen Doppelselbstmord erzwingen …?
Nein …
Diese Täterin …
… wird nicht auf halbem Weg fliehen.

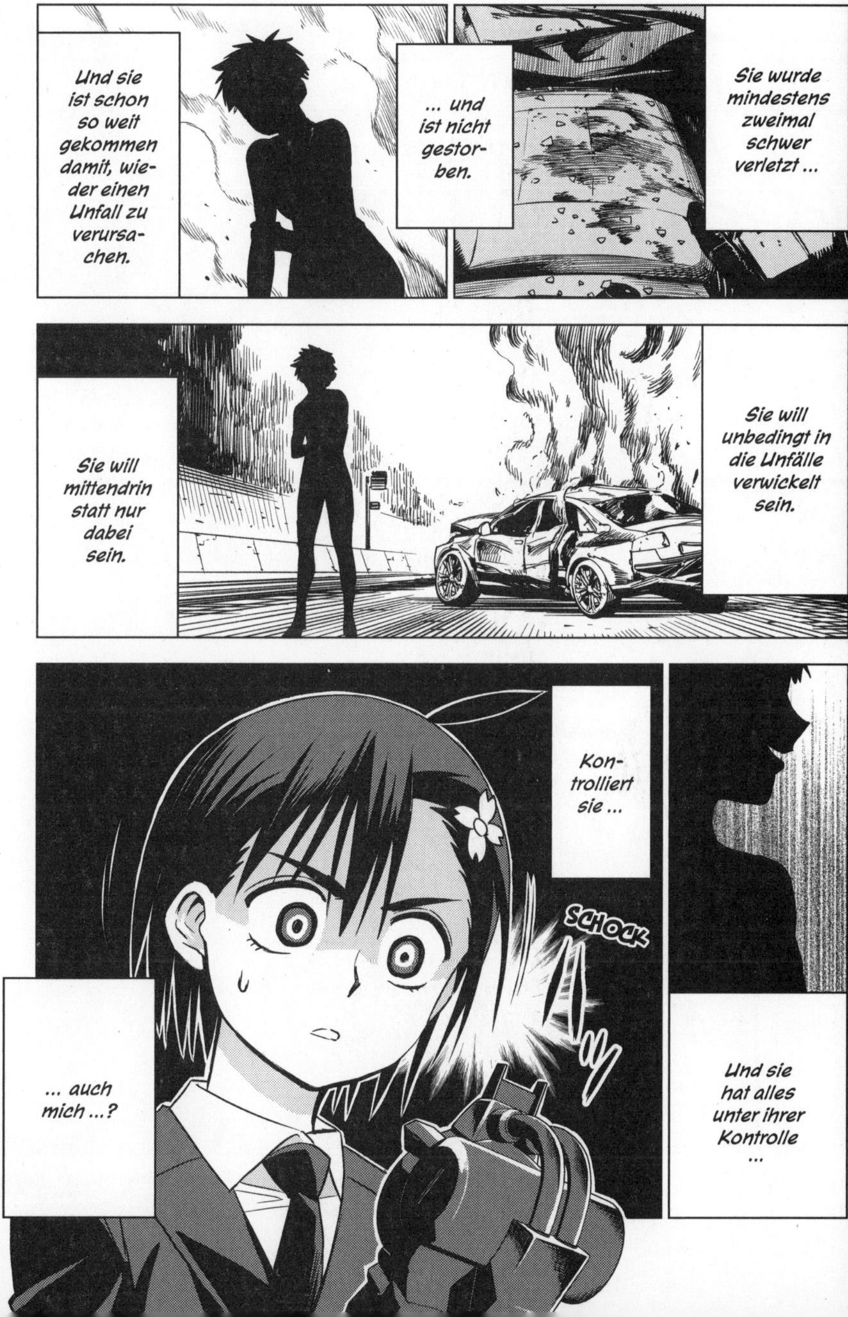

Sie wurde mindestens zweimal schwer verletzt ...
... und ist nicht gestorben.
Und sie ist schon so weit gekommen damit, wieder einen Unfall zu verursachen.
Sie will unbedingt in die Unfälle verwickelt sein.
Sie will mittendrin statt nur dabei sein.
Und sie hat alles unter ihrer Kontrolle ...
Kontrolliert sie ...
SCHOCK
... auch mich ...?

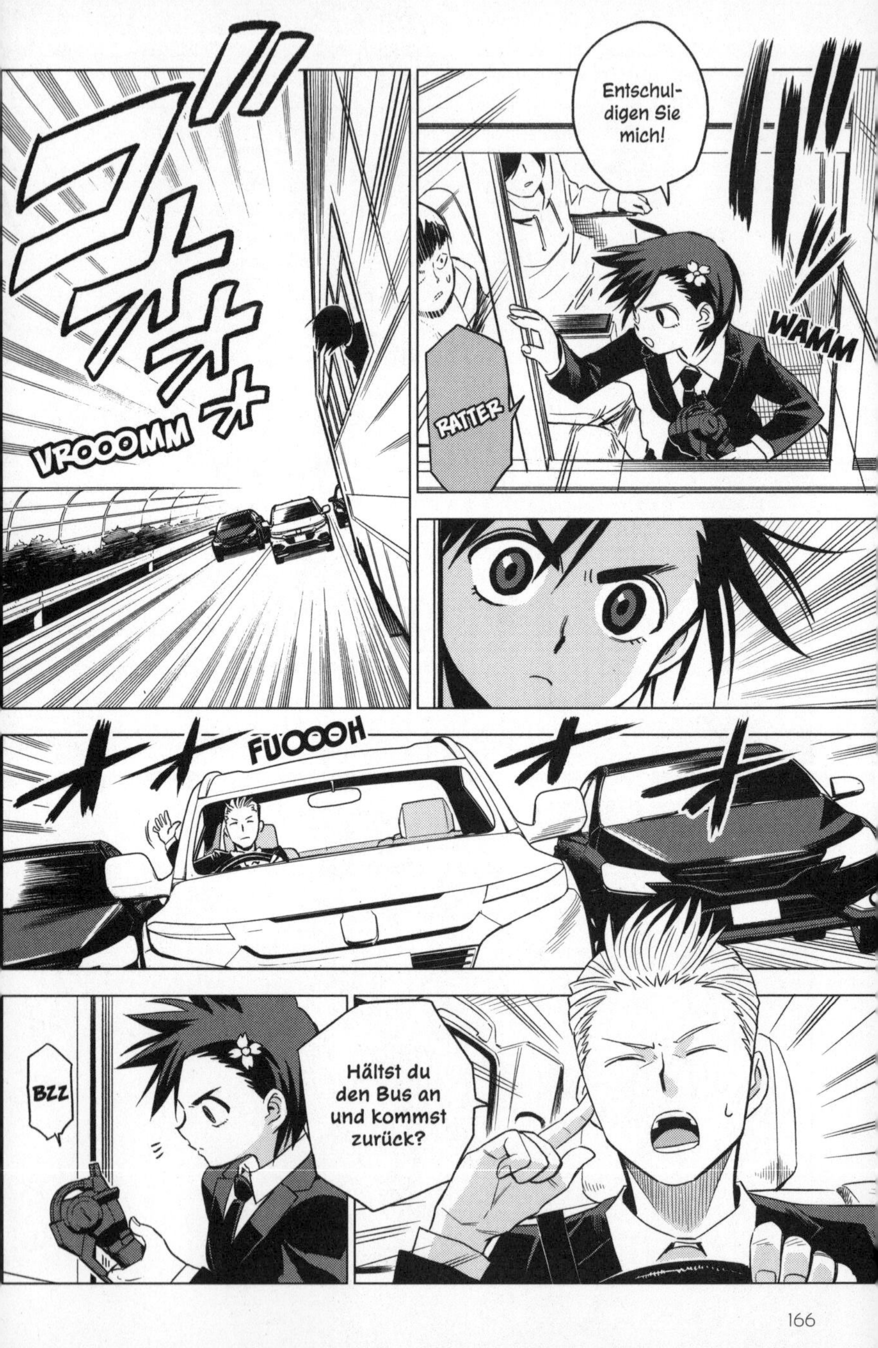
VROOOMM
Entschul-
digen Sie
mich!
WAMM
RATTER
FUOOOH
BZZ
Hältst du
den Bus an
und kommst
zurück?

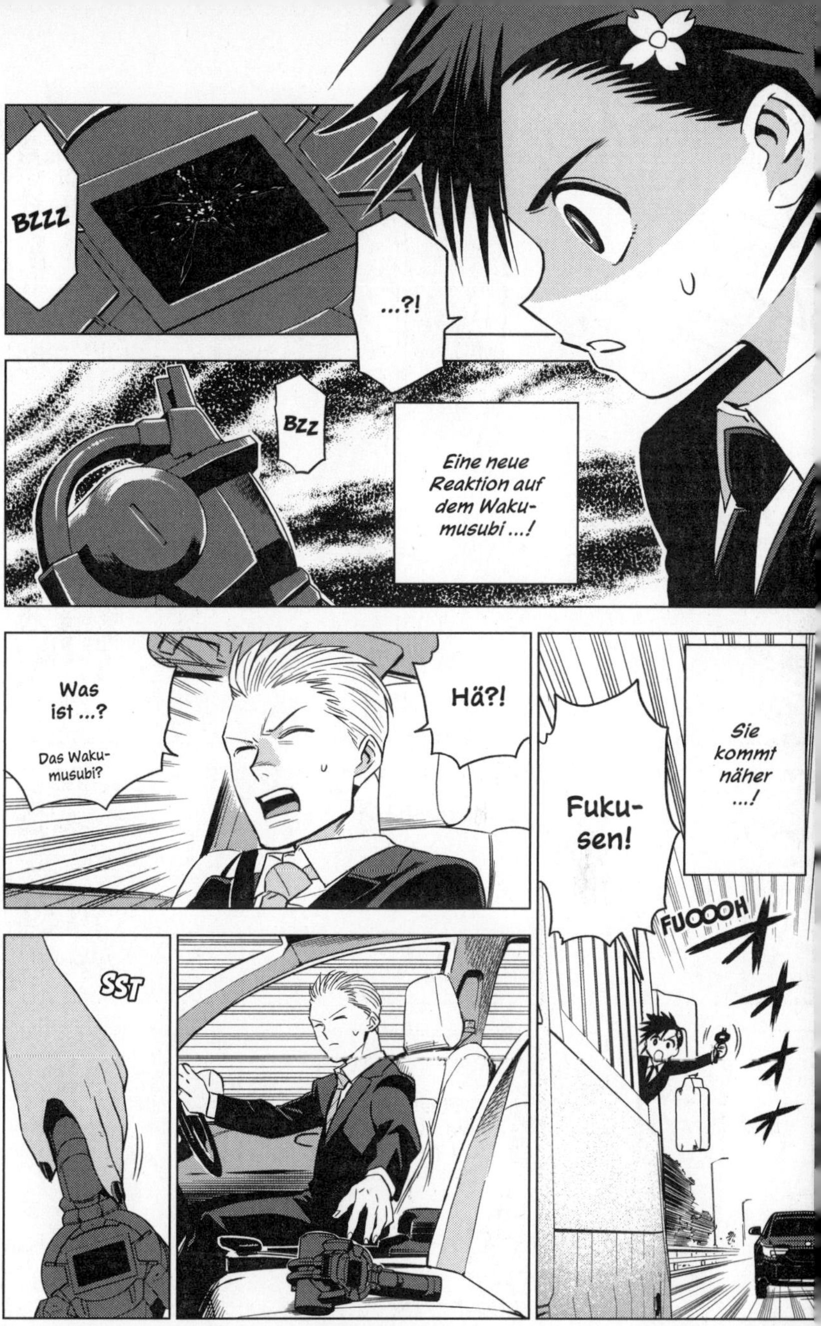

BZZZ
...?!
Eine neue Reaktion auf dem Waku-musubi ...!
BZZ
Hä?!
Was ist ...?
Das Waku-musubi?
Sie kommt näher ...!
Fuku-sen!
FUOOOH
SST

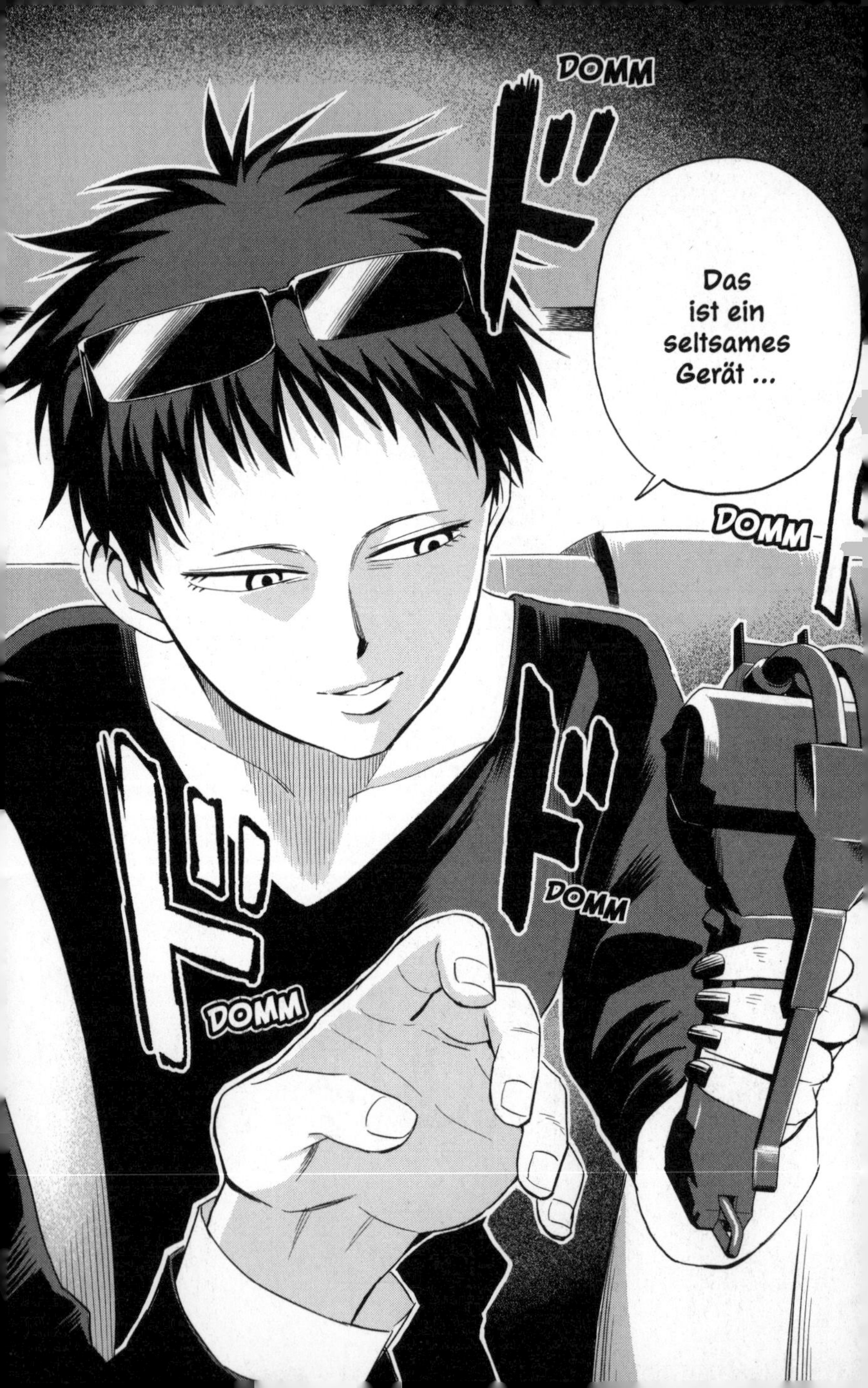
DOMM
Das ist ein seltsames Gerät ...
DOMM
DOMM
DOMM

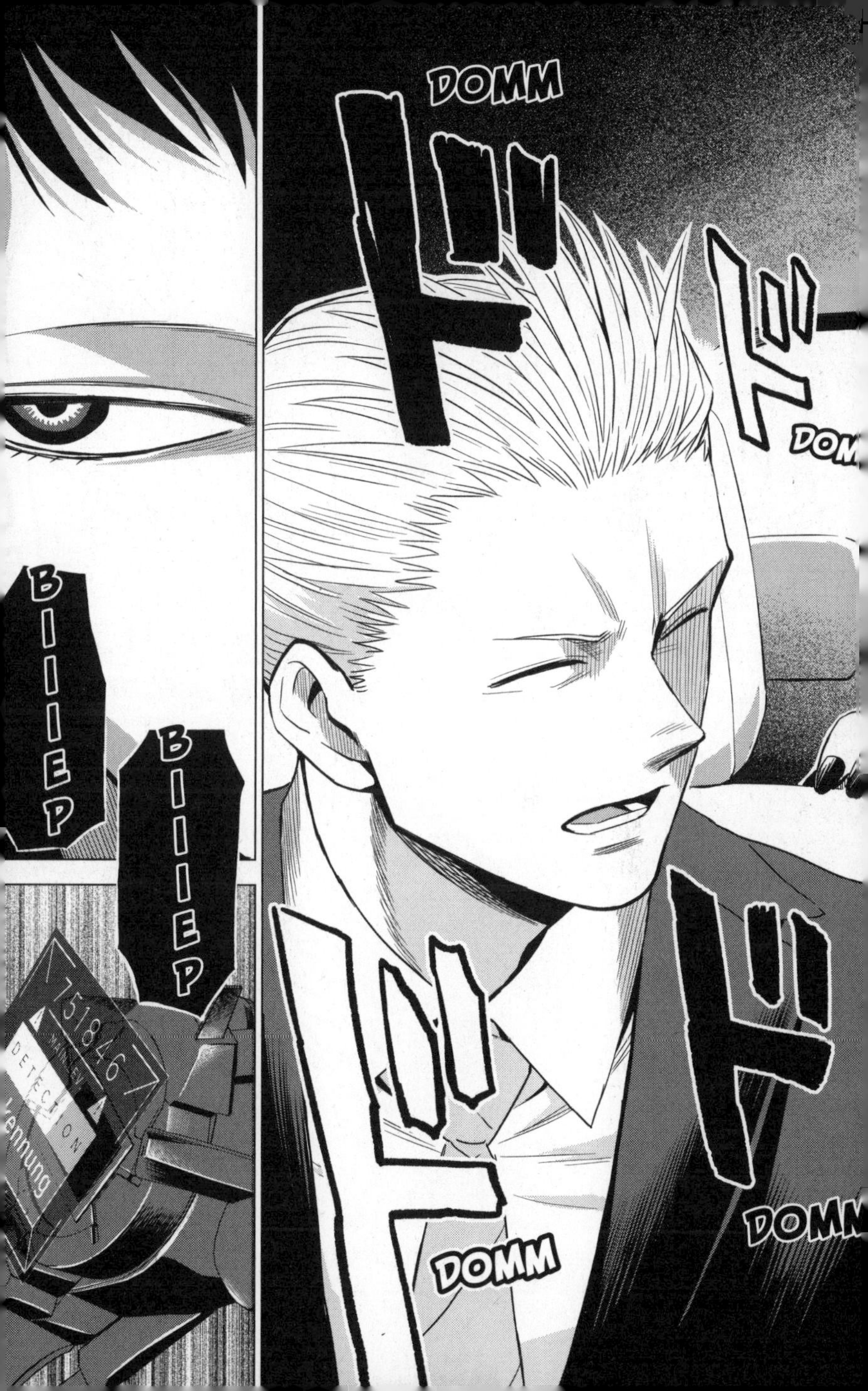
DOMM
DOM
DOMM
DOMM
BIIIEP
BIIIEP
751846
DETECTION
Kennung

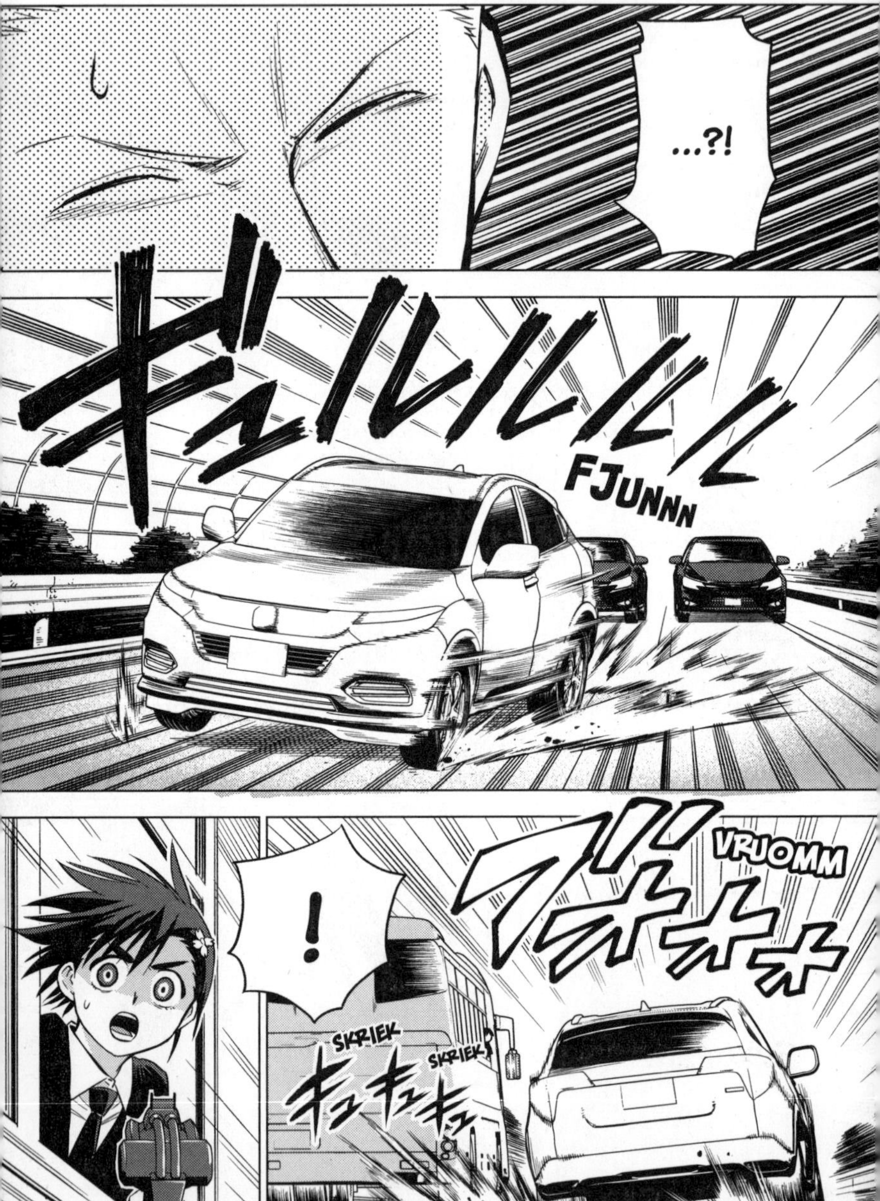
...?!
FJUNNN
VRUOMM
!
SKRIEK
SKRIEK

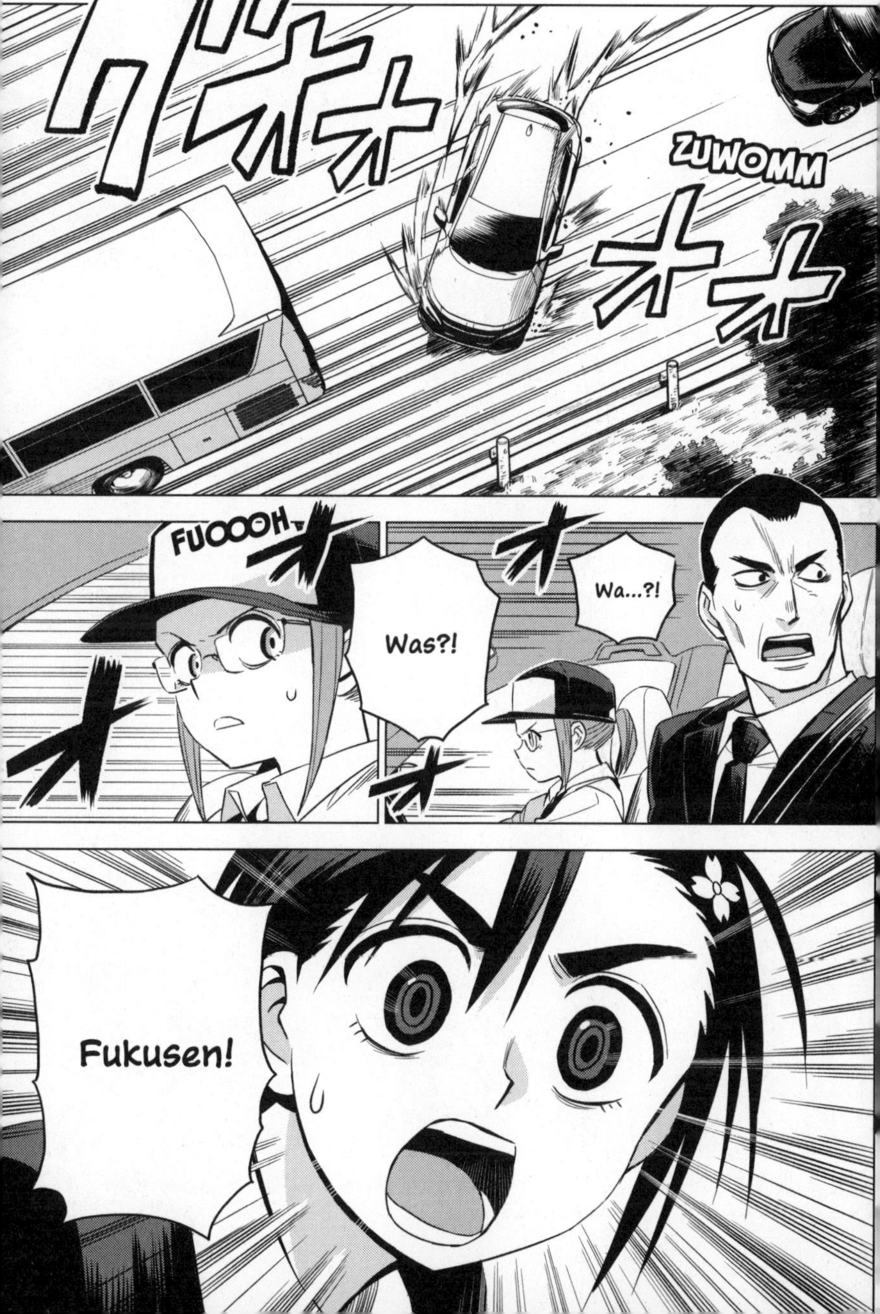
ZUWOMM
FUOOOH
Was?!
Wa...?!
Fukusen!

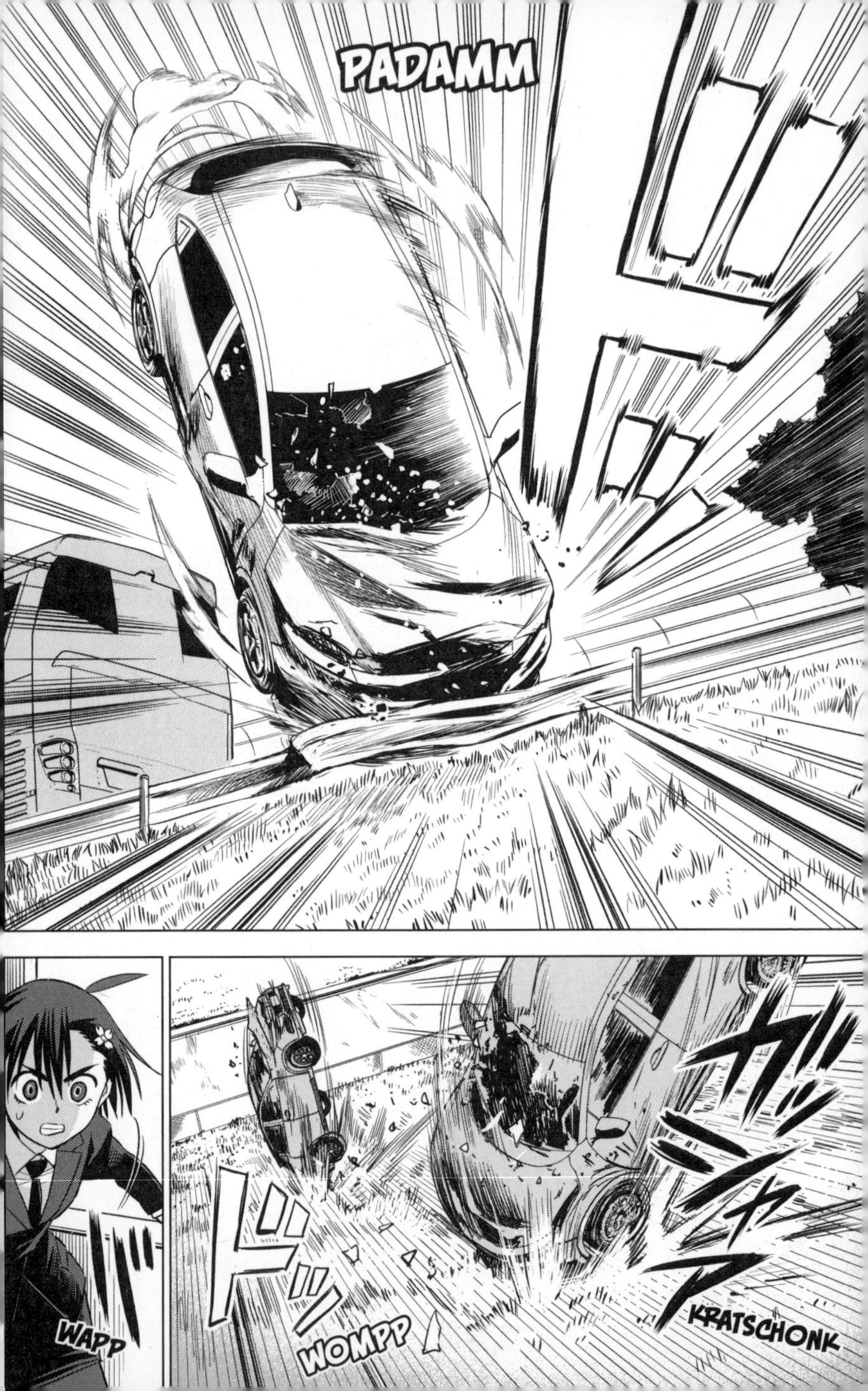
PADAMM
KRATSCHONK
WOMPP
WAPP

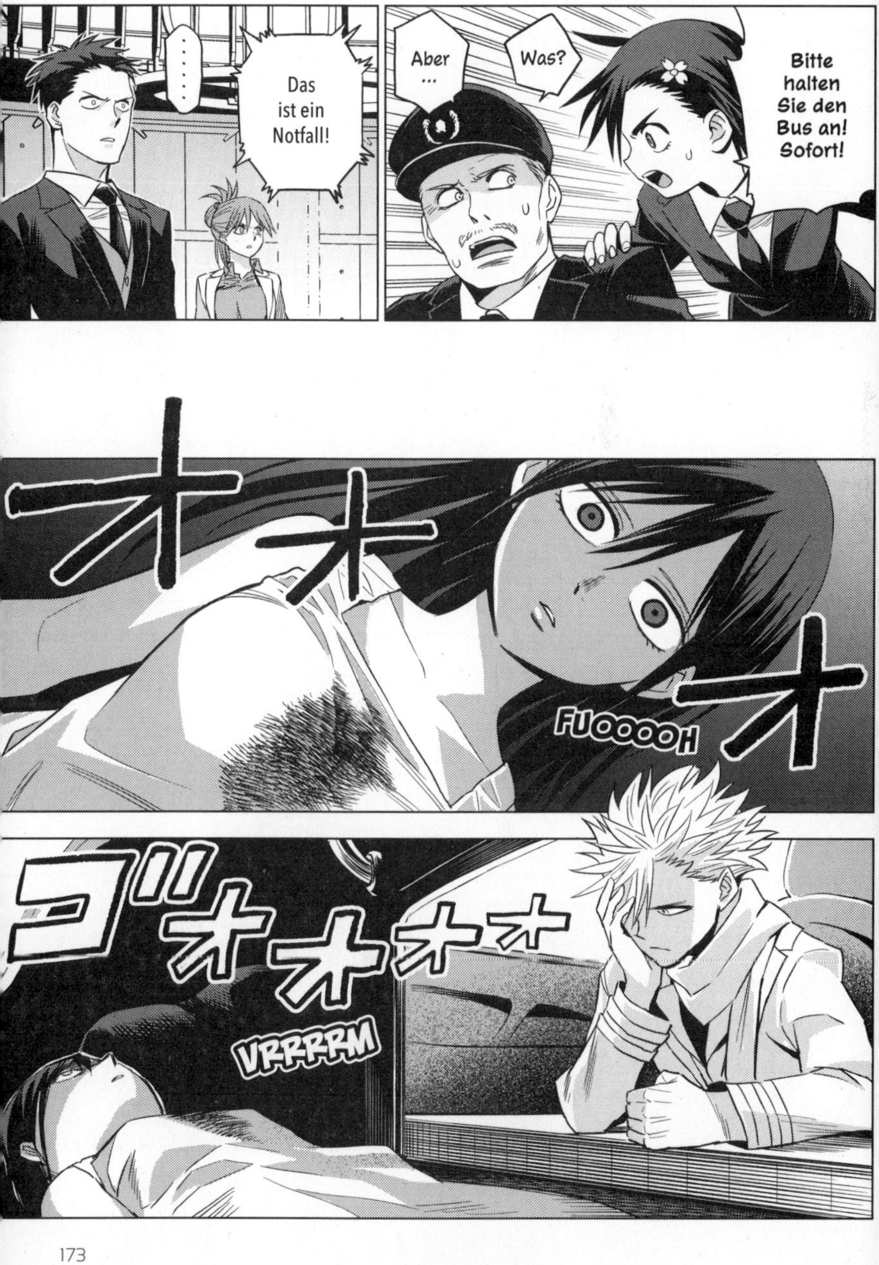
Bitte halten Sie den Bus an! Sofort!
Was?
Aber ...
Das ist ein Notfall!
......
FUOOOOH
VRRRRM

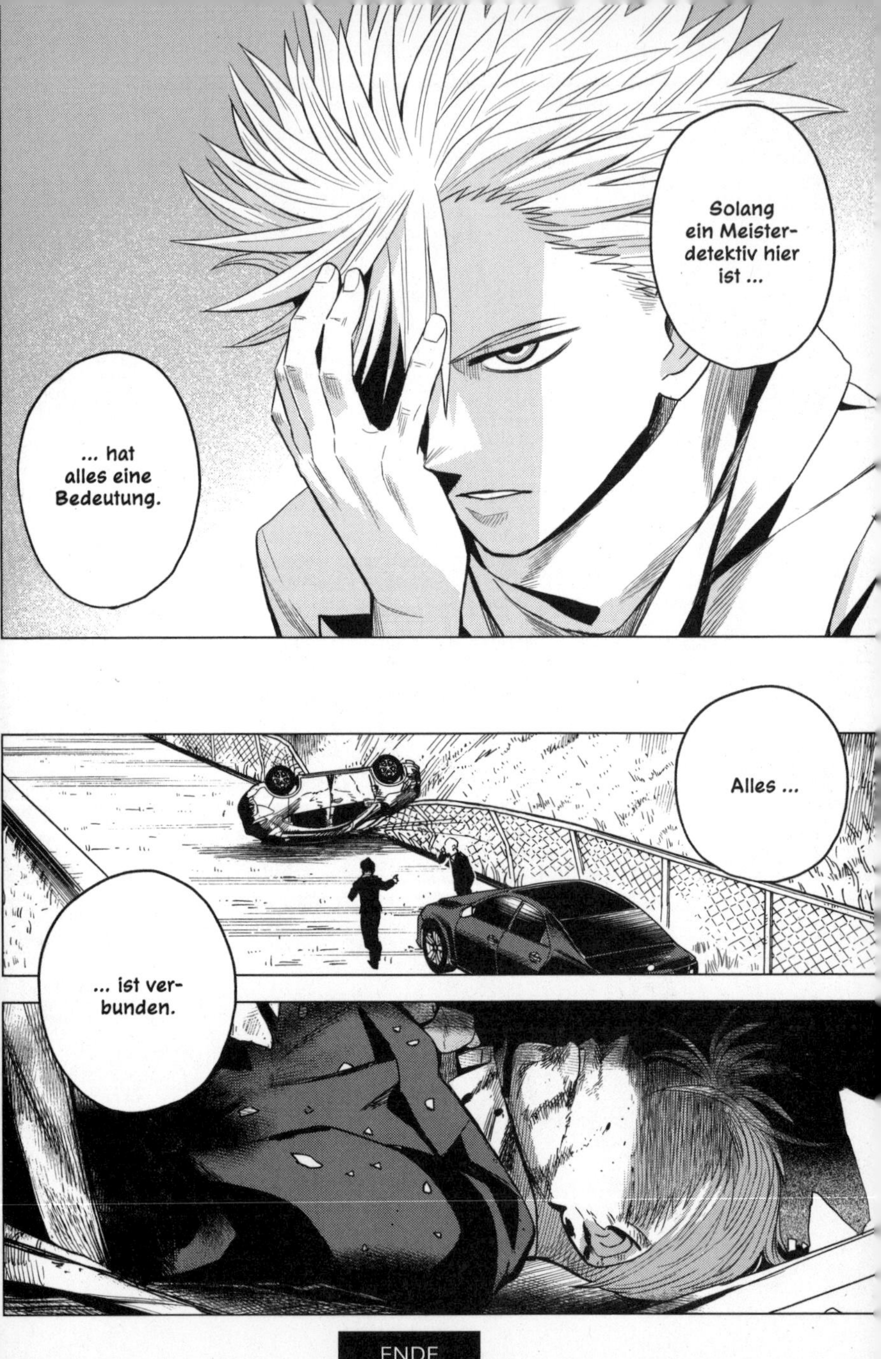
Solang ein Meister-detektiv hier ist ...
... hat alles eine Bedeutung.
Alles ...
... ist ver-bunden.

ENDE

ID:INVADED

#BRAKE BROKEN

Die Kura

Die unabhängige, streng geheime Polizeiorganisation befindet sich in Tokyo. Sie untersucht Mordfälle auf eine ganz besondere Weise, da sie als einzige Behörde Zugriff auf das Mizuhanome-System hat.

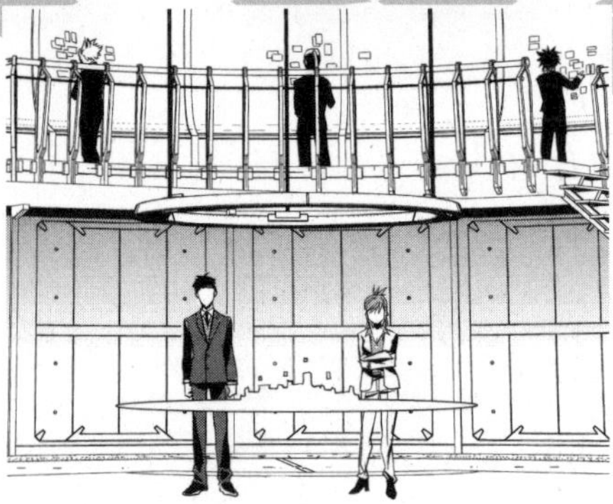

Der Brunnenrand

Diese Abteilung leitet bei Kura die Ermittlungen. Die Mitarbeiter vor Ort analysieren die Geschehnisse im ID-Brunnen, beobachten Narihisagos Vorankommen und ziehen Rückschlüsse auf die reale Welt. Die Leitung hat Funetaro Momoki.

Feldanalysten

Sie ermitteln in Rücksprache mit dem Brunnenrand in der realen Welt und halten die Verbindung zu anderen Behörden. Die Feldanalysten führen das Wakamusubi mit sich. Zu ihnen gehören unter anderem die Agenten Fukusen, Hondomachi und Matsuoka.

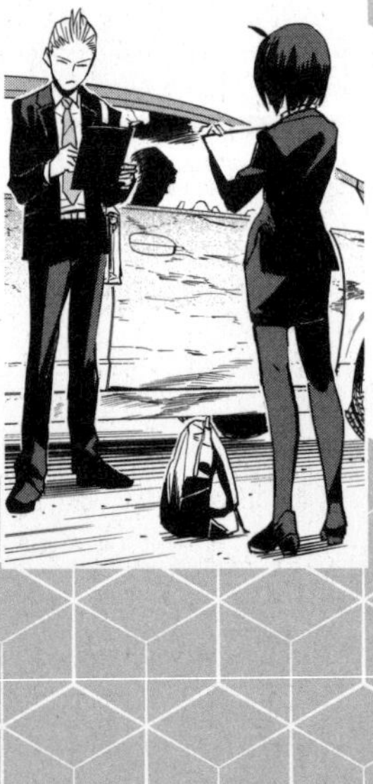

Das Mizuhanome-System

Das Mizuhanome-System wurde entwickelt, um Mordfälle aufzuklären. Es kann anhand der gesammelten Gedankenpartikel eine Analyse erstellen und einen ID-Brunnen erschaffen, um die aufgespürte Mordabsicht zu ergründen und den Mörder dingfest zu machen.

Die Mizuhanome-Piloten

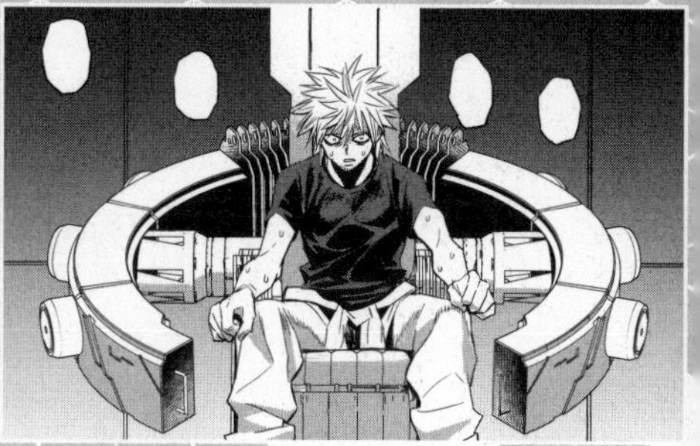

Nur Mörder können in die ID-Brunnen eintauchen und zu Meisterdetektiven werden. Daher rekrutiert die Kura ihre Piloten oft aus den Reihen ihrer eigenen Gefangenen. Narihisago ist einer der erfahrensten Piloten.

Gedankenpartikel

Diese Partikel, die mit dem Wakumusubi aufgespürt werden können, zeigen eine Mordabsicht an. Ihre Lebensdauer hängt von der Stärke der Mordabsicht ab. Sie können vom Wind verteilt werden und so Fehlalarme auf dem Wakumusubi auslösen. Aus den Gedankenpartikeln kann man mit dem Mizuhanome-System die ID-Brunnen konstruieren.

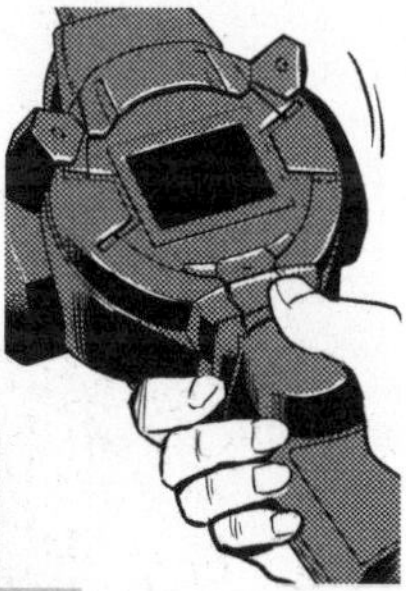

Wakumusubi

Dieses Gerät, das die Feldanalysten mit sich führen, kann Gedankenpartikel aufspüren und speichern. Der Suchbereich kann eingestellt werden. Es kann aber nicht die Stärke der Gefühle oder des Hasses ergründen, die hinter der Mordabsicht stecken. Wakumusubi ist in *ID : Invaded* der Name des Sohnes der Wasser- und Brunnengottheit Mizuhanome aus einer alten japanischen Überlieferung.

ID-Brunnen

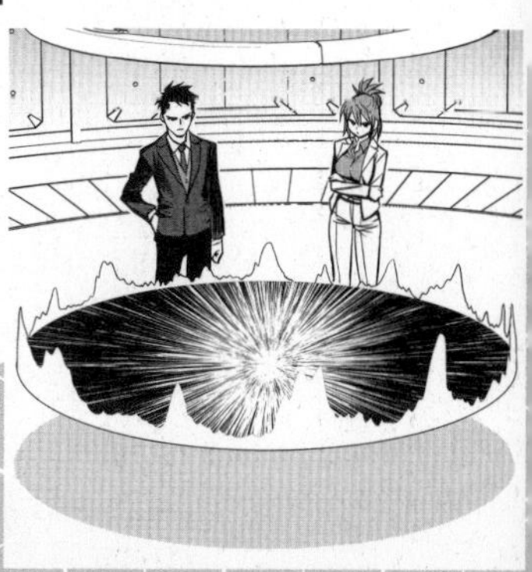

Ein ID-Brunnen wird aus den aufgespürten Gedankenpartikeln eines Mörders konstruiert. Er dient der Informationsbeschaffung und stellt die subjektive Welt des Täters, das Unbewusste dar. Da er auf menschliche Erinnerungen zurückgreift, können Unregelmäßigkeiten auftreten. Manchmal kommt der Täter sogar selbst darin vor. Im ID-Brunnen wird nur das Rätsel gelöst, festnehmen muss man den Täter immer noch in der Realwelt. Taucht ein Mörder in seinen eigenen Brunnen und wird sich dessen bewusst, erzeugt das einen Brunnensturm, der ihn verschlingt, um das Bewusstsein vor dem Unbewussten zu schützen.

TOKYOPOP GmbH
Hamburg

TOKYOPOP
2. Auflage, 2022
Deutsche Ausgabe/German Edition

Aus dem Japanischen von Miryll Ihrens

ID:INVADED #BRAKE-BROKEN Vol.1

First published in Japan in 2020 by
KADOKAWA CORPORATION, Tokyo.
German translation rights arranged with
KADOKAWA CORPORATION, Tokyo,
through TUTTLE-MORI AGENCY, Inc., Tokyo.

Redaktion: Sabine Scholz
Lettering: Vibrant Publishing Studio
Herstellung: Annika Meyer-Wülfing
Druck und buchbinderische Verarbeitung:
CPI – Clausen & Bosse GmbH, Leck
Printed in Germany

MIX Papier FSC® C083411

Wir achten auf die Umwelt.
Dieses Produkt besteht aus FSC®-zertifizierten und anderen kontrollierten Materialien.

ISBN 978-3-8420-7110-0

www.tokyopop.de

ID:INVADED

#BRAKE BROKEN

THE ISOLATOR – REALIZATION OF ABSOLUTE SOLITUDE

Reki Kawahara / Naoki Koshimizu / Shimeji

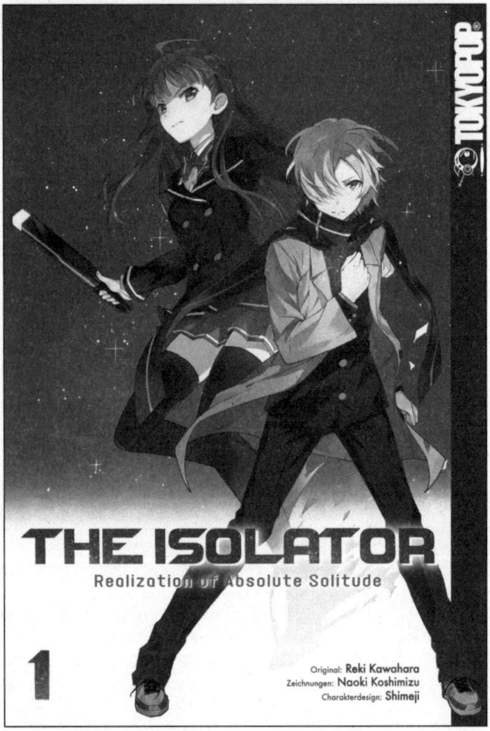

Longing for Loneliness

Minoru ist ein Einzelgänger und versucht sich, so gut es geht, aus allem rauszuhalten. Eines Tages dringt eine seltsame schwarze Sphäre in seine Brust ein und verleiht ihm übernatürliche Fähigkeiten sowie eine undurchdringliche Hülle. Doch er ist nicht der Einzige, der plötzlich Superkräfte besitzt, und nicht alle verwenden sie auf das Gute! Kann Minoru wirklich weiterhin tatenlos zusehen und sich von allem isolieren?

TOKYOPOP®

www.tokyopop.de

DOG END

Yurikawa

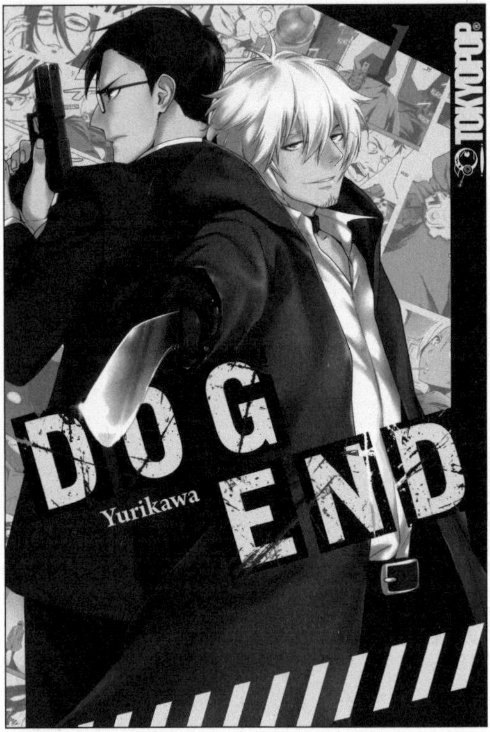

Who let the Dog out?!

Um das Mädchen Mana vor der Mafia zu beschützen, muss der vorbildliche Polizeiinspektor Hatori zu ungewöhnlichen Mitteln greifen: Er verbündet sich mit dem legendären Auftragskiller Wakatsuki, auch bekannt – und vor allem gefürchtet – unter dem Namen »Black Dog«. Da dieser aber genauso verrückt wie unberechenbar ist, gestaltet sich das ganze Unterfangen nicht gerade einfach ...

TOKYOPOP®

www.tokyopop.de

SWORD ART ONLINE – PROGRESSIVE

Reki Kawahara / Kiseki Himura

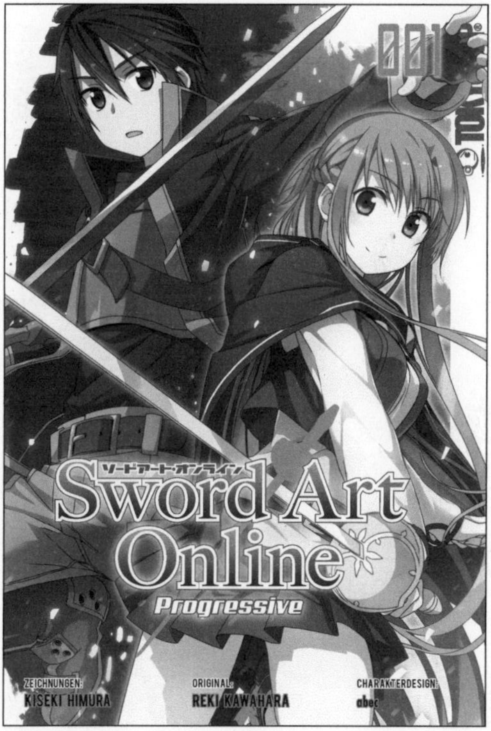

Flinke Fechterin

Musterschülerin Asuna kämpft sich ohne Rücksicht auf ihr eigenes Leben durch das Game *Sword Art Online*, um stärker zu werden und in ihr reales Zuhause zurückkehren zu können. Erst als sie den mysteriösen Schwertkämpfer Kirito trifft, lernt sie, ihr Dasein zu genießen. Können sie gemeinsam das Spiel auf Leben und Tod überstehen?

REAL ACCOUNT

Okushou / Shizumu Watanabe

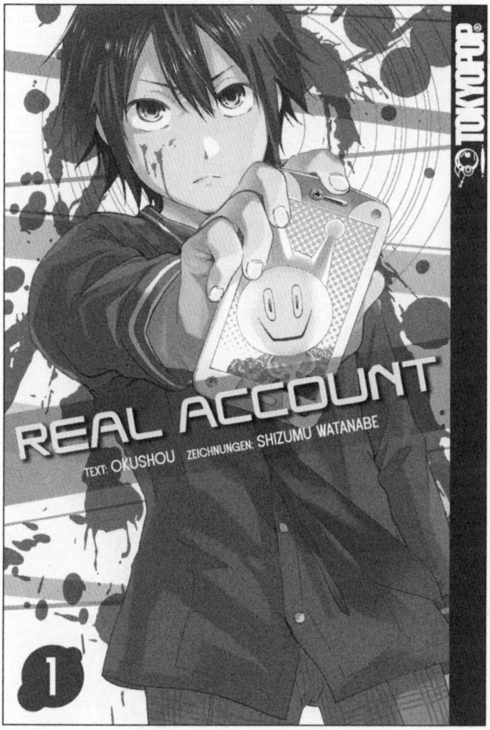

#Folge mir in den Tod

Loyalität, Freundschaft, Familie – was zählt wirklich, wenn dein Leben auf dem Spiel steht? Das soziale Netzwerk »Real Account« ist für Ataru Zuhause und Zufluchtsort zugleich. Eines Tages wird die Netzwelt für einige Nutzer jedoch Realität und es überlebt nur, wer mindestens einen Follower vorweisen kann. Versagt Ataru in den nun stattfindenden brutalen Spielen, verurteilt er allerdings auch seine digitalen Freunde zum Tode. Stehen sie trotzdem zu ihm?

TOKYOPOP®

www.tokyopop.de

PURGATORY SURVIVAL

Hideaki Yoshimura / Homura Kawamoto

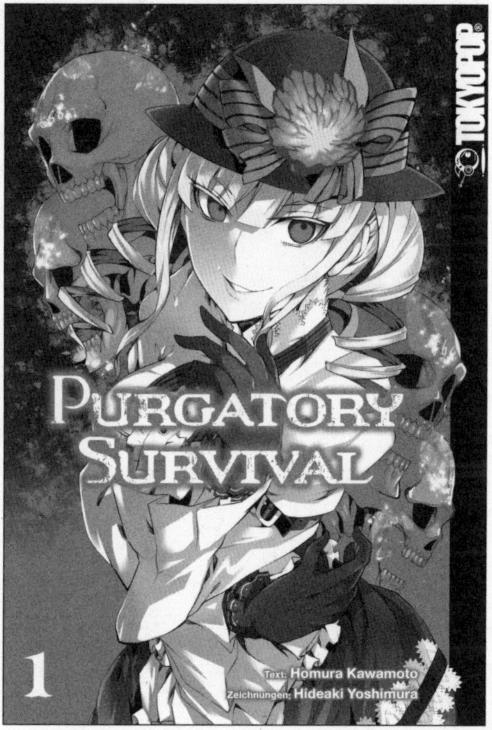

Endstation Tod?

Was passiert eigentlich, nachdem man Selbstmord begangen hat? Dieser Frage muss sich das Genie Sakai unweigerlich stellen, als ein Mädchen ihn bei seinem Selbstmord mit in den Tod reißt. Gefangen in einer Welt zwischen Himmel und Hölle wird er gezwungen, zusammen mit einer Reihe von Selbstmördern an niemals endenden Todesspielen teilzunehmen. Doch anstatt zu verzweifeln, ist sein perfider Verstand sofort Feuer und Flamme!

STOPP!

**Dies ist die letzte Seite des Buches!
Du willst dir doch nicht den Spaß verderben
und das Ende zuerst lesen, oder?**

Um die Geschichte unverfälscht und originalgetreu mitverfolgen zu können, musst du es wie die Japaner machen und von rechts nach links lesen. Deshalb schnell das Buch umdrehen und loslegen!

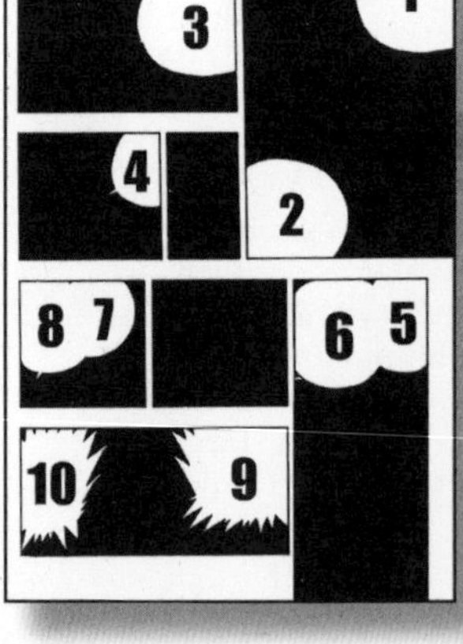

So geht's:

Wenn dies das erste Mal sein sollte, dass du einen Manga in den Händen hältst, kann dir die Grafik helfen, dich zurechtzufinden: Fang einfach oben rechts an zu lesen und arbeite dich nach unten links vor. Viel Spaß dabei wünscht dir TOKYOPOP®!